독일 사회민주당의 역사와 독일 사회의 변화 **2**

독일 사회민주당 강령집

전종덕 · 김정로 편역

2018
백산서당

차 례

서 문 · 17

제1부 독일 사회민주당 강령

| 1 | 사회민주노동자당 아이제나하강령(1869) ························17

| 2 | 사회주의노동자당 고타강령(1875) ·····························20

| 3 | 사민당 에어푸르트강령(1891) ································23

| 4 | 괴를리츠강령(1921) ···27

| 5 | 하이델베르크강령(1925) ··34

| 6 | 프라하선언(1934) ···43

| 7 | 고데스베르크강령(1959) ··57

| 8 | 베를린강령(1989) ···78

| 9 | 함부르크강령(2007) ·······················153

　　서문　21세기의 사회민주주의 · 153

　　서론　21세기의 진보와 정의 · 155

1. 우리가 살고 있는 시대 · 157

2. 우리의 기본가치와 기본확신 · 162

3. 우리의 목표, 우리의 정책 · 169

　　3.1. 평화롭고 공정한 세계 · 169

　　3.2 사회적이고 민주적인 유럽 · 175

　　3.3 연대의 시민사회와 민주국가 · 178

　　3.4 양성 평등 · 187

　　3.5 지속가능한 진보와 질적 성장 · 189

　　3.6 모두를 위한 좋은 일자리 · 197

　　3.7 예방적 사회보장국가 · 201

　　3.8 더 좋은 교육, 아동친화적인 사회, 튼튼한 가족 · 205

4. 우리의 길 · 211

제 2부   독일 사회민주당 선거강령

| 1 | 독일사회민주당 선거강령(1969년) ·····························215

서 론·215

여당(연정 참여) 사민당·216

평화정책: 안전과 긴장완화·216

독일정책(통일정책): 이해와 상호관계의 규범화·218

경제와 재정: 안정과 성장·218

경제에서도 민주주의·220

건강한 재정: 사회정치적 개혁의 토대·220

교통질서·221

사회적 주거정책 – 현대적 도시건설·222

사회정책: 사회보장과 정의·223

사회보장과 보건·224

국가질서의 개혁·224

민주국가의 토대로서 자유와 질서·225

교육정책: 사회보장과 진보·226

검토와 결정·227

| 2 | 독일사회민주당 선거강령(1980년) ·················229

    I. 서 론 · 229

    II. 우리의 주요 과제는 대외적 평화를 확보하는 것이다 · 235

    III. 주도면밀한 경제는 삶에 중요하다 · 242

    IV. 어려운 시기일수록 사회적 평화와 더 많은 연대를
        요구한다 · 248

    V. 우리는 미래의 확신을 필요로 한다 · 254

    VI. 사회민주당에 대한 투표는 중요한 의미를 가진다 · 264

| 3 | 독일사회민주당 선거강령(1983년) ·················265

    I. 앞으로 출발 · 265

    II. 일자리는 유지되고 새롭게 창출된다 · 272

    III. 사회적 평화를 보장한다 · 281

    IV. 자연과의 평화를 추구하고 환경을 보존한다 · 286

    V. 자유로운 법치국가는 시민에게 보호와 자신의 인생을
       설계할 기회를 제공한다 · 291

    VI. 우리는 평화를 원한다 · 296

    VII. 함께 우리는 이것을 창조할 수 있다 · 301

    ◇ 찾아보기 · 303

서 문

이 책은 "독일사회민주당의 역사와 독일사회의 변화"의 두 번째 책으로 "독일사회민주당 강령집"이다. 제1권이 독일사회민주당의 150년 역사를 독일사회의 발전 및 변화와 함께 통사적으로 저술한 것이라면, 제2권은 독일사회민주당 역사의 강령을 모은 것으로 "부속자료편"이라 할 수 있다. 여기에는 독일사회민주당의 공식강령 9개 전문을 모두 번역해 실었으며, 또한 우리가 저술의 과정에서 수집하고 번역한 많은 자료 중에서 3개의 선거강령을 함께 실었다. 브란트와 슈미트 시대의 집권과정이 중요하기도 하고 동시에 1959년 고데스베르크 강령 이후 다음의 강령 개정이 1989년 독일통일 이후에 나오기 때문이다. 그 시간차가 너무 크기 때문에 중간과정을 소개하는 의미에서 함께 실었다.

150년의 역사를 가진 독일 사민당은 현재의 함부르크 강령에서도 선언하고 있듯이 1789년 프랑스혁명의 이념인 자유, 정의, 연대를 그 기본가치로 하고 이를 실현을 목표로 하고 있는 좌파 정당의 종가다. 그리고 사민당은 국제적 연대를 위하여 사회주의 인터내셔널을 결성하여 주도하면서 이의 기본가치와 정책을 세계에 전파하고 그 실현에 노력해 왔다. 최초의 정당이라는 의미에서뿐만 아니라 그 이념, 정책, 투쟁 노선, 국제주의 등 모든 면에서 종가다. 금세기 세계사의 대변혁을 가져왔던 소련 공산당 역시 1898년 러시아 사회민주노동당으로 시작하였다.

사민당은 1863년 노동운동에 기초한 독일노동자협회 창설부터 혁명이 아닌 의회 진출에 의한 입법화를 통한 노동자계급의 권리 보장을 목표로 하였다. 이후 당내의 노선투쟁을 통해서 혁명주의 노선을 청산하면서 의회민주주의 정당임을 확인하였다. 히틀러에 의해 와해되었다가 1945년 냉전 시대 분단된 서독에서 마르크스주의 정당으로 재건하면서 의회민주주의 정당임을 재확인하였으며, 1959년 고데스베르크 강령을 채택하면서 마르크스주의를 청산하고, 이를 바탕으로 집권에 성공하였다.

의회민주주의 정당 사민당은 따라서 창당 이래로 자유, 정의, 연대라는 기본가치에 바탕을 둔 이념을 개발하고 이 이념에 근거한 정책을 발전시켜왔다. 정의와 연대에 기초한 오늘날 세계의 노동, 연금, 보건을 포함한 사회정책, 누진세제와 교육 정책은 사민당에 의해 현실 정책으로 개발하여 발전된 것이다.

이런 사민당의 이념 즉, 기본가치와 세계관, 이에 바탕을 둔 정책은 각 시대의 사민당의 강령으로 압축, 정리되어 있다. 노동조합운동에 조직적 바탕을 두고 있지만, 이런 강령과 정책은 자유, 정의, 연대라는 기본가치에 동의하는 지식인의 참여 없이는 불가능한 것이다. 독일 사민당은 역대 독일의 뛰어난 좌파 정치인, 노동운동가와 노동조합 그리고 기라성 같은 지식인 그리고 대중이 참여하여 만들어낸 작품이다. 그래서 독일 사민당의 주요 당대회, 강령의 채택과 변화, 정책은 좌파 정치인은 물론이고 세계 노동운동과 정책 입안자들의 관심 대상이었다. 이는 적어도 1990년 이전까지는 타당하다.

사민당은 걸출한 인물 빌리 브란트를 앞세워 1966년 대연정에 참여하고 이를 바탕으로 1969년 자민당과의 연정을 통하여 사실상 사민당 정부를 탄생시키면서 준비해온 사회 전반의 개혁을 통해 대내외 정책을 펼쳤다. 대외정책으로 신동방정책과 대내정책으로 사회적 국가를 제도화하였다. 마치 서로가 역할 분담을 약속했던 것처럼 브란트가 신동방정책을 헬무트 슈미트가 사회적 국가를 제도화시키면서, 통일 후 지금까지 이어지는 현대 독일의 틀을 만들었다 해도 과언이 아니다.

그러나 이후 오일 쇼크로 상징되는 전후 세계경제 그리고 통일과 공산주의 블록 해제라는 세계정치 패러다임 변화 속에서 사민당은 이념과 정책에서 표류

하면서 대중의 지지는 1세기 전으로 후퇴하여 오늘에 이르고 있다. 1998년 슈뢰더가 신중도를 내세우면서 반짝 집권하였지만, 이는 사민당 역사에서 한 시절의 에피소드임이 드러나고 있다.

동유럽 공산주의 세계에서 민주화 혁명이 정점을 향해가면서 공산주의 블록 해체가 기정사실화되고 있던 1989년 여름에 프란시스 후쿠야마가 '역사의 종언'이란 글을 발표하여 화제를 불러일으켰다. 그는 냉전 이데올로기의 대립 시대가 끝났다는 것이 아니고, 나폴레옹이 프로이센 왕국군을 굴복시켰던 1806년 예나 전투에서 헤겔이 프랑스 혁명 이상의 승리와 자유와 평등을 구현한 정부의 임박한 보편화를 보고, 역사의 종언을 이야기했던 것을 상기시켰다.

후쿠야마는 1989년을 지식인들이 예견하던 자본주의와 사회주의의 수렴이 아니라 경제적 정치적 자유주의(liberalism)의 승리의 해로 보고, 진정한 역사의 종언이라고 선언하였던 것이다. 그는 냉전의 종식이 아니라 인류의 이데올로기 진화의 종언이며 통치의 최종형태로서 서구 자유민주주의의 보편화의 완성이라는 것이었다. 그 후 13년이 지난 2012년 그는 앞의 글을 수정, 보충하여 '역사의 미래'라는 글을 쓰는데, '역사의 종언' 이후 월스트리트 자본의 폭주로 일어난 2008년의 금융파탄을 보고 쓴 이 글 속에서 좌파는 뭘 하고 있었냐라고 지적하는 내용이 있다.

"수십 년 전까지는 좌파는 경제적 변화를 겪고 있는 선진사회의 구조에 무슨 일이 일어나고 있는가에 관한 일관된 분석과 중산층 사회를 지킬 수 있다는 희망이 담긴 현실적인 의제를 제시할 수 있었다. 지난 두 세대 동안 좌파 사유의 주된 경향은 솔직히 말해서 개념적 틀이나 동원의 도구 어느 면에서나 파멸적이었다." 마르크스주의는 오래 전에 죽었고, 지난 20년 동안 좌파의 주류는 연금, 보건, 교육 같은 다양한 급부의 국가 제공을 내용으로 하는 사회민주주의 프로그램을 추종하였지만, 이 모델은 이제 탈진해 있다. 복지국가는 비대하고, 관료적이며 유연성을 상실하였다. 이런 국가는 종종 공공 부문 노동조합을 통하여 그들이 관리하던 조직의 포로가 되었다는 것이다. 선진세계 어디서나 실재하고 있는 인구의 고령화로 인하여 이런 국가가 재정적으로 버틸 수 없다는 점이다.

지난 30년간의 경험에서 불평등의 심화가 계속될 것이고, 부의 집중은 이미 자체강화의 과정을 밟고 있어서, 금융 분야는 더 과중한 규제를 피하기 위하여 로비력을 활용하고 있고, 부유한 사람들의 학교는 어느 때보다도 더 우수하며, 모든 사람들을 위한 학교는 더욱 악화될 것이라는 것이다("The Future of History", *Foreign Affairs*, 2012년 1/2월). 이념과 논리를 가진 민주적 대항 세력이 필요하다는 이야기다.

1990년 전후한 무렵부터 현재까지 독일 사민당의 내부 논쟁, 특히 1989년 베를린 강령과 2007년의 함부르크 강령 작업을 둘러싼 당내 논의, 슈뢰더 총리 집권 이후 당을 격론으로 몰아넣으면서 당을 분열시킨 하르츠 개혁과 아젠다 2010 논쟁 과정과 대중의 지지도 하락을 보면서 후쿠야마의 글을 생각하지 않을 수 없다. 프랑스 혁명 정신을 기본가치로 한 사민당의 성장과 혼란 그리고 기본가치에 대하여 미래를 향한 새로운 정의를 내지 못하는 현재의 표류가 좌파 정당의 종가집에 그대로 맞아떨어진다고 본다.

새로운 이념과 이에 바탕을 둔 대안의 정책이 요구되는 시대에 지난 20년 동안 독일 사민당의 몸부림을 보면서 한편으로는 실망과 한편으로는 새로운 기대도 해보면서, 1년 전에 우리는 사민당의 중심으로 들어가 보기로 하였다. 150년 동안 단순히 정권을 잡기에 매진한 것이 아니라, 독일 사민당은 자유, 정의와 연대를 현실에 실현하기 위하여 노동운동에 기반을 둔 노동운동, 자유주의 운동의 정당이다. 현실과 이상 간의 균형을 항상 고민해온 정당이다. 이들의 강령과 논의 나아가서 당내 이념 투쟁은 이들이 지향하는 사회, 이를 바탕으로 한 현실에 대한 인식과 이런 인식 위에서 이상을 실현하기 위한 방법을 둘러싼 것이다. 이런 맥락에서 현실과 이상의 시각에서 독일 사민당 150년을 살펴보는 것은 충분한 의의가 있다고 보았다.

독일 사민당 150년을 들여다보면서 당연히 우리의 정당을 비교해보지 않을 수 없다. 우리나라 정당은 정강정책, 당원에 기초한 조직구조 등 외형상으로만 본다면 유럽의 정당 특히 독일 사민당과 유사한 점이 많다. 그러나 외형만 비슷할 뿐 내용은 전혀 다르다. 사민당은 창당에서부터 자유, 정의, 연대라는 기본가치에 바탕을 두고 이에 대한 정의를 심화시켜오면서, 이 기초 위에서 우리나라

정당의 정강에 해당하는 강령을 결정하고, 이 강령의 토대 위에서 정책을 개발하고 발전시켜, 집권 시에는 이를 실현하여왔다. 특히 강령 작성과 채택 과정을 보면 수년에 걸친 초안 작성, 이에 대한 당내 토론에 바탕을 둔 당론 수렴, 때로는 당 밖의 지지 세력, 특히 노동조합과 지식인들의 초안에 대한 여론 수렴 등의 과정을 거쳐 최종안을 작성한 후 당대회에서 최종적인 토론을 거친 후 표결에 의해 결정된다. 현재의 강령인 2007년에 채택된 함부르크 강령의 경우에서 볼 수 있듯이 강령작성위원회 혹은 기본가치위원회가 작성한 초안이 기본 방향에서부터 변경되기도 한다. 이 논쟁 과정을 보면, 때로 이런 사람들이 사민당의 깃발 아래서 함께 정당을 하는 사람들인가 의심스러울 때도 있다. 그러면서도 자유, 정의, 연대라는 사민당 기본가치 아래 타협을 이루어낸다. 물론 하르츠 개혁안을 둘러싼 대립 끝에 타협에 이르지 못해 당을 떠나는 경우도 있기는 하다.

그런데 우리나라에 현대적인 정당이 출범한 이래 정당의 정강이나 정책 결정이 형식과 내용, 결정되는 절차에서 민주적인가라고 자신할 수 없다. 우리나라 정당의 경우 정당의 기본가치가 역사적으로나 논리적으로 일관성이 없다는 점은 차치하고, 당 지도부조차 자기 당의 정확한 기본가치나 정책 철학에 대하여 정확하게 이야기해 줄 수 있는지 의문이다.

더구나 지난 해 진보를 표방한 새로운 정부가 출범하였다. 이 정부가 내건 여러 슬로건과 정책은 독일 사민당의 영향에서 벗어날 수 없을 것이다. 글을 쓰면서 현재 이 정부의 정책을 둘러싼 논쟁이 과거 독일 사민당 내부와 특히 서독 시절 서독 내에서의 여러 논의와 논쟁과 흡사하기까지 하다는 생각을 하였다. 차이가 있다면, 이들의 논쟁이 역사의 길이와 깊이만큼이나 우리와 비교할 때 훨씬 내공이 있고 현실성이 있다는 점이다. 벤치마킹은 지속가능해야 한다. 지속가능하기 위해서는 그 역사적 배경과 본질에 대한 정확한 이해가 전제되어야 한다. 물론 실패 경험도 충분히 학습하여야 한다. 그렇지 않다면 실패의 확률이 더 높을 것이다. 이런 의미에서도 독일 사민당 150년은 우리에게도 시사하는 바가 크다고 판단하였다.

그리고 원고 작업이 거의 끝난 시점에 남북한 정상회담이 열렸고, 미국-북한

정상회담이 예정되는 일대 사건이 발생하였다. 평화를 향한 발걸음이 역사적 결과를 가져올 것을 기대한다. 그러면서도 사민당의 동방정책, 독일정책을 심도 있게 살펴보는 것은 우리에게 커다란 도움이 될 것이다. 이 책에서는 사민당의 유럽, 독일, 평화 정책으로 그 범위를 좁히다 보니 많은 이야기는 할 수 없었다. 별도의 책에서 이 부분을 본격적으로 다루어볼 계획이다. 그러면서 사민당이 전체유럽의 평화질서 속에서 독일 문제를 접근한 것은 19세기 중반 이후부터 유럽 평화에서 독일 문제가 가져다 준 폭발력의 경험에서 나온 논리의 귀결이다. 사민당은 구체적으로 하이델베르크 강령 이래로 민족문제는 전체로서의 유럽평화질서 속에서 극복되어야 할 과제로 보았다. 이런 노선에서 현실인정을 바탕으로 한 신동방정책으로 나가 소련과의 모스크바조약, 동독과의 동서독기본조약 등의 체결로 나가면서 유럽에서의 동서화해에 기초한 평화체제 구축의 큰 발걸음 내디뎠다. 그러면서도 이 체제가 가지는 약점은 1989년 동독 시민들의 민주화운동이 통일로 연결되면서 드러났다. 사민당은 1989년 11월부터 전개된 통일 과정에서 동독 주민의 정서에서 제기된 민족문제와 조기통일에 대한 답변을 내놓을 수 없었다. 자기논리의 완결성이 정서 앞에 무너지고 만 것이다. 그런 면에서 유럽 평화체제 구축 과정에서 국내외 상황을 읽어가면서 평화와 통일 문제를 풀어간 독일과 사민당의 경험은 긍정적인 면과 부정적인 면 모두 우리에게 선도자 역할을 하고도 남음이 있다.

 제3자의 눈으로 독일 사민당의 현장에 들어가기로 하고, 현실의 변화와 이를 바탕으로 한 당내 논의, 이의 결과물인 강령과 선거나 중요한 결정 사안이 있는 경우 개최되는 당대회의 회의록이나 결의, 선거강령 원본과 현실적 결과로 나타나는 대중의 반응인 선거 결과와 필요한 경우 언론의 반응도 살펴보기로 하였다.

 본격적인 작업에 들어가면서 내용의 일관성을 유지하기 위하여 두 사람은 역할을 분담하기로 하였다. 일단 전체적인 집필은 전종덕이 맡고 강령을 비롯한 각종 원본의 번역은 김정로가 하면서 매주 정기적으로 만나 방향을 협의하고 내용 중 불분명한 부분을 명확히 하면서 작업을 진행하였다. 우선 독일사회민주당 150년 역사를 독일사회의 발전과 관련하여 통사적으로 집필하여 제1권으로 만들었다. 그리고 이 과정에서 1869년 아이제나하 강령에서 2007년 함부르크 강령까지의 9개 강령은 좌파 정당 종가집의 역사적인 문건이고 생생한 논쟁의 결과물인 까닭에 강령 전체를 또 한 권의 책으로 내기로 하였다(제2권). 이런 결정을 하고 국내의 출판물을 점검해보니 독일 사민당에 관한 논의는 꽤 있지만, 강령 전문이 소개된 적은 없었다. 앞서도 이야기하였듯이 사민당은 지식인의 참여 없이는 불가능하며, 당대 좌파 논객과 지식인의 작업의 산물이 독일 사민당 강령이다. 따라서 한 권의 책으로 출판하는 의미가 충분하다고 판단하였다. 이에 더하여 사민당과 갈등을 겪기도 하고 협력하기도 하는 녹색당의 2002년 강령과 하르츠 개혁 반대를 계기로 오스카 라퐁텐을 비롯한 사민당 탈당세력, 68학생운동 후의 의회 밖 야당 세력 그리고 동독의 통일사회당에 뿌리를 둔 민사당이 합쳐 창당하여 사민주의의 정통성을 주장하는 좌파당의 2011년 강령도 또 한 권의 책으로 엮었다(제3권). 사민당의 관련 내용과 함께 읽어본다면, 종전 후 각 시대 독일 진보 정치세력 간의 논쟁, 기본가치에 바탕을 둔 이들이 그리는 이상적 사회, 이의 관점에서의 현실분석과 미래 전망 그리고 정책 노선을 정확하게 파악할 수 있을 뿐만 아니라 우리에게도 시사하는 바가 대단히 클 것이다.

남북정상이 판문점에서 만나고 또 조만간에 북미정상이 만난다. 한반도의 평화와 북한의 개혁 개방, 그리고 본격적인 남북교류가 이루어지기를 기대하면서 이 책을 펴낸다. 동서독의 만남과 통일과정을 참고하면서 우리의 논의가 평화와 정의 그리고 연대를 지향하는 새로운 정치시대로 가는 논의의 틀에 도움이 되기를 기대한다.

2018. 6.

제 1 부

독일 사회민주당
강 령

1 사회민주노동자당 아이제나하강령(1869)

EISENACHER PROGRAMM

Ⅰ. 사회민주노동자당은 자유로운 인민국가의 수립에 노력한다.

Ⅱ. 모든 사회민주노동자당 당원은 다음과 같은 원칙들을 위해 모든 힘을 쏟을 책임이 있다.

1. 오늘의 정치적 사회적 상황은 대단히 부정의하고 따라서 최대한의 힘으로 이에 맞서 싸워야 한다.
2. 노동계급의 해방투쟁은 계급특권과 우선권을 위한 투쟁이 아니라, 동등한 권리와 책임을 위한 그리고 계급지배의 폐지를 위한 투쟁이다.
3. 자본가에 대한 노동자의 경제적 종속은 모든 형태의 노예화의 토대다. 따라서 사회민주노동자당은 현재의 생산양식(임금체제)을 해소하고 협동조합적 노동을 통해 모든 노동자의 완전한 노동계약을 추구한다.
4. 정치적 자유는 노동계급의 경제적 해방을 위한 필수불가결한 조건이다. 그러므로 사회적 문제는 정치적 문제와 분리될 수 없으며, 사회적 문제의

---

* 아이제나하강령 Eisenacher Programm. 1869년 아이제나하의 사회민주노동자당 창립대회에서 결정되었으며, 1869년 8월 14일자 <민주 주간신문> 제33호에 실렸다. 전사와 HTML부호화: <맑스주의 인터넷 문서보관소>를 위한 Einde O'Callaghan.

해결은 정치적 문제를 통해 전제되고 단지 민주 국가에서만 해결가능하다.
5. 노동계급의 정치적 경제적 해방이 이렇게 공동으로 그리고 통일적인 투쟁에 의해서 비로소 가능하다는 사실을 고려함으로써, 사회민주노동당은 통일적인 조직을 제시한다. 그렇지만 동시에 이것은 모든 개인으로 하여금 전체의 안녕을 위해 자신의 영향력을 관철할 수 있도록 한다.
6. 노동자의 해방이 지역적이거나 민족적인 것이 아니라, 근대사회가 존재하는 모든 나라를 포괄하는 사회적 과제라는 사실을 고려할 때, 사회민주노동당은 통일법이 허용하는 한 그 지향과 관련하여 국제노동자협회의 지부로서 간주된다.

III. 사회민주노동자당의 선전에서 다음과 같은 요구가 관철되어야 한다.

1. 20세에 달한 모든 남성들에게 일반, 보통, 직접, 비밀 선거권이 국가의 의회와 주의회, 지방의회는 물론 그 밖의 모든 대의기구의 선거에서 부여되어야 한다. 선출된 대표자에게는 충분한 수당이 보장되어야 한다.
2. 인민에 의한 직접적 입법권(즉 제안권과 거부권)의 도입
3. 신분과 소유, 혈연과 종교의 모든 특권의 폐지
4. 상비군 대신 인민의 군대의 설치
5. 교회와 국가의 분리와 학교와 교회의 분리
6. 초등학교 의무교육과 모든 공공 교육기관에서의 무상교육
7. 재판의 독립, 배심법원과 전문배심법원의 도입, 공개적인 변론에 의한 재판 절차 도입 그리고 무상 재판의 도입
8. 모든 출판법과 단체법, 노동자의 결사에 관한 법의 철폐. 8시간 노동제, 부인노동과 아동노동의 제한.
9. 모든 간접세의 철폐와 단일체계의 소득 및 상속세제의 도입
10. 협동조합제도의 국가적 지원과 민주적 보장을 받는 자유로운 생산조합의 국가보장.

1869년 6월 8일 사회민주노동자당 창당대회가 열였던 "황금사자"(Goldener Löwe) 호텔. 지금의 이 건물은 기념관과 아우구스트 베벨협회(August-Bebel-Gesellschaft)가 들어 있다.
출처: 아우구스트 베벨 협회(August-Bebel-Gesellschaft; www.august-bebel-gesellcshaft.de)

2. 사회주의노동자당 고타강령(1875)
GOTHAER PROGRAMM

I. 노동은 모든 부와 모든 문화의 원천이며, 일반적으로 유익한 노동은 사회를 통해서만 가능하기 때문에 사회에 속한다. 다시 말해 모든 사회구성원, 전체 노동생산물은 일반적 노동책임에도 불구하고 동일한 권리에 따르고, 각자가 그의 이성적인 필요에 따른다.

오늘날의 사회에서 노동수단은 자본가계급의 독점물이다; 이에 의한 노동자계급의 종속이 모든 형태의 노예화의 원인이고 불행이다.

노동의 해방은 노동수단을 사회의 공동재화로 전화시키는 것이며, 노동의 성과를 전체에 유익하게 적용하고 정의롭게 분배하는 전체 노동에 대한 협동조합적 규칙으로 그것을 전화시키는 것이다.

노동의 해방은 노동자계급의 과업일 수밖에 없다. 그에 반해 다른 모든 계급은 단지 반동적 대중을 형성할 뿐이다.

II. 이러한 원칙에서 출발하여 독일사회주의노동당은 모든 합법적 수단을 갖고 자유로운 국가와 사회주의 사회, 임금노동 체제의 폐지를 통한 임금철칙의

---

* 고타강령 Gothaer Programm. 1875년 고타에서 열린 독일사회주의노동자당의 창립대회에서 결의.

파괴, 모든 형태의 착취의 지양, 모든 사회적 정치적 불평등의 해소를 위해 노력한다.

독일사회주의노동자당은, 당장은 비록 국가적인 틀 안에서 활동하지만, 노동운동의 국제적 성격을 인식하고 있으며, 모든 인류의 연대를 분명하게 만들기 위해 노동자들에게 노동운동의 국제적 성격을 부과하고 충족시키기 위한 책임을 단호히 결의한다.

독일사회주의노동당자은 사회문제의 해결을 위하여 노동인민의 민주적 통제 하에서 국가의 도움을 받는 사회주의적 생산협동조합의 수립을 요구한다. 생산협동조합은 전체 노동의 사회주의적 조직을 창출할 수 있을 정도로 공업과 농업 부분에서 설립될 것이다.

1. 국가 및 지방의 모든 선거와 투표에서 20세 이상의 모든 시민에게 비밀 및 의무 투표가 수반되는 보통, 평등, 직접 선거권과 투표권이 부여되어야 한다. 투표일은 공휴일이나 기념일이 되어야 한다.
2. 인민에 의한 직접 입법. 인민에 의한 전쟁과 평화에 관한 결정
3. 일반 방위력. 상비군 대신 인민의 군대.
4. 모든 특별법, 즉 신문법, 결사법, 집회법의 폐지; 표현의 자유와 연구의 자유 및 사상을 제한하는 모든 법률 일반의 폐지
5. 인민에 의한 재판. 무상 재판
6. 국가에 의한 보편적이고 동등한 보통교육. 일반적 의무교육. 모든 교육기관의 무상 수업. 종교가 사적인 것임을 선언.

독일사회주의노동자당은 오늘날 사회에 다음을 요구한다:

1. 위의 요구의 맥락에서 정치적 권리와 자유의 최대한 신장.
2. 이제까지의 모든, 특히 인민에게 부담이 되는 간접세 대신에, 국가와 지방의 통일된 누진 소득세
3. 제한 없는 결사권

4. 사회적 필요에 부응하는 정상적 노동시간. 일요일 노동의 금지.
5. 아동노동의 금지와 건강과 인륜에 위배되는 부인노동의 금지.
6. 노동자의 생명과 건강을 위한 보호법률. 노동자 주거의 위생적 통제. 노동자에 의해 선출된 공무원을 통한 광산의 감독, 공장노동과 작업장 노동, 가내노동에 대한 감시. 실효적인 배상의무법률.
7. 감옥노동의 규제.
8. 모든 노동자, 부조 및 보조금의 완전한 자치

노이에 차이트(*Die Neue Zeit*), 제1권 8, 9호 (Nr.8, 9. Jahrgang, I.Band. 1890-1891)에 처음 공개된 칼 마르크스의 '고타강령 비판'중 빌헬름 브라케에게 보낸 친필 편지, 2번째 페이지
출처: marx-wirklich-studieren.net

3 사민당 에어푸르트강령(1891)
Erfurter Programm

    부르주아 사회의 경제적 발전은 필연적으로, 노동자의 생산수단 사적 소유가 토대인 소기업의 붕괴로 이어진다. 부르주아 사회의 경제적 발전은 노동자를 그의 생산수단으로부터 분리하고, 그를 무산 프롤레타리아로 전화시키는 동시에, 생산수단을 상대적으로 소수인 자본가와 대지주의 독점으로 만든다.

    이러한 생산수단의 독점 심화로 분열된 소기업은 거대한 대기업을 통해 변화되고, 작업도구는 기계로 발전하고, 인간노동의 생산성은 엄청나게 성장한다. 그러나 이러한 변화의 성과는 자본가와 대지주에 의해 독점화된다. 이것은 프롤레타리아와 몰락하는 자 – 소시민과 농민 – 에게는 생존의 불안정과 불행, 압박, 종속, 몰락, 착취의 거대한 증가를 의미한다.

    프롤레타리아의 수가 증가하고, 잉여 노동자 군이 더욱 대량 배출되며, 착취자와 피착취자 사이의 대립이 더욱 가혹해지면서, 부르주아지와 프롤레타리아 간의 계급투쟁은 더욱 격화된다. 근대 사회는 두 개의 적대적 진영으로 분리되고 이것은 모든 산업국가의 공통된 특징이다.

    유산자와 무산자 사이의 골은 자본주의적 생산양식의 본질 속에 기초한 공황을 통해 더욱 확대되는데, 공황은 더욱 대규모적이고 파괴적인 것이 되고, 정상적인 사회의 불안정이 전면화되면서, 생산수단의 사적 소유는 합목적적 이용 그리고 완전한 발전과 양립할 수 없게 된다.

---

* 에어푸르트강령 Erfurter Programm. 1891년 에어푸르트의 독일사회민주당 대회에서 결정.

전에는 생산자로 하여금 자신의 생산물에 대한 소유를 확보하도록 해준 수단이었던 생산수단의 사적 소유가 이제는 농민과 수공업자, 소상인을 구축하고 자본가와 대지주와 같은 비소유자로 하여금 노동자의 생산물을 소유하게 만드는 수단이 된다. 생산수단 - 토지, 광산, 원자재, 공구, 기계, 교통수단 - 의 자본주의적 사적 소유를 사회적 소유로 전화시키는 것만이, 상품생산을 사회주의적 생산, 즉 사회를 위해 그리고 사회에 의해 관리되는 생산으로 전화시키는 것만이, 이제까지 착취되던 계급에게 불행과 억압의 원천이었던 대기업과 증가하고 있는 사회적 노동의 이윤을 최고의 복지와 조화로운 완성의 원천으로 탈바꿈하게 만들 것이다.

이러한 사회적 변화는 단지 프롤레타리아만이 아니라 오늘날의 상태 하에서 불행을 겪고 있는 전체 인류의 해방을 의미한다. 그렇지만 이러한 변화는 노동자계급만의 과업일 수 있다. 왜냐하면 다른 모든 계급은 이해관계의 대립에도 불구하고 생산수단의 사적 소유의 토대 위에 서 있으며 오늘날의 사회의 기초를 유지하는 데 공통된 목적을 갖고 있기 때문이다.

자본주의적 착취에 대한 노동자계급의 투쟁은 필연적으로 정치적 투쟁이다. 노동자계급은 정치적 권리 없이는 자신의 경제적 투쟁을 이끌 수 없고 자신의 경제적 조직을 발전시킬 수 없다. 노동자계급은 정치권력을 장악하지 않고는 생산수단을 사회 전체의 소유로 이행시킬 수 없다.

노동자계급의 이러한 투쟁을 의식화하고 통일적으로 만들고 자신의 필연적인 목표로 증명하는 것 - 이것이 사회민주당의 과제다.

노동자계급의 이해는 자본주의적 생산양식을 가진 모든 나라에서 동일하다. 세계적 교통의 확대와 세계시장을 위한 생산의 확대로 한 나라의 노동자의 상태(처지)는 다른 나라 노동자의 상태에 더욱 의존적이 된다. 따라서 노동자계급의 해방은 모든 문명국 노동자가 똑같이 나누어 가지고 있는 과업이다. 이러한 인식 속에서 독일 사회민주당은 모든 다른 나라의 계급의식적 노동자들과 함께 동일한 것을 느끼고 확인한다.

그러므로 독일 사회민주당은 새로운 계급특권이 아니라 계급지배와 계급 자체의 폐지를 위해 투쟁하며, 가문이나 출신의 차이에 관계없이 모든 동일한 권리와 동일한 책임을 위해 투쟁한다. 이러한 관점에서 출발해 우리 사회민주당은 오늘날의 사회에서 단순히 임금노동자의 착취와 억압만이 아니라 계급, 정당, 출신, 신분, 인종에 반대하는 모든 종류의 착취와 억압에 반대하여 투쟁한다.

이러한 원칙에 입각하여 독일사회민주당은 다음을 요구한다:

1. 모든 선거와 투표에서 출신에 관계없이 20세 이상의 모든 제국주민에게 비밀선거, 보통, 일반, 직접 선거권 및 투표권 부여. 비례선거제도, 그리고 인구에 따른 새로운 법적 선거구 획정. 선거 및 투표일의 법정 공휴일화. 선출된 대표자에 수당 지급. 금치산 선고의 경우를 제외한 모든 정치적 권리에 대한 제한 폐지.

2. 제안권과 거부권을 통한 인민에 의한 직접 입법권. 제국, 국가, 지방과 자치단체에서 인민의 자치. 인민에 의한 공직자 선거, 공직자의 책임과 배상의무. 매년 세금 승인.

3. 일반 병역의무를 위한 교육. 상비군 대신에 시민군. 시민대표에 의한 전쟁과 평화에 대한 결정. 중재를 통한 모든 국제적 분쟁의 조정.

4. 공법적, 사법적 관계에서 여성을 남성에 비해 불리하게 만드는 모든 법률의 폐지.

5. 종교를 사적인 것으로 해소할 것. 종교적 교회적 목적을 위하여 공공정책에서 지출하는 비용 폐지. 교회와 종교적 공동체는 자신의 업무가 완전히 자율적으로 정리되는 사적 단체로 간주되어야 한다.

6. 학교의 보편성. 공립 보통학교에 대한 의무교육. 공립 보통학교에서의 수업과 교재, 식사는 물론이고 더 높은 교육을 받을 만한 능력이 있다고 인정되는 학생들을 위한 상급 교육기관에서의 학습과 교재, 식사에 대한 무상제공.

7. 재판과 법률자문의 무상제공. 시민에 의해 선출된 법관을 통한 재판. 형사재판에서 항고. 무죄의 피고인이나 체포자, 수형자에 대한 배상. 사형제 폐지.

8. 출산보조와 치료제를 포함한 무상진료 제공. 장례의 무상지원.
9. 세금을 통해 충당될 수 있는 한 모든 공공 지출을 충당하기 위한 소득세 및 자산세의 누진세제. 상속세는 유산의 규모와 친족의 정도에 따른 누진세제. 유리한 소수의 이해에 따라 일반의 이해를 희생시키는 모든 간접세와 관세 그리고 기타 경제정책적 수단의 폐지.

노동자계급을 보호하기 위해 독일사회민주당은 다음을 요구한다:
1. 다음의 기초 위에서 효과적인 민족적 국제적 노동자보호입법:
   a) 최대 8시간에 달하는 정규 노동시간 확립;
   b) 14세 이하 아동의 생계노동의 금지;
   c) 그 성격상 기술적 이유나 공공 복리의 이유에서 야간작업을 필요로 하는 산업분야를 제외한 야간작업의 금지;
   d) 모든 노동자에게 최소한 주당 36시간의 중단 없는 휴식;
   e) 현물급여제도의 금지.
2. 제국노동청과 지역노동청 그리고 근로독관에 의한 모든 기업 감독. 도시와 농촌의 고용관계 조사와 규제. 철저한 영업상의 보건위생.
3. 농촌노동자 및 머슴을 기업 내 노동자와 법률적으로 동등한 대우; 하인제도의 폐지.
4. 단결권의 확립.
5. 노동자의 적절한 관리 참여를 수반한 전체 노동자보험의 국가 인수.

4 괴를리츠강령(1921)

GÖRLITZER PROGRAMM

독일사회민주당은 도시와 농촌에서 노동하는 인민의 당이다. 공동의 인식과 목표를 위해, 민주주의와 사회주의를 위한 투쟁공동체를 위해, 사민당은 자신의 노동의 산물에 의존하는 육체적 그리고 정신적인 모든 창조물의 통합에 노력한다.

자본주의 경제는 근대적 기술을 통해 강력하게 발전된 생산수단의 본질적 부분을 비교적 소수인 대소유자의 지배 아래로 가져가고, 광범한 노동자 대중을 생산수단으로부터 분리하여 무산 프롤레타리아트로 전화시킨다. 자본주의 경제는 경제적 불평등을 강화하고, 과잉 속에서 살고 있는 소수와 불행 및 궁핍 속에서 고통 받는 다수 계층으로 대립시킨다. 그래서 자본주의 경제는 프롤레타리아 해방을 위한 계급투쟁을 역사적 필연성과 인륜적 요구로 만든다.

세계전쟁과 이를 종결하는 평화조약은 이러한 과정을 더욱 악화시켰다. 이는 기업과 자본의 집중을 가속화하고, 자본과 노동 사이의, 부자와 빈자 사이의 격차를 더욱 확대하였다. 산업과 은행제도에서, 무역과 교역에서 합병과 통합, 카르텔화와 트러스트화의 새로운 시대가 도입되었다. 냉혹한 이윤추구 과정에

---

* 괴를리츠강령 Görlitzer Programm. 1921년 괴를리츠에서 개최된 독일사회민주당의 당대회에서 결정되었고, 1921년 9월 18일부터 24일까지 개최된 "독일사회민주당 당대회 회의록"으로서 1921년 베를린에서 출간되었다.

서 전쟁물자 공급자와 투기꾼의 새로운 부르주아지가 등장하였고, 중소 규모의 소유자와 기업가는 몰락하였으며, 정신적 노동자 대중인 공무원, 사무원, 예술가, 작가, 교사, 그리고 모든 종류의 자유직업가는 프롤레타리아 생활조건으로 몰락하였다. 공공생활의 타락, 부르주아 언론의 막강한 경제독재자에 대한 종속의 심화, 그리고 이러한 방식으로 국가를 그들의 지배 하에 놓으려고 하는 시도는 필연적인 결과이다.

고도자본주의로의 발전은 세계경제를 제국주의적 권력 확대 아래 지배하려는 시도를 더욱 강화한다. 이것은 마찬가지로 적당한 평화조약을 통해 민족적 경제적 세계문제를 불만족스럽게 해결하는 것이고, 인류의 문화를 파괴하려는 위험으로 이끄는 새로운 피튀기는 갈등의 위험을 가져온다.

동시에 세계전쟁은 낡은 지배체제를 파괴했다. 정치적 변혁은 대중들에게 사회적 상승을 요구하는 민주주의 권리를 제공하였다. 세대의 명예롭고 헌신적인 작업을 통해 거대하게 이루어진 강력한 노동운동은 자본주의에 필적하는 적대자로서 등장했다. 노동운동이 더욱 강력해질수록, 자본주의 체제를 극복하려는 의지는 프롤레타리아의 국제적 결사와 국가 간의 법적 질서의 창출을 통해 그리고 새로운 파괴적 전쟁 앞에서 인류를 보호하려는 동등한 민족들의 진정한 연대의 창출을 통해 더욱 높아졌다. 이러한 의지에 길을 보여주고 창조적 대중의 필요한 투쟁을 의식화하고 통일된 조직으로 만드는 것이 사회민주당의 과제이다. 사회민주당은 사회민주당이 성취한 자유의 보호를 위해 후자에 착수할 것을 결정한다. 즉 사회민주당은 민주공화국을 역사적 발전을 통해 거역할 수 없이 주어진 국가형태로서 간주하며, 민주공화국에 대한 모든 공격을 인민의 생존권에 대한 반역으로 간주한다.

사회민주당은 그러나 공화국을 적들의 공격으로부터 보호하는 데 머무를 수 없다. 사회민주당은 경제에 대해 자유로운 인민국가 속에서 조직된 인민의지의 지배를 위해 투쟁하며, 사회를 사회주의적 상식의 정신 속에서 새롭게 하기 위해 투쟁한다. 거대하게 집중된 기업을 공동경제로 전환하고 그리고 그것을 넘어 전체 자본주의 경제를 사회주의 경제로 지속적으로 변모시켜, 전체의 복지를 위해 운영되는 경제를, 사회민주당은 자본지배의 예속으로부터 창조적 인민을 해방하고 생산력을 증가시키고 경제적 인륜적 공동체의 더 높은 형태로 인류를 도약시키기 위해 필요한 수단으로서 인식한다.

이러한 의미에서 독일사회민주당은 에어푸르트 강령에서 확인된 신조를 재확인한다. 독일사회민주당은 새로운 계급특권이 아니라 계급지배와 계급 자체의 폐지를 위해 투쟁하며, 가문이나 출신의 차이에 관계없이 모든 동일한 권리와 동일한 책임을 위해 투쟁한다. 사회민주당은 이러한 투쟁이 인류의 운명을, 민족적 공동체는 물론 국제적 공동체에서도, 국가와 주, 지방에서도, 노동조합이나 협동조합에서도, 작업장이나 집에서도 결정할 것임을 깨닫는다.

이러한 투쟁을 위해 다음을 요구한다.

경제정책

- 에너지 생산에 기여하는 자연자원은 물론 토지는 자본주의적 착취로부터 빼앗아 인민공동체에 기여하는 것으로 이전시킨다.
- 경작지의 확장이나 전적인 방치 혹은 사적인 사치목적을 위한 낭비에 반대하는 법률적 수단.
- 생산수단에 대한 자본주의적 소유, 특히 이해관계조직이나 카르텔, 트러스트에 대한 국가의 통제.
- 제국과 주의 기업 그리고 공공기관 소유의 기업을 점진적으로 폐지하고 관료제가 없는 민주적 관리 아래로 이전. 비영리 협동조합의 장려.
- 사회, 경제 정책에서 노동자, 사무원, 공무원의 이익을 대표하는 경제회의 제도의 구성.

사회정책

- 통일된 노동법. 단결권의 확보. 효과적인 노동보호.
- 최대한 1일 8시간 노동시간의 법정화; 생명과 건강에 대해 높은 위험을 가진 기업에서 이러한 8시간의 노동시간을 적용.
- 남성의 야간작업 대폭 축소

- 여성과 청소년의 야간작업 금지.
- 특별히 건강에 해로운 기업과 특별히 사고위험이 높은 기계에 대한 여성과 청소년의 노동 금지.
- 의무교육을 받는 아동에 대한 임금노동의 금지. 모든 기업과 영업장에 대한 감독. 주당 최소한 42시간의 연속적 휴식.
- 유급 연차휴가.
- 가내노동자의 심각한 경제적 손실 없이 가능한 경우, 가내노동의 폐해 근절과 이의 폐지를 위한 모든 노력 지지.
- 사회보험을 일반 국민보험으로의 이전.
- 이러한 토대 위에서 국제적 노동보호의 요구.
- 직업에서의 여성의 일반 권리.
- 공무원의 시민적 및 경제적 권리의 확보와 확대.
- 노동자계급의 사회적 필요에 적합한 계획적인 인구정책.
- 특히 자녀가 많은 가족에 대한 지원책.

재정

- 소득세와 재산세 그리고 상속세의 확보와 개선, 이의 가격변화와 운영자본의 성과에 따른 조정.
- 먼 촌수 친척의 경우의 상속법과 법정상속분은 상속자의 수에 따른 단계화.
- 탈세와 자본도피에 대한 효과적인 추적.
- 노동력의 보호와 모든 낭비하는 과소비에 대한 부담금 부과.
- 자본주의적 자산 매입에 공권력의 관여.

헌법과 행정

- 민주공화국의 보장. 국가통합의 공고화. 유기적으로 조직된 통일국가, 시의 자치와 상급 자치단체에 속하는 법적으로 조직된 지자체(시, 군, 구)의 자치화로 제국의 강화.

- 직능계층 조직에 대한 민주적 인민대표의 우위.
- 모든 국가 기관의 민주화.
- 가문과 출신, 종교의 차별 없이 20세 이상의 모든 국가시민(공민)의 완전한 헌법상 그리고 사실상의 평등.

지역행정정책

- 도시와 농촌을 위한 통일적인 지역행정제도의 창출과 함께 통일적인 지역행정 대의기관 창설.
- 지역행정에서의 발의권과 주민투표.
- 모든 지역행정 공무원의 지역 대의기관에 복종.
- 시장의 임기제 선거.
- 더 크고 효율적인 지자체의 건설과 장려.
- 지역행정의 불법적 행정활동의 저항권에 대한 국가적 감독의 제한과, 지역행정기관에 대한 감독관청의 재가권의 폐지.
- 지역 사회보험의 법적 승인.

재판

- 사회적 법률관에 의한 기존 법률해석의 극복.
- 개인의 권리와 사회적 공동체의 권리에 재산권의 종속.
- 계급사법부에 대한 투쟁, 모든 사법부 영역에서 선출된 인민법관의 결정적 협력.
- 일반 권리의식의 교육, 대중적인 법률용어.
- 모든 인민계급으로부터 법관의 구성, 모든 사법기관에 여성의 참여.
- 사법부의 교육과정에서 사회주의적 정신으로의 재편.
- 전체 사법부의 국가로의 이전.
- 형사재판에서의 항고.
- 형 집행의 법정화.

- 보복형벌이 아니라 보호형벌과 교도형벌.
- 사형제의 폐지.

문화정책과 학교정책

- 문화유산에 대한 모든 인민의 권리.
- 민족공동체의 최상의 교육권.
- 종교는 사적 사항으로, 내적 신념에 관한 것으로, 정당이나 국가의 일이 아니다. 국가와 교회의 분리.
- 세계적인 통합학교로 학교의 설계.
- 학교에서의 학습과 교재 그리고 급식의 무상제공.
- 가능한 한 폭넓은 자치 기능을 가진 청소년들의 생활 및 노동 공동체로의 학교의 전환.
- 양성에 의한 양성 통합교육.
- 교육적으로 탁월한 재능을 가진 일반인의 협력, 학부모의 책임 있는 교육 참여와 학부모협의회의 학교감독.
- 가정과 학교 그리고 자유로운 청소년운동 속에서 자라나는 인간을 인민공동체와 인류공동체의 의식적인 성원으로 그리고, 공화국, 사회적 의무수행 그리고 세계평화의 이상으로 교육.
- 청소년 지원 업무(자체적인 공적 기구를 가진 독립된 업무 영역으로서)는 유아기에 시작되어 성년에 도달하면서 끝난다.
- 생생한 인민문화의 건설을 위한 자유로운 노동공동체로서 성인 교육기관.

국제관계와 인터내셔널

- 민주적 토대 위에서 최고의 평화시민으로서 노동자계급의 국제적 연합.
- 국제연맹은 연맹규약을 인정하는 어떠한 민족도 배제하지 않으며, 국제연맹에서는 정당의 세력에 따른 대의원으로 구성되는 모든 나라의 의회가 대표성을 가진다.

- 국제연맹을 진정한 노동자, 법률 및 문화공동체로 확대.
- 국제재판소를 통한 모든 국제분쟁의 해결.
- 모두에게 동등하게 적용할 수 있는 국제법의 테두리 내에서 민족자결.
- 완전한 상대성의 원칙에 따라 모든 소수민족의 국제법적 보호
- 국제연맹의 보증 하에 국제적 군비축소, 국내 치안과 국제연맹의 공동행위에 의한 국제적 의무 이행에 필요한 정도로의 모든 국가의 군비축소

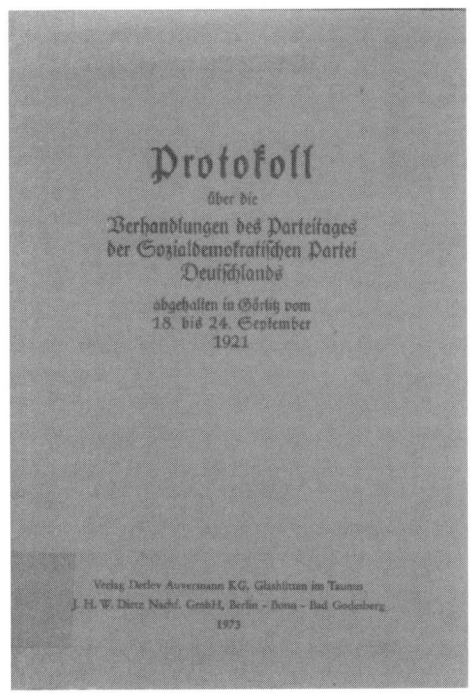

괴를리츠 당대회 회의록(1921. 9. 18.-24)
출처: http://www.1000dokumente.de/

- 모든 식민지와 보호령의 국제연맹 통치권에 위부.
- 모든 경제교류의 문호개방 원칙 관철.
- 국가 외교적 대표의 민주화와 단순화.
- 경제적 부담완화와 민족 생존권의 인정이라는 의미에서 베르사이유 평화조약 개정.

5 하이델베르크강령(1925)

HEIDELBERGER PROGRAMM

경제적 발전은 내적 법칙성에 따라 자본주의적 대기업의 강화를 가져오고, 산업과 무역 및 교역에서 소기업을 더욱 구축하여, 이의 사회적 중요성을 더욱 낮추고 있다. 산업 발전의 증대로 농업 인구에 비해 산업 인구가 계속 증가하고 있다. 자본은 생산자 대중을 자신의 생산수단 소유로부터 분리시키면서, 노동자를 무산 프롤레타리아로 전화시키고 있다. 토지의 대부분은 대지주의 손, 태생적인 대자본 동맹자의 손으로 들어가고 있다. 따라서 경제적으로 중요한 생산수단은 상대적으로 소수인 자본가가 독점하고, 그와 함께 사회에 대한 경제적 지배를 유지하게 된다.

동시에 대기업의 성장으로 경제에서 사무원과 지식인의 수와 중요성이 그 나름대로 커진다. 그들은 사회화된 노동과정에서 지도와 감독 기능, 조직과 분배 기능을 행사하고, 과학적 연구를 통해 생산방법을 지원한다. 수의 증가와 함께 이들의 특권적 지위로의 상승기회가 점점 더 줄어들면서, 그들의 이해는 상당 정도 여타 노동자계급과 일치하게 된다.

기술의 발전과 생산수단 독점화 진전에 따라 인간 노동의 생산성은 엄청나

---

* 하이델베르크강령 Heidelberger Programm. 1925년 하이델베르크에서 열린 독일사회민주당 당대회에서 결정.
최초 출판: "하이델베르크에서 열린 1925년 사회민주당 당대회 의사록", 베를린 1925

게 증가한다. 그러나 대자본과 대지주는 사회적 노동과정의 결실을 자신만이 독점화하려고 한다. 프롤레타리아만이 아니라 중간층에게도 더 높은 생산력을 가능하게 만드는 물질적, 문화적 진보에 대한 충분한 몫이 돌아가지 않는다.

자본주의에서는 노동계층이 자신의 생계에서 위협받는 경향이 끊임없이 작용한다. 오직 항구적인 경쟁을 통해서만 그들은 계속되는 추락으로부터 자신을 보호하고 자신의 처지를 개선할 수 있다. 그래서 상당한 생존의 불안정성, 즉 항구적인 실업의 위협에 놓이게 된다. 이것은 경제적 호황기 후에 발생하는, 자본주의적 생산양식의 무정부성에 기초하는 공황의 시기에는 특별히 더욱 고통스럽고 어렵게 된다. 자본주의적 독점추구는 산업의 집중, 생산단계의 상호 통합 그리고 카르텔과 트러스트로 나아간다. 이런 과정에서 산업자본과 상업자본 그리고 은행자본은 금융자본으로 통합된다.

단일한 자본집단이 경제를 막강하게 지배하게 되기 때문에, 임금노동자뿐만 아니라 전체 사회가 경제적으로 이에 종속된다.

영향력 증가로 금융자본은 국가권력을 이용하여 판매시장과 원료공급지 그리고 자본투자처로 외국 영토를 지배한다. 이러한 제국주의적 권력추구는 사회를 항구적인 갈등과 전쟁위험으로 몰아넣는다. 그렇지만 고도자본주의의 압력 및 위험과 함께 또한 계속 성장하는 노동자계급의 저항도 증가하는데, 노동자계급은 자본주의적 생산과정 자체의 기제에 의해, 그리고 노동조합과 사회민주당의 계속적인 활동에 의해 학습되고 하나가 된다. 프롤레타리아의 수가 증가할수록, 착취자와 피착취자 사이의 대립도 더욱 첨예화되고, 자본주의적 경제 지배자와 피지배자 간의 계급투쟁도 더욱 첨예화된다. 노동자계급은 자신의 해방을 위해 싸우면서, 자본주의적 독점에 반대하여 사회 전체의 이해를 대표한다. 세대에 걸친 헌신적인 활동을 통해 성장한 강력한 노동운동은 대등한 상대로서 자본주의와 맞선다. 그래서 자본주의체제를 극복하고, 프롤레타리아의 국제적 동맹을 통해서, 평등한 민족의 진정한 연대인 국제법 질서의 창출을 통해 자본주의를 극복하고, 전쟁의 위협 앞에서 인류를 보호하려는 의지가 전보다 더 강력하다.

노동자계급의 목표는 생산수단에 대한 자본주의적 사적 소유를 사회적 소유로 전화함으로써 달성될 수 있을 뿐이다. 자본주의적 생산을 사회를 위해 그리고 사회에 의해 사회주의적으로 운영되는 생산으로 전화시키는 것은 최고의 복지와 전면적인 완성의 원천을 위한 생산력 발전과 상승을 야기할 것이다. 그 때가 되어야 비로소 사회는 경제권력에 대한 맹목적 종속과 전반적인 분열에서 조화로운 연대 하의 자유로운 자기관리 단계로 올라설 것이다.

자본주의적 착취에 대한 노동자계급의 투쟁은 경제적 투쟁일 뿐만 아니라 필연적으로 정치적 투쟁이다. 노동자계급은 정치적 권리 없이는 경제적 투쟁을 전개할 수 없고 경제적 조직을 충분히 발전시킬 수 없다. 민주공화국에서 정치적 권리는 국가형태를 가지며, 국가형태의 유지와 건설은 자신의 해방투쟁을 위해 반드시 필요한 조건이다. 노동자계급은 정치권력을 장악하지 못하면 생산수단의 사회화를 추진할 수 없다.

프롤레타리아 해방투쟁은 모든 나라의 노동자가 참여하는 과제다. 독일사회민주당은 프롤레타리아의 국제적 연대를 인식하고, 이에 따른 모든 책임을 완수할 것을 결의한다. 민족의 항구적인 복지는 오늘날에는 단지 민족들의 연대적 협력을 통해서만 이룰 수 있을 뿐이다.

사회민주당은 새로운 계급특권이 아니라 계급지배와 계급 자체의 폐지를 위해, 그리고 출신과 신분의 차이 없이 모든 사람의 동일한 권리와 책임을 위해 투쟁한다. 이러한 입장으로부터 출발하여 사회민주당은 임금노동자의 착취와 종속뿐만 아니라, 민족, 계급, 정당, 출신신분, 인종 모두에게 해당되는 모든 종류의 착취와 종속에 반대하여 맞서 싸운다.

노동자계급의 해방투쟁을 의식적이고 통일적인 형태로 만들고 그의 필연적인 목표를 증명하는 것은 사회민주당의 과제이다. 정치적, 경제적, 사회적, 문화적 영역에서의 절실한 노력으로써 사회민주당은 자신의 최종목표를 위해 분투한다.

행동강령

헌법

민주공화국은 노동자계급의 해방투쟁을 위한, 따라서 사회주의의 실현을 위한 유리한 토대이다. 그러므로 사회민주당은 공화국을 지지하며 그 수립에 참여한다. 사회민주당은 다음을 요구한다:

국가는 분권(지방자치)에 기초한 통일공화국으로 전화되어야 한다. 새롭게 유기적으로 배열된 지방자치단체와 연방 주라는 기초 위에서 하나의 강력한 정부가 서 있으며, 이 정부는 법률과 행정에서 국가의 통일적인 지도와 국가의 단결에 필요한 권력을 가지고 있다.

직접적 제국행정은 사법부에도 연장되어야 한다. 모든 법원은 국가의 법원이 된다. 치안경찰에 대해서도 입법과정에서 통일적인 기초가 세워질 것이다. 통일적인 제국사법경찰이 창설되어야 할 것이다.

모든 군주제적이고 군국주의적 시도 반대와 군의 신뢰할 수 있는 공화국 기구로의 탈바꿈.

출신과 신분, 종교와 재산에 관계없이 모든 공민의 헌법상 평등권의 완전한 실현.

행정

사회민주적 행정정책의 목표는 권위주의적 국가가 인수한 경찰국가적 행정을, 민주적 자치에 기초하여 인민이 행정의 담당자가 되는 행정조직으로 대체하는 것이다. 그것을 위해 다음을 요구한다:

- 행정의 민주화.
- 법률에 의한 지방(주)행정 통일. 행정의 기초가 제국을 규정한다. 성질상 국가의 직접적 관리가 요구되는 것이 아닌 한 행정의 시행은 자치단체의

책임이다.
- 총괄입법 과정에서 지역적이고 지방적인 특수성은 존치한다.
- 법률에서 주의 행정법률은 모든 주에 동일하게 적용되며, 국가 행정과 행정기관의 관할에도 동일하게 적용된다.
- 지방행정제도는 지역과 지방자치단체(주, 시, 군, 면)를 위해 통일적인 법을 제정해야 한다. 단원제가 모든 자치행정기구에 관철되어야 한다. 시장의 선거는 정기적으로 실시되어야 한다. 자치단체는 행정단위의 업무를 법률과 주법의 범위 내에서 자율적으로 그리고 자신의 책임 아래 처리해야 한다. 일반적인 공공이해의 문제에 대해서는 지자체 내에 주민청원과 주민투표가 도입되어야 한다.
- 행정에 대한 법적 통제, 특히 법률에 저촉되는 행정행위로부터 공민의 보호는 법원 내의 독립된 행정법원을 통해 보장되어야 한다. 행정법원은 동시에 모든 주에서 상급행정법원의 기능을 한다.
- 지방자치법과 공공수용법은 공동 경제의 시행과 확대를 위해 필요한 권한을 지자체와 지자체 연합에게 부여하여야 한다. 행정은 기업 경영이 관료적 구속에서 벗어나게 하는 동시에 공공기관의 재량권이 보장되는 형태가 되어야 한다.
- 선발과 배치, 승진과 이해 대변 그리고 보호가 민주적이고 사회적인 관점에서 규정된 공무원과 공공기관 직원에 대한 통일적인 공직자 관련법이 제정되어야 한다.

사법부

사회민주당은 모든 계급적인 사법부 및 정파적인 사법부와 투쟁하며, 사법부의 모든 영역과 각급 법원에서 선출된 일반인 출신 법관의 결정적인 참여 하에 사회적 정신으로 충만한 법질서와 사법행정을 옹호한다.

사회민주당은 특별히 다음을 요구한다:
- 민사법에서는 재산법을 사회적 공동체 법 하위에 두는 법질서, 이혼의 간소

화, 남녀동등권, 혼외자와 적생자의 동등권.
- 형법에서는 개인과 사회적 권리의 더 많은 보호, 개인교화와 사회보호의 원리를 통해 보복원리를 대체. 사형제 폐지.
- 형사소송에서는 배심재판의 부활과 그 관할의 확대, 특히 정치 및 언론 관련 재판에서 배심재판의 확대. 모든 형사사건에서 항고의 허용, 변호를 침해하는 모든 규정의 폐지.
- 수사과정에서는 공권력의 침해 구금자의 보호, 현행범의 체포의 경우 이외에는 오직 법원 명령에 기초한 체포, 구속적부심
- 형의 집행에서는 인간존중과 교화원리의 정신 속에서 제국법적 규제.

사회정책

노동자, 사무원과 공무원의 보호와 광범한 대중의 생활수준 향상을 위하여 다음을 요구한다:
- 단결권과 파업권의 보호. 임금노동에서 남녀동등권. 모든 취학 연령 아동의 임금노동 금지.
- 1일 8시간 노동 법제화. 청소년과 건강 및 생명에 높은 위험이 있는 직장에서 법정 노동시간 단축. 야간노동의 제한. 주당 최소한 42시간의 지속적 휴식. 매년 유급휴가
- 비상근무의 관리는 오직 노동조합에게만 위임된다.
- 당사자에 대한 지속적 보호 아래 가내노동의 완전한 폐지를 목표로 가내노동의 남용 반대.
- 감독관에 의한 모든 기업과 사업장 감독, 감독관은 공무원과 신뢰할 만한 인물로서 노동자와 사무원에서 양성하여 제국의 제도로 설치할 것.
- 조정기관에 의한 해고 시 단체임금협약의 적법성 보호와 부조 급부.
- 일반 법원과 분리된 독립적 노동법원.
- 통일된 노동법.
- 보편적 사회보장으로 전환 시까지 사회보험의 단일화. 노동력상실자와 실

업자에 대한 고려. 복지 분야, 특히 교육과 보건 그리고 경제적 배려의 영역에서 포괄적이고 예방적이고 효과적이며 미리 대비하는 정책과, 그 실시에서 노동자계급의 협력이 보장되는 복지사업의 통일된 제국법 규정.
- 국제조약과 입법의 요구.

문화 및 교육 정책

사회민주당은 유산자의 교육특권 폐지를 위해 싸운다.

- 교육, 학습과 연구는 공공 업무 대상이다; 공공정책과 제도를 통한 이의 시행 보장. 무상수업, 학습교재의 무상제공, 학습자의 경제적 보장.
- 교육과 훈련, 학습과 연구를 위한 공공 제도는 교회에 속하지 않는다. 이러한 제도에 대한 교회의 모든 공적-법률적 영향력과 지역적 그리고 세계관적 공동체는 거부되어야 한다. 국가와 교회의 분리, 학교와 교회의 분리, 세속적인 보통학교와 직업학교 그리고 대학. 교회적이고 종교적인 목적을 위한 공공정책의 지출 금지.
- 통일적인 학교제도 확립, 모든 단계에서 육체노동과 정신노동 사이의 긴밀한 관계 설정.
- 양성에 의한 양성의 통합 교육. 대학에서의 통일적인 교사 교육

재정과 세금

독일사회민주당은 경제적 부담능력에 따른 원천세와 부담분배의 원칙에 기초하여 수립되는 근원적이고 포괄적인 재정개혁을 요구한다.

특히:

- 소득세와 재산세 그리고 상속세의 누진제도 도입. 세목의 공개와 함께 형평에 맞고 통일적인 세금부과. 세금포탈에 대한 효과적인 추적, 특히 의무적인 장부검사를 통한 추적.
- 사회적 약자에 대한 세금면제. 대중소비의 강력한 보호. 판매세의 폐지.
- 자본주의적 영리기업의 자산과 경리에 대한 공권력의 관여.

경제정책

자본주의체제에 대한 투쟁에서 독일사회민주당은 다음을 요구한다.
- 토지, 에너지 생산에 이바지하는 천연자원과 동력자원은 자본주의적 착취로부터 빼앗아 공동체의 서비스로 넘긴다.
- 노동조합과의 긴밀한 협력을 유지하면서, 경제조직에 대한 노동자계급의 공동결정권 관철을 위하여 경제회의체 구성. 자본주의적 이해공동체, 카르텔과 트러스트에 대한 제국의 통제.
- 공업과 농업에서 생산확대 지원. 주거의 지원
- 자유로운 물품교환과 국가 간의 경제연합의 창출을 위해 장기적인 무역협정에 의한 보호장벽의 폐지.
- 관료제 타파 아래 제국이나 주 소유의 기업체와 공공기관의 폐지.
- 비영리 협동조합과 공익적 사업 장려.
- 공익적 주택건설 지원, 임차권의 공법에 의한 법제화 촉진, 건축폭리에 대한 투쟁.

국제 정책

사회주의 노동자-인터내셔널 회원으로서 독일사회민주당은 모든 나라의 노동자들과 함께 공동행동 속에서 제국주의적이고 파시즘적 공격에 반대하고 사회주의의 실현을 위해 투쟁한다.
- 독일사회민주당은 민족 간의 모든 대립의 격화와 평화에 대한 모든 위협에 반대한다.
- 독일사회민주당은 국제적 분쟁의 평화적 해결과 의무적인 중재법원에 의한 중재결정을 요구한다.
- 독일사회민주당은 민족자결권과 민주적이고 민족적인 자치에 바탕을 둔 소수민족의 자결권을 지지한다.
- 독일사회민주당은 식민지민족에 대한 착취, 그들의 경제 형식과 문화에 대

한 폭력적 파괴에 반대한다.
- 독일사회민주당은 국제적 군비축소를 요구한다.
- 독일사회민주당은 경제적 이유에서 강제된 유럽경제통합기구의 창설과 모든 대륙의 인민의 이해의 연대를 성취하기 위한 유럽합중국의 창설을 지지한다.
- 독일사회민주당은 국제연맹의 민주화와 효과적인 평화정책의 수단으로 탈바꿈하기를 요구한다.

하이델베르크 강령을 채택한 하이델베르크 당대회 후(1925. 9. 18)
출처: www.150-jahre-spd.de/

6 프라하선언(1934)
PRAGER MANIFEST-GRUNDSATZPROGRAMM DER SPD

자기 면도의 기술

남성미용의 새로운 길

매일 아침 당신은 면도한다. 10분만 사용한다면 이것은 매주 1시간, 매달 5시간, 일 년이면 60시간 갈 것이다. 이 작은 숫자는 당신이 아침마다 면도기를 사용한다면 당신의 인생에서 불필요한 활동을 시작하지 않아도 되는 중요한 사실을 보여준다. 아니면 당신은 칼로 면도하겠는가?

그러나 당신은 이 중요한 활동에서 무엇을 알고 있는가? 당신 손에 우연히 칼이나 도구, 비누와 면도크림이 있다. 좋은 친구는 그것에 관해 이러저러하게 조언하고, 당신은 그들과 경험을 교환하며, - 고통스럽고 피나는 경험으로부터 - 스스로 배우게 된다. 그래서 당신은 이제 습관적으로 처리할 수 있고 자기면도의 기술에 관해 스스로 판단할 수 있게 되었다고 믿는다.

이에 관해 우리는 당신과 모순된다는 것을 이해하시라. 당신은 모든 경험에

---

* 프라하선언 Prager Manifest-Grundsatzprogramm der SPD(망명 강령). SPD의 기본강령은 1934년 1월 28일 "새로운 전진"에 공개되었으며, 프라하선언으로 알려져 있다. 이것은 면도기 화물 속에 위장하여 파시스트 독일에 불법적으로 밀반입되었다. 위장용 문서의 머리글과 마무리 글귀는 이탤릭체로 되어 있다.

도 불구하고 자주 친구로부터 이렇게 아쉬운 소리를 듣는다: »당신이 면도하지 않는 것을 부인이 더 좋아하지 않는가?« 좋은 인상으로 여자와 관계를 만들어야 하는 많은 경우에 풍성한 문학이 등장하고, 말하자면 이론과 실천이 뒤범벅되는 일이 당신에게도 일어나지 않겠는가? 반면에 외모에 덜 신경 쓰는 남자는 피상적인 지침과 몇 가지 자신의 경험으로 만족하는가? 그러나 당신은 인정해야 한다: 당신은 처음 면도 지침을 도대체 한번이라도 유지했는가, 아니면 단순히 하루하루 시작하는가? 자세한 미용기술을 물어야 하는 것에 대해 당신은 부끄러움을 확실히 느껴야 한다!

그러나 당신은 당신의 외모에 관련되는 사항을 부차적인 것으로, 하찮은 것으로 간주한다면 부당한 것이다. 당신의 외모는 당신의 인생에, 당신의 성공에, 당신의 자의식에 관계없는 게 아니다. 우리가 영국신사의 예를 드는 것을 당신은 용서하겠는가? »진정한 신사는 면도날로만 씻는다« – 사람이 단지 외모에 따라서만 신사로서 보일 수 있다면 이것이 사람이 따라야 하는 원칙의 하나이다. 이것은 영국의 낭만소설에서 자주 발견하는 면도의 기술에 대한 지적이다.

1. 혁명적 사회주의의 투쟁과 목표. 독일사회민주당의 정책

독일과 세계에 대한 민족사회주의 독재는 일 년 동안 지속되었다. 독일의 반혁명의 승리는 독일 노동운동의 본질과 과제를 근본적으로 변화시켰다. 전체주의적 파시스트국가에서 인민들은 노예화와 무법천지로 희생되었다. 혁명투쟁에서 자유권을 통해 노예화를, 사회주의 질서를 통해 무법천지를 극복하는 것이 독일 노동운동의 과제이다.

민족사회주의 독재에 대한 투쟁에는 타협이 없으며, 개량주의나 합법성의 여지는 없다. 사회민주주의 전술은 오직 사회주의 사회의 실현을 위하여 국가권력의 획득, 이의 공고화와 유지라는 목표에 의해서만 규정된다. 전술은 독재의 전복을 위해 이러한 목적에 기여하는 모든 수단을 사용한다.

혁명투쟁은 혁명조직을 요구한다. 과거의 형태와 과거의 기구는 더 이상 새로운 투쟁조건에 어울리지 않으며, 그것의 부활을 위한 시도 역시 새로운 투쟁조건에 상응하지 못한다. 희생적인 투사를 가진 새로운 형식의 조직이 탄생하여야 한다. 우리는 이런 형식의 선택을 자유롭게 할 수 없다. 적은 여전히 우리 앞에서 압도적인 수단과 이의 잔인한 이용으로 우리를 압도하고 있다. 우리에게는, 경제적 육체적 정신적 테러의 잔혹한 압박 아래 있는 독일사회의 상황 자체가 행동의 법칙을 포기하게 만든다. 작은 집단을 만들고, 그들은 비싸게 얻은 경험 속에서 작업의 기술을 확보해야 한다.

혁명가들 중 엘리트

파시스트 내부의 대립이 있다면, 자본주의에서 계속 심화되는 계급대립이 발전한다면, 불만과 실망이 민족사회주의 지배 하의 대중적 토대를 뒤흔든다면, 그리고 자발적 대중운동이 시작된다면, 대중의식에서의 대립을 유도하고 그것의 목표설정에 영향을 주고, 결합을 확대하여 혁명조직을 대중조직으로 외연을 넓히는 것이 혁명적 엘리트의 과제가 될 것이다.

혁명조직 업무를 위하여 처음부터 독일 사회민주주의의 지도부는 외국에 설립되었고, 이 과업 수행을 위하여 이의 힘과 수단을 다했다. 테러의 압박은 독일 자체에서도 비합법 활동의 분권화 확산의 원인이었다. 독일 자체에서 불가피하게 분화된 활동은 지도부의 활동에서만 통합될 수 있다. 노동계급의 통일이라는 틀 안에서 민족사회주의 독재의 전복에 기여하기 위해 혁명정신을 책임지는 모든 집단은 지원과 후원이 유지되었다. 이 과정에서 지도부는 비합법 집단의 지도자의 끊임없는 협력과 조언이 필요하다는 것을 알게 되었다.

2. 대중운동의 목표

조직은 혁명투쟁의 도구다. 그 조건은 무엇이며, 그의 목표는 무엇인가?

투쟁의 조건과 목표는 자의적으로 규정되는 게 아니라, 자본주의 사회의 첨예화된 대립으로부터, 민족사회주의 반혁명의 사실로부터 발생한다.

우리는 묻는다: 노동계급은 파시스트체제 하에서 무엇을 위해 투쟁하는가, 그들을 강제하는 것은 어떤 투쟁인가?

민족사회주의는 자신의 이론에서 계급투쟁을 부정하며, 자신의 실천을 가장 잔인하게 첨예화시킨다. 이의 지배는 사회적 대립을 전례 없이 증가시키고, 마치 가마솥의 모든 배출구를 막아 새롭게 끓게 만드는 것을 의미한다. 노동자와 근로자의 모든 조직을 억압하고, 이의 힘을 완전히 빼앗고, 그 이해에서 독재를 국가권력으로 설정하는 대자본의 자의에 넘겨준다. 이러한 일방적인 권력관계의 이동은 노동자계급에게 그들의 생활수준을 지속적으로 악화시키고 위협한다. 기업집단이 광범한 대중의 모든 생필품의 비용을 높이고 수출산업에서 고용을 계속 줄이는 경제정책을 통해 위험은 더욱 상승한다. 위험은 체제의 이득을 보는 일부 계층을 보호하기 위해 언제나 다수의 대중에게 과중한 세금을 부과하는 재정정책을 통해서 더욱 증가된다. 이것은 대중으로 하여금 자신의 물질적 존재를 보호하고 지키기 위한 투쟁으로 나가도록 내몬다. 그러나 모든 임금운동은 금지되고, 모든 파업도 정치적 반역이 된다!

이러한 상황으로부터 결사의 자유를 다시 쟁취하기 위한 요구와 노동자 이해를 대표하는 사회적 투쟁조직 설립 요구가 필연적으로 성장하게 된다. 그들의 결사의 자유는 집회 및 결사의 자유와 언론의 자유가 없이는 불가능하다. 그래서 노동자계급의 필수불가결한 욕구로부터 정치적 권리에 대한 요구가 주어지고, 그들의 민주적 운동자유를 위한 투쟁이 일어난다.

실업자 군중에게서 실업의 장기화와 함께 사회에 대한 반역이 일어난다. 정상적인 사회라면 일할 권리를 약속하고, 생산과정으로 합류에 대한 그들의 요구를 강화하며, 일하는 사람과 일하지 못하는 사람을 더 이상 분리하지 않고 노동능력이 있는 모든 사람에게 일할 기회를 동등하게 나누어주는 경제질서를 바랄 것이기 때문이다. 독재에 속은 실업자의 이런 운동은 자본주의 사회의 토대에 직접 반대하는 방향으로 향한다.

노동자의 생활수준을 보장하려는 투쟁, 실업자를 생산과정으로 다시 투입하기 위해 모든 힘을 다해 요구하는 투쟁, 투쟁하는 노동자의 전선을 확대하고, 독재의 전복이라는 목표와 이러한 투쟁이 가지는 필연적인 내적 연관을 투쟁하는 사람들에게 의식화하는 것이 혁명사업의 첫 번째 과제이다.

민주적 권리의 탈환은, 노동운동을 다시 대중운동으로 만들고 사회주의 해방투쟁을 다시 대중의 의식적 운동 자체로 이끌어가기 위하여 필수불결하다. 그러나 모든 민주적 권리는 독재의 유지에 위협이 된다. 민주주의를 둘러싼 투쟁은 그래서 민족사회주의 국가권력의 완전한 타도 투쟁으로 확대된다.

이 투쟁은 전체 국가권력의 장악을 위한 혁명의 이행과정일 뿐이다. 외부의 재앙이 원인이 아닌 한, 독재의 타도는, 강력한 분쇄에서만, 혁명투쟁의 승리를 통해서만 완성될 것이다. 독재 타도는, 객관적인 혁명적 상황의 조건이 결연하고 급진적인 투쟁정신에 의해 활용되고 경험 많은 엘리트에 의해 지도되는 혁명적 사회주의에 혼을 불어넣어 준다면, 이루어질 것이다. 혁명적 사회주의는 대중의 행동 자체로부터만 성장할 수 있다.

3. 권력의 행사

권력의 이러한 장악방식은 그 행사의 방식을 규정한다.

어렵고 희생적이고 고난에 찬 독재 타도 투쟁에서 노동운동은 급진적이고 비타협적인 정신으로 무장하였다. 1918년의 정치적 격변은, 전쟁과 인민대중의 민족주의적 발호를 통해 야기된 반혁명적 발전의 절정기에 일어났다. 노동계급의 조직되고, 준비되고, 희망하던 혁명투쟁을 통해서가 아니라, 살육전쟁에서의 패배를 통해 황제체제가 무너졌다. 온전하게 유지되고, 조직된 유일한 권력으로서 사회민주주의는 저항 없이 국가지도를 떠맡았다. 여기서 사회민주주의는 무엇보다 부르주아 정당들과, 낡은 관료제와, 더욱이 재조직된 군국주의기구와 권력을 나누었다. 사회민주주의가 낡은 국가기구를 거의 변함없이 물려받았다는 사실은, 전쟁 동안 방향을 잃은 독일 노동운동이 범한 치명적인 역사적 실수였다.

새로운 상황이라고 해서 모든 반복을 배제하지 않는다. 혁명대중을 통한 민족사회주의 적에 대한 진압은 강력한 혁명정부를 창출하고, 노동자계급의 혁명적 대중정당에 의해 대표될 것이다. 노동자계급이 혁명적 대중정당을 통제할 것이다. 이 정부의 첫 번째 그리고 최고의 과제는 승리한 혁명을 위해 국가권력을 안정화시키고, 모든 저항가능성의 뿌리를 자르고, 국가기구를 인민대중의 지배기구로 전환하는 것이다.

따라서 혁명정부는 패배한 적의 영원한 완전 무장해제를 위하여 단호한 정치적, 사회적 조치를 즉각 시행할 의무가 있다. 이는 다음을 요구한다:

- 혁명재판소의 설치.
- 국가반란범과 그 공범자 및 정치적 협력자, 헌정 파괴와 암살 및 구금의 책임에 따른 관료와 사법부의 재판 회부 및 공민권 박탈.
- 판사의 불가침권 폐지.
- 사법부의 모든 핵심 보직에 혁명정부의 신뢰할 만한 인물의 배치.
- 비법률 부문 강화를 통해 사법부의 완전한 변화.
- 관료제의 정화, 모든 기관장의 즉각적인 재배치.
- 신뢰할 만한 군사력과 경찰력의 조직.
- 장교단의 완전한 혁신.
- 자유와 노동권을 제한하는 민족사회주의 폭정의 모든 법령의 폐지.
- 인종과 종교의 차이 없이 완전한 공민권 평등 실현.
- 교회와 국가의 분리.
- 모든 반혁명 선동의 청산.
- 혁명정부에 의한 필요한 사회, 경제, 재정 법률의 즉각적인 제정.

낡은 정치기구의 폐지는 이제까지의 사회적 담당자에 반대하여 확보되어야 한다. 이것은 다음을 요구한다:

- 대토지소유의 즉각적인 무상몰수, 산림의 국유화 및 국가 행정기관으로의 이전, 국가재원의 충분한 지원 하에 농업노동자의 협동조합 기업이나 생활능력이 있는 농민-거주지를 창출하기 위해 농지로 전환.
- 중공업의 즉각적인 무상몰수.

- 제국은행의 국유화나 국가 행정기관으로의 이전.
- 국가의 지침에 의한 대은행의 사회화와 이전.

혁명권력의 안정화와, 자본주의적이고-봉건적인 정치적 반혁명의 권력 직책의 가차 없는 파괴 이후에 비로소 일반 평등 직접 비밀 선거권에 따라 개별선거구에서 선출된 인민대표의 소집과 함께 자유로운 국가제도의 건설이 시작된다. 첫 번째 선거구 획정은 혁명정부가 공포한다.

인민대표는 절대다수로(필요하면 결선투표의 이름 아래의 경우라도) 정부수반을 선출하며, 그는 장관을 지명한다. 혁명정부의 임기는 이의 선출 시까지다.

집중화된 국가권력의 독재체제는 조직적 단일국가의 틀 내에서 지극히 자유로운 자치행정부 출범에 의해 붕괴된다. 정치적 행정단위에서는 학교 및 복지제도, 사법 및 조세제도를 위해 공무원이 책임을 지는 자치행정기구가 만들어진다.

4. 경제의 혁명

새로운 국가에서 노동자계급의 과제는 혁신된 국가권력을 사회주의 경제조직의 실행을 위해 적용하는 것이다. 중공업과 은행 그리고 대토지소유의 사회화는 종착점이 아니라, 단지 자본주의 사회를 사회주의 사회로 전환하기 위한 출발점에 불과하다.

사회주의 경제조직은 자본주의적 생산양식의 무정부성을 제거한다. 이로써 이는 경제공황과 실업을 극복한다. 계획 없는 자본주의 경제 대신에 사회주의 계획경제가 들어선다. 자본주의 이윤추구 대신에 항구적으로 증가하는 수요의 충족에 대한 추구가 등장한다. 노동력의 절약을 통해 이윤을 향상시키기 위한 무질서한 합리화 대신에, 소비를 희생으로 한 생산기구의 무분별한 확장 대신에, 생산력의 계획적인 증가와 생산과 소비의 균등한 확장이 등장한다. 개별 생산영역 간의 파괴적인 투쟁 대신에 상호 일치된 발전이 등장한다.

재편은 사회주의 계획 최고 책임자가 맡는다. 이것은 전체 경제의 조정에 기여한다. 특히 소관업무는 다음과 같다.
- 전체 경제의 발전을 위한 경제계획의 수립.
- 생산자와 소비자 그리고 국가의 협력 아래 경제영역의 국가화를 위한 행정조직의 창설. 자본주의적으로 지배했던 경제영역에 대한 더 넓은 사회화 준비, 자본투자와 기업신용의 조정을 통해 생산의 증가와 기술적 진보의 활용 규제.
- 경제의 사회화된 부분과 시장경제 사이의 관계에 대한 규제.

사회화와 통일된 지도를 위해 우선 다음과 같은 경제영역이 고려되어야 한다:
- 농민협동조합과 산업협동조합의 자치의 유지와 진흥 하의 신용제도
- 보험제도
- 중공업.
- 화학 대기업.
- 물류운송과 대중운송 교통.
- 동력공급(가스와 전기).

5. 사회의 혁명

사회주의 사회는 자본의 재산착취를 없애고, 농민과 수공업자의 노동자소유를 보호할 것이다. 이것은 생활수준의 지속적인 향상을 의미하며, 따라서 농민 및 수공업적 생산의 생산물을 위한 판매를 더 쉽게 만들 것이다. 이는 농촌과 도시의 노동자소유를 대지주의 압박과 은행자본의 전횡으로부터 해방시킬 것이다. 신용제도 통제를 통하여 중소기업에 대한 필요한 운영자금의 충분하고도 저렴한 공급을 보장할 것이다. 이는 농촌과 도시의 중간층에 대한 노령보험, 장애보험, 의료보험 확대에 기여하면서 경제적 안정을 향상시킬 것이다. 대토지소유자의 영향에서 벗어난 농업정책은 농민경제의 가공품생산을 장려하고 충분한 활용에 힘쓰고, 국가적 토지개량을 통해 토질 개선에 노력하며, 풍요로

운 교육제도의 수립을 통해 지속적인 역량 강화에 노력할 것이다.

생산을 새롭게 배치하고 통제함으로써 기술직 및 관리직 노동의 의미는 더 강조될 것이다. 기업은 사회주의 경제에서도 역시 전문화된 질적 관리를 필요로 한다. 이런 관리기구의 자본주의적 지배로부터 결별과, 공동체의 기능으로의 전환은 그 노동에 새로운 내용과 새로운 지위를 부여할 것이다.

교육의 특권은 폐지된다. 통합학교에서 자라나는 학생들은 미래 직업을 위해서 뿐만 아니라 자유로운 사회주의 공동체에서의 자신의 과제를 수행하기 위해서 교육을 받는다. 상급 교육기관(중등학교나 전문학교)으로 진학은 출신에 상관없이 오직 적성과 재능에 기초하여 이루어진다. 수업과 학습교재는 모든 단계에서 무료이다.

사회주의 사회는 정신과 학문의 자유를 복원하고, 관료제와 교회의 폭력 및 침해로부터 문화작업과 예술을 보호하며, 불가침적인의 권리와 인간존엄권을 복원한다.

사회주의의 새로운 경제질서는 물질적 과제 이상이다. 그 자체가 진정한 자유와 평등의 실현, 인간존엄과 인격의 완전한 발전이라는 최종목표를 위한 수단이다. 이제까지 개인적 이익의 원천이고 다른 사람을 위해 가난한 생활을 연명하기 위한 싸움이었던 노동은, 사회 전체의 복지 증진을 위한 사회적 기여가 된다. 대중은 더 이상 생산수단의 독점소유자를 위해서 빈약한 생활공간과 평생 위험에 내몰린 생존을 유지하기 위해 노동하는 게 아니라, 사회주의 미래의 변화를 위해 노동하게 된다. 기술적 진보의 계획적인 조정은 인간노동의 생산력을 엄청나게 증가시킬 것이다. 공황의 배제는 사회복지를 항구적으로 향상시킬 것이다. 이것을 통해 가능해진 노동시간의 단축은, 무엇보다 생활연명과 노동추구의 매일의 물질적 근심으로부터 인간을 해방하는 것은, 사회주의 공동체의 모든 성원들에게 문화유산과 환경에 참여하게 만들고, 과학의 인식과 예술의 향유에 참여하게 만들 것이다. 모든 능력을 발전시킬 수 있는 새로운 공동상식, 새로운 생활이해력, 새로운 경쟁심을 일깨울 것이다. 이것이 새로운 사회를 확실하게 정착시킬 사회주의의 신조이다.

사회적 변혁이 완성되어 갈수록, 그 만큼 더 관료제국가는 자치행정을 통해 대체되고, 그 만큼 더 국가와 사회 사이의 수백 년 낡은 대립도 극복될 것이다. 군대와 관료제와 사법부를 통해 자신의 신민을 지배했던 권력국가 대신에, 일반 과제에 대해 협력하기 위해 누구나 참여하는 사회의 자치행정이 들어선다. 영도자 원리와 당의 위계, 자의와 무책임성 대신에, 사회적 과제의 충족을 위해 자유로운 사람들의 책임이 등장한다. 독재는 인민의 자유로운 자기결정을 통해 해체되고, 압제는 민족공동체의 모든 일원을 위한 사회적 권리와 책임의 동등함에 굴복한다. 인류는 필연의 왕국에서 자유의 왕국으로 들어선다.

6. 군비확장과 전쟁위험

민족사회주의 독재는 독일을 야만과 잔인함 속으로 밀어 넣었고, 독일인민에게 깊은 치욕을 안겨주었다. 그러나 히틀러 지배는 독일에 재앙이고 위험일 뿐만 아니라, 모든 다른 민족의 자유와 문명에 대한 폭력적 위협을 의미했다. 독재는 자기종족의 우월감과 강대국추구 속에서 모든 독일인의 민족주의를 뜨겁게 달구었다. 독재는 젊은이들을 군사적 공격정신으로 감염시켰고, 모든 정신적 물질적 수단을 발작적인 군비확장을 위해 투입하였다. 독재는 자신의 전쟁목표를 공개적으로 선전하였다. 새로운 강대국은 동부에 이주지를 위한 새로운 나라를 만들어야 하고, 모든 »독일혈통의« 지역을 파시스트제국으로 편입해야 한다. 그러나 영토적인 희생보다 더 암울하게 인민들을 승리한 독재로써 위협했다. 즉 파시스트 독일의 본질에 세계가 굴복해야 한다는 것이다. 새로운 전쟁은 무한히 발전된 파괴수단으로 문명을 몰락시킬 위협을 의미하고, 그래서 파시스트 독일의 승리는 내부에서는 노예화와 잔인함의 영구화를, 그 밖의 세계에 대해서는 파시즘의 확산을 의미한다.

독일의 민주주의는 평화의 조직과 확보 수단으로서 서구의 위대한 민주주의와의 연대 속에서 동등한 권리를 요구한다. 독재는 이러한 요구를, 자신의 전쟁의도를 남용하기 위해 날조하였다. 독재는 자신의 권력정치 목표를 달성하기 위한 강력한 맹방으로서 새로운 연합을 구축하기 위해 이를 내세웠다. 독일 독재의 외부정책은 평화에 대한 항구적인 위협을 의미하고, 그래서 군비확장경쟁으로의 강제를 의미한다. 염치없는 헌정파괴를 통해서, 의회 방화의 연출을 통해 권력에 이른 독재는, 파렴치한 테러와 권리와 법률에 대한 염치없는 능욕을 통해 권력을 장악한 독재는, 이제 비로소 국제조약의 유지를 위한 어떤 보장도 제공하지 않는다. 독재는 국제조약을 파괴하는 것이 유리하다고 간주되면 즉각 파괴할 것이다.

전제의 폭정을 전쟁을 통해 전복하려고 희망하는 것은 사회민주주의의 과제가 아니다. 오히려 전쟁을 피하는 것이 우리의 과제이다. 따라서 사회민주주의는 히틀러 독일에 대한 모든 군사적 용인을 버린다. 사회민주주의는 독일 민족주의의 위험을 낮게 평가하는 모든 나라의 노동당에게 경고한다. 민주주의의 동등한 권리, 그러나 전쟁을 열망하는 독재를 위한 군비확장의 반대! 이러한 체제에는 한 사람도 한 푼도 넘어가서는 안 된다. 이것이 독일 사회민주주의의 표어이며, 사회주의 노동자-인터내셔널의 구호가 되어야 한다. 평화와 민족자유의 확보를 위해서는 군사적 용인이 아니라, 재군축과 무장해제 그리고 나치스 돌격대와 나치스 친위대 해체가 필요하다.

노동당의 영향 아래에 있는 민주주의의 확고함과 사려 깊은 단호함으로도 전쟁을 막을 수 없다면, 독일 사회민주주의는 폭정에 대해 불변의, 단호한, 타협 없는 적의로 대립할 것이다. 독일민족의 통일과 자유는 단지 독일 파시즘의 극복을 통해서만 구할 수 있다.

사회민주주의는 독일에서 전쟁으로 인한 폭정의 붕괴를 독일의 분할로 이용하려는 외부로부터의 어떤 시도에 대해서도 단호하게 반대할 것이다. 사회민주주의는 독일의 분할로 이어지는, 독일의 평화적이고 경제적인 발전가능성을 제한하는, 어떤 평화에 대해서도 인정하지 않을 것이다.

7. 혁명적 사회주의 통일

전체주의국가의 승리로 이의 극복 문제가 가혹할 만큼 분명해졌다. 이에 대한 대답은 이것이다: 전체적 혁명, 도덕적 정신적 정치적 그리고 사회적 혁명!

이러한 투쟁에서 사회민주주의 당은 모든 반파시스트 계급전선을 추구한다. 여기에는 민족사회주의의 약속에 의해 기만당하는 농민, 중소기업인, 상인을 포함하며, 현 체제 아래에서 이제까지 생각할 수 없을 정도로 종속과 체면손상을 입은 지식인을 포함하고 있다. 이는 노동계급과의 공동투쟁을 요구한다.

우리는 투쟁의 길과 투쟁의 목표를 보여주었다. 노동운동에서의 차이는 적에 의해 해소되었다. 분열의 이유는 무화되었다. 독재타도 투쟁은 혁명투쟁과 다르지 않게 되었다. 사회민주주의자이든, 공산주의자이든, 수많은 분파집단의 지지자이든, 독재의 적은 투쟁 속에서 투쟁 자체의 조건을 통해 동일한 사회주의 혁명가로 되었다. 노동계급의 단일함은 역사 자체가 부과하는 강제가 되었다.

독일 사회민주주의의 지도부는 따라서 모든 분파적 단절로부터 자유롭게 되었고, 노동자계급을 혁명적 사회주의의 정당으로 통합해야 하는 사명을 알고 있다. 독일 사회민주주의는 노동계급의 다른 정당에 반대하지 않으며 모든 집단의 비합법 활동과 독재에 대한 투쟁을 지지할 준비가 되어 있듯이, 마찬가지로 공동의 정신적 활동으로 노동계급의 통일되고 혁명적인 사회주의 의식을 형성할 수 있도록, 자신의 신문과 잡지 그리고 출판물을 혁명적 사회주의의 문제와 확실하게 권력을 쟁취하고 유지하는 문제에 개방할 것이다. 그러나 독일 사회주의는 아직 달성하지 못한 승리의 활용문제를 둘러싸고 노동계급을 분열시키고, 독재를 보호하고 영구화시키는 자기분열책동은 인정하지 않을 것이다.

민족사회주의 권력자는 혁명적 사회주의 노동운동을 파괴하고 평화사상을 근절한 것을 자랑한다. 그들은 승리자이고 억압으로 잔인한 보복을 행사한다. 그러나 그들의 승리가 커질수록, 자본주의 세력의 승리가 커질수록, 그 만큼 더 그들의 미래 몰락도 분명해진다. 자본주의 발전은 스스로 자신의 무덤을 파는 사람을 창조하고, 오늘의 승리는 내일의 몰락이다.

파시스트 야만에 반대하여 우리는 인류의 위대하고 영원한 이념을 위한 투쟁을 지도한다. 우리는 중세적 구속을 극복한 이래 위대한 역사적 발전의 담당자이고, 우리는 르네상스와 인본주의, 영국과 프랑스 혁명의 영원한 전승의 유산이다. 우리는 자유 없이 살기를 원하지 않으며, 우리는 자유를 쟁취할 것이다.

계급지배 없는 자유, 인간에 대한 인간의 모든 착취와 모든 지배를 완전히 지양하기 위한 자유!

희생의 피는 헛되이 흘리지 않았다!

독일 노동자여, 당신들이 잃어버릴 것은 노예의 사슬밖에 없다. 자유와 사회주의의 세계를 얻을 것이다!

독일 노동자여, 민족사회주의 독재를 타도하기 위한 혁명투쟁에서 하나가 되자!

사회주의를 위한 자유를 통해서, 자유를 위한 사회주의를 통해서!

독일의 혁명적 사회주의여 영원하라, 인터내셔널이여 영원하라!

프라하, 1934년 1월

독일사회민주당 집행위원회

우리가 당신에게 봉사할 수 있게 되어 매우 기쁘다. 그렇게 매일 습관적인 일에, 그리고 문화사적이고 민속학적이고 기술적인 성격의 그렇게 많은 일에 관계하도록 당신을 믿게 만들었으니 용서하겠는가? 우리 선조의 모서리가 날카로운 부싯돌에서부터, 고대 페르시아의 조야한 석회유방법으로부터 현대의 자동면도기까지, 매우 얇은 날과 세심한 생화학적 고려에 따라 만들어진 면도크림은 더욱 발전하였다. 이것이 원시적인 경험에서부터 과학적으로 기초가 된 기술적 성과능력의 길이다.

이 작고 우아하고 반짝이는 기구는, 매일 아침 당신이 우리의 지시에 따라 사용하기 위해 손에 쥐게 되는데, 당신의 전체 생활에서 매우 큰 만족을 줄 것이며, 매일 사용하는 당신 주변의 모든 물건 중에서 발명의 천재성에서, 그리고 기술적으로 높이 발전된 작업방법에서 당신을 충분히 만족시킬 것이다.

우리는 이 기술적 발전에 관해 가지고 있는 작은 부분을 당신에게 제공하고 당신이 높이 평가할 만한 관심의 일부를 존중하는 마음으로 우리의 희망을 담아 선물하고 추천하려고 한다!

1933년 의회에서 전권위임법 반대연설을 하였던 망명 사민당의 당수 오토 벨스(Otto Wels). 그는 망명 중인 1939년 9월 16일 타계하였다.
출처: www.fes.de

7 고데스베르크강령(1959)
GODESBERGER PROGRAMM

전 문

이것이야말로 우리 시대의 모순이다 -

원자력을 풀어놓은 인류가 이제 그 결과 앞에서 겁에 질려 있는 이러한 현상이.

생산력을 최고도로 발전시키고, 거대한 부를 쌓아올린 인류가 이 공동의 업적에 대한 공정한 몫을 만인에게 베풀어주지 못하는 이러한 현상이.

인류가 이 지구의 공간을 모두 정복하고, 대륙 간의 거리를 좁혔지만, 철통같이 무장한 힘의 진영이 전례 없을 정도로 각 국민들을 서로 갈라놓고 전체주의 체제가 그들의 자유를 위협하고 있다는 이러한 현상이.

인류가 바로 엊그제의 파괴적 전쟁과 만행의 경종을 들으면서, 자신의 미래를 겁내고 있다. 왜냐하면 인류의 오류에 의해 어느 순간 세계의 모든 곳에서도, 자기 파멸의 혼돈은 발생할 수 있기 때문이다.

그러나 현대에는 한편으로 희망도 있다 - 만일 인류가 원자력시대에서 나날

---

* 고데스베르크 강령 Godesberger Programm. 1959년 11월 13일부터 15일까지 바트 고데스베르크에서 개최된 독일사회민주당 임시당대회에서 결의된 독일사회민주당의 기본강령.

이 증대하는 자연에 대한 지배력을 오직 평화의 목적에만 사용한다면, 그 생활을 안락하게 하고 불안에서 해방되고, 만인을 위한 복리를 창조할 수 있다는 그런 희망이.

만일 인류가 국제법질서를 강화하고, 각 국민들 간의 불신을 덜고, 군비경쟁을 저지한다면, 세계평화를 보장할 수 있다는 그런 희망이.

또한 인류는 역사상 최초로 안정된 민주주의에서 만인에게 인격의 발전을 가능케 하여, 고통과 공포의 피안에서, 다양한 문화생활을 가능케 한다는 그런 희망이.

고데스베르크 강령집 표지
출처: www.fes.de

이러한 모순들을 해결하도록, 우리 인류는 소명을 받고 있다. 우리의 손 안에는, 인류의 장래를 복되게 할지 아니면 자기 파멸로 이끌지의 책임이 쥐어져 있다.

새롭고 더 선한 사회질서에 의해서만 인류는 자유로 가는 길을 열 것이다.

이러한 새롭고 더 선한 질서를 위해 민주사회주의는 분투한다.

사회주의의 기본가치

사회주의자들은 모든 사람들이 자신의 인격을 자유롭게 발전시키고 공동체에 봉사하는 구성원으로서 인류의 정치적 경제적 문화적 생활에 책임 있게 참여할 수 있는 사회를 만들려고 분투한다.

자유는 정의의 조건이며, 정의는 자유의 조건이다. 왜냐하면 인간의 가치는 자기의 책임을 주장함과 동시에 그의 동포들이 자기의 인격을 발전시키고 동등한 조건을 갖고 사회의 구성에 동참할 권리를 인정하는 데 존재하기 때문이다.

자유, 정의, 연대, 즉 공통된 연대에서 나오는 상호 의무와 책임은 사회주의자가 추구하는 기본가치이다.

민주사회주의는 유럽에서는 기독교의 윤리, 휴머니즘, 그리고 고전철학에 뿌리를 내리고 있지만, 이는 그 어떤 궁극적 진리도 선언하지는 않는다. 그것은 세계관이나 종교적 진리에 대한 몰이해와 무관심 때문이 아니라, 어떤 정당이나 국가도 그 내용을 규정해서는 안 될 인간의 신념상의 결단을 존중하기 때문이다.

독일사회민주당은 정신의 자유를 견지하는 당이다. 독일사회민주당은 다양한 신념과 사상을 가진 사람들의 공동체이다. 그들은 윤리상의 기본가치와 동일한 정치적 목적을 기초로 하여 연합하고 있다. 사회민주당은 이러한 기본가치를 정신으로 하는 하나의 생활질서를 추구한다. 사회주의는 영원한 과제다 – 자유와 정의를 쟁취하고 그것을 수호하며 그 안에서 진가를 확증하는 과제가 그것이다.

인간적인 사회를 위한 기본요구

민주사회주의를 결정하게 되면, 인간존중의 사회라면 반드시 충족되어야 할 기본요구가 생긴다.

모든 국민은 충분한 집행력을 행사하는 하나의 국제법질서에 따라야 한다. 전쟁이 정치의 수단이 되어서는 안 된다.

모든 국민은 세계의 복지에 참여할 동등한 기회를 가져야 한다. 후진국은 다른 국민들과의 연대를 요구할 권리가 있다.

우리는 민주주의를 위해 투쟁한다. 민주주의는 일반적인 국가질서 및 생활질서가 되어야 한다. 왜냐하면 민주주의만이 인간의 가치와 그 개인적 책임을 존중한다는 표시이기 때문이다.

우리는 모든 독재, 모든 종류의 권위주의적 전체주의적 지배에 저항한다. 왜냐하면 그것은 인간의 가치를 무시하고 그 자유를 침해하며 권리를 파괴하기 때문이다. 사회주의는 오직 민주주의를 통해서만 실현되며, 민주주의는 사회주의를 통해서만 달성된다.

공산주의자들이 사회주의적 전통을 내세우는 것은 부당하다. 실제 그들은 사회주의 사상의 유산을 왜곡해왔다. 사회주의자들은 자유와 정의를 실현하려고 하는 반면, 공산주의자들은 공산당의 독재를 수립하기 위해 사회의 분열을 이용하고 있다.

민주국가에서 모든 권력은 공적 통제에 복속해야 한다. 전체의 이익은 개별적 이익에 우선해야 한다. 영리와 권력 추구에 의해 규정되는 경제와 사회에서는 민주주의와 사회보장 그리고 자유로운 인격이 위협받고 있다. 그러므로 민주사회주의는 새로운 경제질서와 사회질서를 수립하기 위해 분투한다.

교육에서 모든 특권은 폐지되어야 한다. 재능과 성적만이 진학의 기준이 되어야 한다.

자유와 정의는 제도를 통해서만 보장되지 않는다. 모든 생활영역은 점점 기술화, 조직화되고 있다. 그로 인해 자유를 위협하는 새로운 종속이 계속 발생하고 있다. 경제적 사회적 문화적 생활의 다양성만이, 그것 없이는 모든 정신적 생활이 마비될 수밖에 없는 개인의 창조력을 자극한다.

계속 그 수가 늘어가는 사람들이 사회의식을 계발하고 공동책임을 질 준비가 되었을 때 비로소 산업사회에서의 자유와 민주주의를 생각할 수 있다. 이것을 위한 결정적 수단은 가장 넓은 의미에서의 정치교육이다. 이것이야말로 우리 시대의 모든 교육의 본질적 목적이다.

국가질서

독일사회민주당은 전체 독일 국민 안에서 생존하고 활동한다. 당은 독일연방공화국의 기본법을 준수한다. 이 기본법의 정신에서 당은 자유가 보장되는 독일의 통일을 위해 노력한다.

독일의 분단은 평화를 위협하고 있다. 이 분단의 극복은 독일 민족에게는 절대적으로 필요하다.

재통일된 독일에서 비로소 전체 독일 국민은 자유로운 결정을 통해 국가와 사회의 내용 및 형식을 구성할 수 있을 것이다.

인간의 생존과 인간의 가치, 인간의 양심은 국가에 우선한다. 모든 시민은 동포의 신념을 존중해야 한다. 국가는 신앙과 양심의 자유를 보장할 의무를 진다.

국가는 모든 개인들이 자유롭게 자기의 책임에서 그리고 사회적 의무에서 스스로 발전할 수 있도록 그것의 선행조건을 마련해주어야 한다. 기본권은 국가에 대한 개인의 자유를 보장해야 할 뿐만 아니라, 공동체형성의 권리로서 국가의 기초를 다져야 한다.

국가는 사회적 국가로서, 각 시민이 자기의 책임 속에서 자율적으로 살아가는 것을 만들어주어야 하고 자유로운 사회의 발전을 촉진하기 위해 시민에게 생존조건을 마련해주어야 한다.

국가는 사회적 이념과 법이념을 민주주의 이념과 융합시킴으로써 사회적 힘들에 의해 내용이 부여되고, 창조적 인간정신에 기여하는 문화국가가 되어야 한다.

독일사회민주당은 민주주의를 선언한다. 민주주의에서는 국가의 권력이 국민으로부터 나오고 정부는 언제나 사회에 대해 책임지며, 그리고 의회의 신임이 언제나 필요함을 의식하고 있다. 민주주의 아래에서는 소수의 권리가 다수의 권리와 똑같이 보호되어야 한다. 정부와 야당은 각각 다른 임무를 가지고 있지만 임무의 격은 동등하다. 양자가 모두 국가에 대해 책임을 진다.

독일사회민주당은 민주사회주의의 기본요구에 합치하는 국가와 사회를 형성하기 위해, 민주적인 다른 정당들과 동등한 자격에서 경쟁하며 국민의 다수 지지를 얻고자 노력한다.

입법, 행정, 사법은 각각 분립하여 전체의 복리에 대하여 책임을 진다. 공권력, 연방, 주, 그리고 지자체로 조직되어 있음은 권력을 분산하고, 자유를 강화하고, 공동결정과 공동책임을 통해 시민들에게 민주제도로의 다양한 통로를 열어주기 위한 것이다. 자유로운 지자체는 활기찬 민주주의를 위해서는 불가결한 것이다. 그러므로 독일사회민주당은 시민의 자치를 포함한 지자체의 자유의 원칙을 선언한다. 이는 더욱 확대되어야 하고, 재정적으로 보장받아야 한다.

여러 집단과 계층에 속한 사람들이 공통된 목적을 위해 결합하는 여러 단체들은 현대 사회의 필수 제도이다. 이들 단체는 민주적 질서를 가져야 한다. 그 힘이 커질수록 그 책임도 커진다. 뿐만 아니라 힘의 남용의 위험도 커진다. 의회와 정부 그리고 법원은 이해관계의 대변자들의 일방적인 영향에 좌우되어서는 안 된다.

신문, 라디오, 텔레비전 그리고 영화는 공공의 임무를 수행한다. 그것은 어디서나 자유롭게 독자적으로 아무런 방해도 받지 않고 정보를 수집, 편집, 보도하고, 자신의 책임 아래 의견을 형성하여 표현할 수 있도록 허용되어야 한다. 라디오와 텔레비전은 그 공적이고 정당한 성격을 지켜야 한다. 그것은 자유롭고 민주적으로 운영되어야 하며, 이해관계의 압력으로부터 보호받아야 한다.

법관은 오직 국민의 이름으로만 법에 헌신하기 위해 외적으로나 내적으로 독립성을 가져야 한다. 명예직 법관은 평등한 권리를 갖고 소송에 관여해야 한다. 독립적인 법관만이 형을 선고할 수 있다. 경제적 우열이 소송방식이나 판결에 영향을 미쳐서는 안 된다. 법률은 시대 상황에 부응하여 사회발전과 보조를 같이 해야 하고, 이것은 법의식에 모순되는 것이 아니라 법이념의 실현에 기여하는 것이다.

국방

독일사회민주당은 자유롭고 민주주의적인 기본질서의 수호를 선언한다. 당은 국가방위를 인정한다.

국방은 독일의 정치적 지리적 상황에 맞게 수립되어야 하고, 따라서 국제적 긴장의 완화, 효율적으로 통제되는 군비축소, 그리고 독일의 재통일을 위한 전제의 창출을 위한 제한이 설정되어야 한다. 민간인의 보호는 국방의 필수적 요건이다.

사회민주당은 전 세계에 널려 있는 대량파괴수단의 국제법에 의한 금지를 요구한다.

독일사회민주당은 핵무기를 포함해 그 밖의 대량파괴수단을 제조해서도 사용해서도 안 된다.

사회민주당은 긴장완화와 통제받는 군비제한이 실현된 단일유럽지대에 가입을 위해 노력한다. 이는 외국군이 없는 가운데서 독일통일 회복 과정에서 실행되는 것이며, 이 과정에서는 핵무기와 그 밖의 대량파괴수단을 제조해서도, 저장해서도, 사용해서도 안 된다.

군사력은 정부의 통치적 지도와 의회의 감독 아래 두어야 한다. 군인과 국민의 모든 민주세력 사이에는 신뢰관계가 있어야 한다. 군인은 군복을 착용하고 있는 시민이다.

군사력은 오직 국토방위에만 봉사해야 한다.

독일사회민주당은 양심에 따라 무기를 들거나 대량파괴수단에 임하는 병역을 거부하는 모든 시민을 보호한다.

독일사회민주당은 전반적으로 통제되는 군비축소와, 개별적인 국가방위를 해소하게 만들 힘의 수단을 갖춘 국제법질서를 추구한다.

경제 - 사회질서

사회민주주의적 경제정책의 목표는 끊임없는 복지 증진과, 모든 국민의 국민경제 소득의 공정한 분배, 존엄성이 침해받는 예속이 없고, 착취가 없는 자유로운 생활이다.

지속적인 경제성장

제2차 산업혁명은 전반적인 생활수준을 그 어느 때보다 더욱 크게 향상시키고 있고, 아직도 많은 사람들을 고통스럽게 하고 있는 가난과 궁핍을 해소할 전제들을 만들어냈다.

경제정책은 안정된 통화를 기초로 완전고용을 확보하고, 국민경제의 생산성을 높이며, 또한 전반적인 복지를 향상시켜야 한다.

모든 사람들이 향상된 복지에 참여할 수 있도록 하기 위해 경제는 영속적인 구조변화에 계획적으로 조화되어야 한다. 이렇게 함으로써 균형 잡힌 경제발전을 달성할 수 있다.

그러한 경제정책에서는 국민경제의 계량과 국가예산이 필요하다. 국가예산은 의회가 승인한다. 국가예산은 정부정책에서는 의무적이며, 자율적인 중앙은행 정책의 중요한 기초며, 경제에서는 자유로운 결정의 기준점이 된다.

현대 국가는 조세 및 재정에 관한 결정, 통화 및 신용에 관한 결정, 관세-무역-사회-물가 정책, 나아가 공공계약과 함께 농촌정책 및 주택정책을 통해 경제에 끊임없는 영향을 미치고 있다. 이처럼 사회적 생산물의 3분의 1 이상이 정부의 손을 거친다. 따라서 문제는 경제상의 처리와 계획이 합목적인지 아닌지 하는 게 아니라, 누가 이런 처리를 행하고 그것이 누구의 이익을 위해 수행되는지 하는 것이다. 국가는 경제과정에 대한 책임을 회피할 수 없다. 국가는 미래를 예측하는 경기정책을 세울 책임이 있다. 그러나 본질적으로는 경제에 간접적인 영향을 미치는 방법에 그쳐야 한다.

사회민주주의적 경제정책에서 자유로운 소비선택과 자유로운 직업선택은 결정적인 기초이며, 자유경쟁과 자유로운 기업가의 창의는 중요한 요소이다. 종업원단체와 사용자단체 간 임금협정 자율은 자유로운 질서의 본질적인 구성부분이다. 전체주의적인 강제경제는 자유를 파괴한다. 그러므로 사회민주당은 언제나 경쟁이 유효하게 지배하는 자유시장을 긍정한다. 하지만 시장이 개인이나 집단의 지배 아래 있을 때는 경제상의 자유를 지키기 위해 각종 조치가 필요하다. 가능한 만큼의 경쟁, 필요한 만큼의 계획! – 이것이 우리의 주장이다.

소유권과 권력

현대 경제의 본질적 특징은 집중화의 계속적인 심화라는 점에 있다. 대기업은 결정적으로 경제와 생활수준의 향상을 규정할 뿐만 아니라, 경제와 사회의 구조도 변화시킨다. 대규모 기업조직에서 수백 만 가치의 재화와 수만 명의 종업원을 지배하는 자는 경제적 활동만 하는 게 아니라 인간에 대한 지배권도 행사한다. 즉 노동자와 종업원의 예속은 경제적 물질적 영역을 훨씬 넘어서고 있다.

대기업이 위세를 떨치고 있는 곳에서 자유경쟁이란 존재하지 않는다. 동등한 힘을 행사하지 못하는 자는 동등한 발전의 기회를 갖지 못하며, 많건 적건 자유를 잃어버린다. 소비자로서의 인간은 경제에서 가장 취약한 지위에 있다.

대기업의 지도자들은 카르텔과 연합체를 통해 더욱 증가된 힘을 갖고 있으므로 국가와 정치에 영향력을 행사한다. 이것은 민주적 기본원칙에 일치하지 않는다. 그들은 국가권력을 찬탈한다. 경제적 힘은 정치적 힘이 된다.

이러한 사태의 발전은 자유, 인간의 가치, 정의 그리고 사회적 안전을 인간사회의 기초라고 생각하는 모든 사람에 대한 도전이다.

그러므로 대기업의 힘을 억제하는 것은 자유로운 경제정책의 중심과제이다. 국가와 사회가 강력한 이익집단의 희생물이 되어서는 안 된다.

생산수단의 사유는 그것이 정의로운 사회질서의 건설을 저해하지 않는 한 보호와 지원을 요구할 수 있다. 대기업과의 경제적 경쟁에서 살아남을 수 있도록 중소기업을 효율적으로 강화해야 한다.

공기업에 의한 경쟁은 사적인 시장지배를 방지하는 결정적 수단이다. 그러한 공기업을 통해 전체의 이익이 존중되어야 한다. 자연적 혹은 기술적 이유로 말미암아 경쟁에서 배제해주고 전체를 위해 불가결한 성과가 경제적 합리적으로 이루어 질 수 있을 때 비로소 공기업은 필수적인 것이 된다.

자발적인 단체를 기초로 하여 사적인 이윤추구가 아니라 필요한 수요를 충족시킬 목적으로 설립된 기업들은 물가를 조절하는 역할을 수행하고, 소비자에게 도움이 된다. 그런 기업은 민주사회에 가치 있는 기능을 수행하므로 장려할 만한 일이다.

경제의 권력구조와 기업의 경영상태를 대중에게 공개할 수 있도록 광범한 정보가 있어야 한다. 이것으로써 권력남용에 반대하는 여론을 동원할 수 있다.

효율적인 공공관리로 경제력의 남용을 제한해야 한다. 그 중 가장 중요한 수단은 투자관리 및 시장지배력의 관리이다.

공유는 현대의 어떤 국가도 포기할 수 없는 공공관리의 정통적인 한 형태이다. 그것은 거대경제조직의 과도한 힘으로부터 자유를 지키는 데 기여한다. 대기업에서 지배권은 대체로 경영인들의 수중에 있으며, 그들은 누구인지 알지 못하는 익명의 세력에게 봉사한다. 그래서 생산수단의 사유(사적 소유)는 이제 광범하게 지배권을 상실했다. 오늘날의 중심문제는 바로 경제력이다. 다른 수단으로써 경제적 역학관계의 건전한 질서를 보장할 수 없는 한, 공유는 합목적적이고 필연적이다.

모든 경제적 힘의 집중은, 그것이 국가의 수중으로의 집중이라 하더라도 그 자체로 위험을 가진다. 따라서 공유재산은 자치와 분권의 원칙에 따라 결정되어야 한다. 공유재산의 관리기구에서 공공의 이익 및 소비자의 이익과 마찬가지로 노동자와 종업원의 이익이 대표되어야 한다. 중앙집권적 관료제가 아니라 책임을 자각하는 모든 관계자의 협력이야말로 공동체에 가장 잘 봉사하는 길이다.

소득과 재산의 분배

시장경제가 저절로 공정한 소득분배와 재산의 분배를 보장하지는 않는다. 그러기 위해서는 목적의식적인 소득정책과 재산정책이 필요하다.

소득과 재산은 불공정하게 분배되어 있다. 그것은 공황, 전쟁, 인플레이션 등에 의한 대량의 재산파괴의 결과일 뿐만 아니라, 본질적으로 극소수자에게 유리하도록 소득과 재산을 형성케 하고, 지금까지 무산자를 불리하게 만든 경제정책과 조세정책의 책임이기도 하다.

사회민주당은 모든 사람이 자유로운 결정에 의해 증대하는 소득으로부터 각자의 재산을 형성할 수 있는 생활조건을 만들어내려고 한다. 그것은 공정한 분배를 수반하는 사회적 생산물의 계속적 증대를 전제로 한다.

임금정책과 급여정책은 더욱 공정하게 소득과 재산을 분배하기 위한 적절하고 필수적인 수단이다.

거대 기업조직 자산이 끊임없이 증대하는 경우 이에 대한 적절한 증가분이 다수의 재산으로서 광범하게 분산되거나, 공동의 목적에 기여할 수 있도록 적합한 조치가 마련되어야 한다. 특권층의 안락한 사생활이 무제한 전개되고 있는 반면, 중요한 공동사회의 임무, 그 중에서도 무엇보다 학문, 연구 및 교육 등이 문화국가답지 않게 무시되고 있다는 사실은 우리 시대의 하나의 특징이다.

농업정책

사회민주주의적 경제정책의 원칙은 농업에도 해당된다.

그러나 농업의 구조와 농업생산은 어쩔 수 없이 자연적 요인에 의존하기 때문에 특별한 조치가 요구된다.

농지에 대한 농민의 사유는 인정되어야 한다. 새로운 시대에 부응하는 농지법과 임차법을 통해 효율적인 가족경영이 보호받아야 한다. 가족경영은 경제적으로나 사회적으로 강화되어야 한다.

협동조합제도의 장려야말로 그들의 독립성을 유지하면서 중소경영의 효율성을 향상시키는 최선의 길이다.

농업은 전체 경제의 발전에 충분히 기여하고 근면한 농민들에게 적절한 생활수준을 보장할 수 있도록 전체 경제의 구조적 변화에 적응해야 한다. 이러한 변화는 기술적·과학적 진보 때문만이 아니라 유럽공동체 내에서의 입지조건의 변화와, 독일경제 및 그 밖의 세계경제와의 연관성의 증대에 의해 규정된다. 농업의 현대화와 효율성을 증대시키는 것이 국가의 임무이다.

농업경제에 종사하는 인구의 이익은, 전체적으로 더 높은 총생산성과 더 폭 넓은 대중구매력을 가진 전체 경제 안에 농업이 통합될 때, 가장 훌륭하게 실현된다. 농업소득의 보장에 필요한 시장정책과 가격정책(시장질서)은 소비자와 국민경제의 이익을 다함께 고려해야 한다.

전체 농촌인구의 문화적 경제적 사회적 상태는 개선되어야 한다. 사회입법상의 찌꺼기는 청산되어야 한다.

경제에서의 노동조합

모든 노동자, 종업원, 공무원은 노동조합에 가입할 권리가 있다. 오늘날의 경제에서 종업원들이 노동조건을 자유롭게 협상하기 위해 독립적인 노동조합을 조직하여 연대적이고 민주적인 그리고 질서 있는 힘으로 기업 및 그 단체의 지도부를 구성하고 있는 사람들에게 대항하지 않는다면, 그들의 손아귀에 예속되고 만다. 파업권은 노동자와 종업원의 자명한 기본권에 속한다.

노동조합은 사회적 노동으로부터 나오는 수익 가운데 종업원에게 돌아올 정당한 몫을 획득하기 위해, 그리고 경제생활과 사회생활에서의 공동결정권을 획득하기 위하여 투쟁한다.

노동조합은 더 많은 자유를 위해 투쟁하고 노동하는 모든 사람들의 대표로서 행동한다. 따라서 노동조합은 끊임없는 민주화과정의 실질적 담당자가 된다. 모든 종업원들로 하여금 변함없이 협력하는 능력을 갖게 하고, 종업원이 이러한 능력을 사용할 수 있도록 배려하는 일이야말로 노동조합의 중대한 임무이다.

노동자와 종업원은 경제적 성과에 결정적으로 기여함에도 불구하고, 지금까지 유효한 공동결정에서 배제되어왔다. 그러나 민주주의는 경영과 경제전반에서 피고용자들의 공동결정을 요구하고 있다. 피고용자는 경제적 노예에서 경제적 시민으로 전화되어야 한다.

철강업과 석탄업에서는 노사공동결정이 실행되고 있는데, 이것은 새로운 경제구조의 시작이다. 이것은 더욱 발전하여 거대 경제조직체를 위한 민주적인 기업원칙이 되어야 한다. 자치적인 경제조직에서 피고용자의 공동결정은 확보되어야 한다.

사회적 책임

사회정책은 개인들이 사회에서 자유롭게 자신을 발전시키고 각자의 책임으로 자신의 생활을 형성할 수 있는 실질적인 전제조건을 창조해야 한다. 개인과 사회를 곤경으로 몰아넣는 사회적 상황이 피할 수 없는, 또 바꿀 수 없는 운명처럼 받아들여져서는 안 된다. 사회보장제도는 자신에 대해 책임을 지는 인간의 존엄성에 상응해야 한다.

모든 시민은 늙었거나 직업이나 생계비를 구할 수 없거나 또한 부양자가 죽었을 때, 최저 연금을 국가에게 요구할 권리가 있다. 이 국가연금에는 개인적으로 획득한 연금청구권이 추가된다. 이와 같이 노동생활에서 도달했던 경제적 생활기준이 확보되어야 한다. 전쟁상해자와 전쟁유족의 연금을 포함하여 모든 종류의 사회적 급부는 노동수입의 증대에 따라 계속 조정되어야 한다.

오늘날 기술과 문명으로 인해 사람들은 많은 건강상의 위험에 처하게 되었다. 그것은 지금 살아 있는 세대만이 아니라 미래의 세대까지도 위협하고 있다. 개인적으로는 이러한 위험으로부터 자신을 지킬 수 없다. 따라서 사회민주당은 포괄적인 건강보험을 요구한다. 생활조건과 생활형태 그리고 보건정책은 건강한 생활이 가능하도록 형성되고 수립되어야 한다. 공공의 건강보호, 특히 노동의 보호, 그리고 개인들을 위한 보건사업의 효과적인 방법들이 발전되어야 한다. 각자가 자신의 건강에 주의하도록 의무를 자각케 함과 동시에 자신이 선택한 의사에게 건강유지책과 질병예방을 위한 모든 기회를 제공받는 것이 중요하다. 의사가 직업상 내리는 결정의 자유는 보장되어야 한다. 병원의 설비를 확보하는 것은 공공의 임무이다.

또한 모든 인간의 동등한 생활권은, 병에 걸렸을 때 각자가 자신의 경제적 지위와 상관없이, 의학발달 수준에 상응하는 치료를 받는 조건적 권리를 가짐으로써 실현될 수 있다. 자유선택에 의한 의료구호제도는 질병시의 충분한 경제적 보장이 완비되었을 때 완전하게 된다.

소득의 완전한 평등화가 실현되었을 경우, 경제의 발전이 허용하는 선에서 노동시간의 단축을 점차적으로 실시해야 한다.

특수한 생활상의 곤란과 위급한 상태를 극복하기 위해서, 일반적으로 시행되는 사회적 급부는 사회부조의 개별 보호봉사와 급부에 의해 보완되어야 한다. 사회부조는 사적 사회복지단체와 인접 부조시설 및 자조시설과 협력한다.

사적 복지사업의 독립성은 보호되어야 한다.

전체 노동 관련법 및 사회 관련법은 통일되고 명료한 하나의 노동법령집과 사회법령집으로 정비되어야 한다.

모든 사람은 인간다운 생활이 가능한 주택을 요구할 권리를 가지고 있다. 주택은 가족의 주거다. 그러므로 주택은 나아가 사회적 보호를 받아야 하며, 단지 개인적인 영리추구의 대상이 되어서는 안 된다.

주택 및 건축, 토지 정책은 주거공간 부족을 하루빨리 해소해야 한다.

공공 주택 건설을 장려해야 한다. 이의 임차료는 사회적 관점에서 협의되어야 한다. 토지에 대한 투기는 배제되어야 하고, 토지매매로 발생하는 부당한 이익은 몰수되어야 한다.

여성-가족-청소년

법률적으로 사회적으로 그리고 경제적으로 여성의 평등권은 실현되어야 한다. 여성은 교육과 교양, 직업선택, 직업활동에서 남성과 마찬가지의 동등한 기회가 부여되어야 한다. 동등한 권리라고 해서 여성의 심리적 생리적 특성에 대한 고려가 무시되어서는 안 된다. 주부의 가사노동은 직업노동으로 인정받아야 한다. 주부와 어머니는 특별한 부조를 필요로 한다. 미취학자녀와 취학자녀를 가진 어머니는 경제적인 이유로 생업에 종사를 강요당해서는 안 된다.

국가와 사회는 가족을 보호하고 장려하고 강화해야 한다. 가족의 정신적 가치를 인정한다면 물질적으로도 가족을 보호해야 한다. 세제에서 가족수당의 조정, 출산수당 및 아동수당에 의해 가족을 효과적으로 보호해야 한다.

청소년은 스스로 자기의 생활을 영위하고 미래에 사회에 대한 책임을 자각하는 능력을 키워야 한다. 그러므로 국가와 사회는 가족의 교육능력을 강화시키고, 필요한 경우에는 그것을 대행해야 할 임무를 가지고 있다. 청소년의 직업능력을 육성하기 위해 일반적인 교육비 보조와 훈련비 보조 제도가 필요하다.

청소년노동자의 보호는 사회관계의 발전과 교육상의 경험에 부합되어야 한다. 청소년에게 적기에, 그리고 깊은 신뢰 속에서, 협동과 공동책임을 맡길 수 있다면, 민주주의의 인식을 가진 의지가 강건한 국민들로 성장할 것이다. 인격 발전을 위한 교육과 지원 요구 충족은 진보적인 청소년법에 의해 보장되어야 한다. 청소년의 교육과 사기진작 및 보호에 관련된 모든 생활영역에서, 청소년의 복지가 다른 모든 배려보다 우선한다는 것이 보증되어야 한다.

문화적 생활

인간의 창의력은 풍부하게 조직되고 다양한 문화생활에서 자유롭게 계발되는 것이 가능해야 한다. 국가의 문화정책은 문화에 정열을 가진 모든 힘들을 고무하고 촉진해야 한다. 국가는 정신적 문화적 생활을 자신의 목적에 이용하고 싶어하는 권력집단 및 이익집단으로부터 모든 시민을 보호해야 한다.

종교와 교회

다른 신앙과 다른 사상을 가진 사람들을 동등한 가치를 지닌 인간으로 존경하는 상호관용만이 인간적으로도 정치적으로도 결실을 가져올 수 있는 공동생활의 풍요로운 기반을 제공한다.

사회주의는 결코 종교의 대용물이 아니다. 사회민주당은 교회와 종교단체 그리고 그 특수한 사명과 독자성을 존중한다. 당은 교회와 종교단체의 공적·법적 보호를 긍정한다.

당은 자유로운 동반자라는 의미에서 교회 및 종교단체와 협력할 용의가 있다. 당은 사람들이 그들의 종교적 구속에서 벗어나 사회적 사건에 대해 의무를 이행하고 사회에 대해 책임지는 것을 환영한다.

사상, 신앙 및 양심의 자유, 그리고 표현의 자유는 보장되어야 한다. 종교상 또는 세계관상의 의견표현이 당리당략적 혹은 반민주적인 목적에 악용되어서는 안 된다.

학교

교육과 교양은 모든 인간에게 그들의 소질과 능력을 방해받지 않고 발전시킬 기회를 제공해야 한다. 교육과 교양은 우리 시대의 획일주의적 경향에 대한 저항력을 강화시켜주어야 한다. 전래된 문화가치에 대한 조예(造詣)와 습득, 그리고 현재의 사회생활을 형성하는 힘들에 정통한 것은 독립적 사고와 자유로운 판단력 형성의 기초이다.

청소년은 다양한 세계관적 신념과 가치체계가 병존하는 우리 사회에서 이해와 관용, 박애의 심성과 태도를 성취하기 위해 그리고 민주주의와 국제적 상호이해의 이상을 위해 각급 학교에서 지위, 독립성, 사회적 책임의식을 서로 존중하는 정신에 따라 공동의 교육을 받아야 한다. 그러한 목적을 달성하려면 모든 학교의 교육계획에서 국민교육이 적절하게 배려되어야 한다.

음악교육과 가사실습은 교양에서 중요한 위치를 차지해야 한다. 국가와 사회는 교육 및 교양시설을 통해 전 국민에게 예술과 예술적 창작에 친숙해질 수 있도록 기회를 부여할 의무가 있다.

스포츠와 체육 교육은 국가와 사회의 전면적인 지원을 요구할 수 있다. 그것은 개인들의 건강에 도움이 될 뿐만 아니라, 사회연대의 정신 형성에 본질적으로 도움이 된다.

학교교육에서 부모의 협력과 학생들의 행정참여는 모든 학교에서 확립되어야 한다. 학제의 조직과 교과과정은 어떤 발전단계에 있는 재능도 계발될 수 있도록 짜여야 한다. 재능 있는 모든 학생에게는 상급학교와 교육기관 진학이 개방되어야 한다. 공립학교와 공립대학 교육은 무상이어야 한다. 이 학교에서의 교육교재와 학습교재는 무상으로 제공되어야 한다.

일반 의무교육은 10년으로 연장되어야 한다. 직업학교에서는 전문교육뿐만 아니라 일반교양과 국민으로서의 교양도 함양시켜야 한다.

새로운 대학 진학 길이 열려야 한다. 초등학교와 실업고등학교의 교육과정에서는 모든 재능이 반드시 다 계발되는 것이 아니므로, 직업노동과 직업학교 및 특수 교육기관에서의 제2의 교육과정을 통해 대학 입학자격을 얻을 수 있도록 새로운 기회가 마련되어야 한다.

모든 교원은 학문을 연구하는 대학에서 양성되어야 한다. 훌륭한 학교교육을 위해서는 그 시대의 모든 문제들을 독자적으로 검토할 수 있는 교육자의 인격을 요구한다.

학문

학문 연구와 지도는 자유로워야 한다. 그 성과는 대중에게 접근하기 쉽도록 공표되어야 한다. 연구와 지도를 위해서는 충분한 공적 자금이 제공되어야 한다.

국가는 연구의 결과가 잘못 사용되어 인류에게 해를 끼치지 않도록 미리 배려해야 한다.

독립된 연구협의회는 독자적 책임 하에 때로 긴급한 과제를 제기하고 그것을 해결하는 연구를 돕도록 해야 한다. 학문적 연구와 지도를 장려할 때, 어떤 학문 분야도 제외되어서는 안 된다.

발전하고 있는 산업사회의 정치적, 인간적, 사회적 문제를 해결하고, 그 사회 안에서 인간적 자유를 수호하려면 인간과 사회에 관한 학문의 심화가 요구된다. 거기에 기울이는 노력은 그 강도에서 자연과학과 기술의 발전을 위해 쏟는 노력에 상응해야 한다.

대학의 자유와 독립은 침해될 수 없다. 그러나 대학은 다른 생활의 현실로부터 유리되어서는 존립할 수 없으며, 따라서 민주적인 다른 사회단체들, 특히 성인교육기관과 협력해야 한다.

대규모의 장학정책에 의해 연구자들의 학문적 성과를 보장해주어야 한다. 모든 연구자들에 대해 정치적 사회과학적 기초교양을 제공해야 한다.

현대의 성인교육제도는 학교를 졸업한 후에도 민주국가에서 상호 책임을 지고 행동하는 데 필수불가결한 지식, 판단력, 능력을 습득하고 심화시킬 기회를 제공해야 한다.

예술

예술의 창작은 완전한 자유를 보장받아야 한다. 국가와 지자체는 모든 분야의 예술에서의 창조적 표현력의 진작과 문화적 가치의 창달에 기여하는 방안을 제공할 의무가 있다. 예술의 발전이 규제, 특히 검열에 의해 제한되어서는 안 된다.

국제사회

가장 중대하고 시급한 과제는 평화를 확립하고 자유를 보장하는 일이다.

사회민주주의는 언제나 국제협력과 연대의 사상을 견지해왔다. 모든 이해와 관계가 국제적으로 얽혀있는 시대에는 어떤 국민도 단독으로 자신의 경제적 사회적 정치적 문화적 문제를 해결할 수 없다.

독일사회민주당은 독일 정치의 문화적 경제적 법률적 군사적 과제가 다른 국민들과의 긴밀한 협력에서 해결되어야 한다는 것을 인식하고 있다.

모든 나라들과의 정상적인 외교관계와 무역관계는 통치체제 및 사회구조와 관계없이 필수불가결한 것이다.

국제중재재판소, 조정협약, 모든 민족의 자결권과 평등권, 영토불가침 및 내정불간섭에 의해 세계조직이 보장하는 평화를 확보해야 한다.

국제연합은 그 이념에 충실한 전반적인 국제조직이 되어야 한다. 그 원칙은 일반 구속력을 가져야 한다. 국제연합 인권선언과 일치하는 소수민족의 권리는 절대로 필요하다. 독일사회민주당은 모든 사람들의 조국, 민족, 전통, 언어, 문화에 대한 권리를 옹호한다.

전면적 군비축소와 국제관계의 긴장완화에 도달하는 일보로서 지역적 안보체제가 국제연합의 테두리 안에서 구축되어야 한다. 재통일 된 독일은 모든 권리와 의무를 가지는, 유럽 안전보장체제의 일원이 되어야 한다. 경제적 발전을 위해 유럽 국가들의 협력이 불가피하게 되었다. 사회민주당은 특히 경제적 및 사회적 진보에 기여해야 하는 이러한 협력을 지지한다. 지역적으로 한정되어 있지만 이 초국가적 공동체는 외부세계에 대해 폐쇄적이어서는 안 된다. 동등한 자격을 누리는 협력과 모든 국민에게 개방된 세계무역은 평화공존의 전제이다.

민주주의 국가들은 무엇보다 개발도상국들과의 연대를 표명해야 한다. 세계 인구의 절반 이상이 아직도 여전히 심각한 빈곤과 무지 속에서 살고 있다. 세계의 부가 재분배되고 개발도상국의 생산성이 크게 향상되지 않는 한, 민주주의의 발전은 위험에 처하게 되고, 평화는 위협을 받게 된다. 모든 국민들은 공동의 노력으로 굶주림과 빈곤 그리고 질병을 이겨내야 할 의무가 있다. 개발도상국은 대규모의 사심 없는 원조를 요구할 권리가 있다. 새로운 형태의 억압 아래 놓이지 않으려면, 이들 국가의 경제적 사회적 문화적 발전은 민주적 사회주의의 이념에 따라 달성되어야 한다.

우리의 길

사회주의 운동은 하나의 역사적 과업을 수행하고 있다. 그 운동은 자본주의 제도에 대한 임금노동자의 자발적이고 윤리적인 반대로서 시작되었다. 과학적 기술에 의한 경이로운 생산성 발전은 소수계층에게는 부와 권력을 가져다주었지만, 임금노동자에게는 고통과 빈곤밖에 가져다주지 않았다. 지배계급의 특권을 폐지하고, 모든 사람에게 자유와 정의와 복리를 가져다주는 것 – 이것이야말로 과거와 현재를 통한 사회주의의 의미이다.

노동자계급은 그 투쟁에서 자신의 힘에만 의존했다. 노동자계급의 자의식은 자신의 처지에 대한 인식, 그것을 변혁하려는 단호한 의지, 행동상의 단결, 그리고 눈에 띄는 투쟁의 성과를 통해 일깨워졌다.

격렬한 반격과 많은 오류에도 불구하고 19세기와 20세기의 노동운동은 자신의 수많은 요구를 관철하는 데 성공했다. 한때는 아무런 보호나 권리도 없이 기아임금으로 매일 16시간 동안이나 혹사당해야 했던 프롤레타리아는 법정 8시간 노동제, 노동보호제도, 실업·질병·산재·노후보험을 쟁취했다. 프롤레타리아는 아동노동의 금지, 여성의 야간노동의 금지, 미성년자와 어머니의 보호, 그리고 유급휴가도 쟁취했다. 또한 프롤레타리아는 집회의 자유, 노동조합 결성의 권리, 임금확보권, 파업권을 쟁취했다. 지금 바야흐로 공동결정권을 쟁취하려고 하고 있다. 한때는 지배계급의 착취대상에 지나지 않았던 프롤레타리아는 이제 국가시민으로서 평등한 권리와 의무를 인정받는 지위를 차지하고 있다.

유럽의 몇몇 나라에서는 이미 사회민주주의 정권 아래서 새로운 사회의 기초를 닦고 있다. 사회보장과 경제의 민주화는 더욱 큰 규모로 실현되고 있다.

이러한 성과는 노동운동의 희생에 찬 길 위에 세워진 이정표이다. 노동운동은 그 해방 확대에 따라 모든 사람의 자유에 기여했다. 사회민주당은 노동자계급의 정당에서 국민의 정당이 되었다. 사회민주당은 산업혁명과 전 생활분야의 기술화에 의해 방출된 여러 힘을 모든 인간의 자유와 정의를 위해 바치고자 한다. 자본주의 세계를 건설한 사회적 세력은 이러한 우리 시대의 과제 앞에서는 무력하다. 그들의 역사는 괄목할 만한 기술적, 경제적 비약의 역사이기는 했지만 한편으로는 파괴적 전쟁, 엄청난 대량실업, 수탈적인 인플레이션, 그리고 경제적 불안정의 연속이기도 했다. 낡은 세력은 야수적인 공산주의의 도전에 대항하여, 정치적 인격적 자유, 자결, 경제적 보장 및 사회정의를 실현할 새로운 질서에 관해 탁월한 계획을 내세울 능력이 없음을 입증했다. 그러므로 그들은 이제 막 식민지적 수탈의 멍에를 벗어던지고 나라의 미래를 자유롭게 건설하면서 세계의 복지에 동참하려는 여러 신생국의 연대적 원조요구도 충족시킬 의사가 없다. 이들 신생국은 자신들을 그 세력권 안으로 끌어들이려고 획책하는 공산주의자들의 유혹에 대항하여 스스로를 지키고 있다.

공산주의자들은 자유를 철저히 탄압한다. 그들은 인권 및 개인과 국민의 자결권을 박해한다. 공산주의가 지배하는 나라의 국민들까지 오늘은 점차로 그 권력기구에 대항하고 있다. 그곳에서도, 어떤 지배체제에 의해서도 완전히 억압될 수 없는 자유를 위한 노력이 점차 성장하고 있다. 그러나 공산주의의 집권자들은 자신의 권력을 유지하기 위해 저항하고 있다. 그들은 국민의 희생 위에서 경제적 군사적 세력을 구축하고 있다. 이것은 자유에 대한 위협을 더욱 강화하고 있다.

따라서 세계가 희망하는 질서는 다음과 같다. 고통과 공포, 전쟁과 압제로부터 해방되고, 인간적인 사회를 건설하려는 민주적 사회주의의 기본가치 위에서 선의를 가진 모든 사람들과 합심하여 건설되는 질서이다. 이러한 목적은 독일과 세계의 모든 나라의 남과 여, 모든 사람을 부르고 있다.

독일에서는 사회주의자들이 독일사회민주당에 모이고 있다. 당은 민주적 사회주의의 기본가치와 기본요구를 인정하는 사람이라면 그 대열에 참여하는 것을 환영한다.

8 베를린강령(1989)
BERLINER PROGRAMM

I. 우리가 원하는 것

우리 남녀 사회민주주의자들이 원하는 것은, 평화로운 세계와 생명력 있는 자연, 인간적이고 사회적으로 정의로운 사회를 위해 투쟁하는 것이다. 우리는 보존할 만한 가치를 유지하고 생명을 위협하는 위험을 회피하고 용기를 고무하고 진보를 추구하기를 원한다.

우리는 평화를 원한다.

우리는 하나의 세계를 위해 행동한다. 하나의 세계 안에서는 모든 민족들이 공동의 안전 속에서 생활하고, 그들의 갈등이 전쟁이나 군비경쟁을 통해서가 아니라 인간적인 삶을 둘러싼 평화로운 경쟁 속에서 중재되며, 또한 그 하나의 세계 안에서는 동서진영의 갈등을 파트너관계의 정치와 토론문화가 극복하고, 유럽의 모든 민족이 평화의 민주적이고 사회적인 질서 속에서 협력하고, 남반부의 민족들을 위해 희망과 평화로부터 출발하고, 아시아 아프리카 및 라틴아

---

* 베를린강령 Berliner Programm. 1989년 12월 20일 베를린에서 열린 독일사회민주당의 강령제정을 위한 당대회에서 결의되었고, 1998년 4월 17일 라이프치히에서 열린 당대회에서 개정되었다.

메리카의 민족들이 정의로운 세계경제질서를 통해 고유한 발전을 위한 공정한 기회를 갖게 된다.

우리는 새로운 경제형태를 통해 인간과 자연의 생명을 우리의 지구 위에서 지속가능하게 할 수 있는 하나의 세계사회를 원한다.

우리는 남녀의 사회적 평등을 원하며, 계급과 특권, 차별과 배제가 없는 사회를 원한다.

우리는 모든 남녀가 인간적인 생계노동에 대한 권리를 가지며, 모든 노동의 형태가 동등한 가치로서 인정받는 사회를 원한다.

우리는 연대적 노력을 통해 모든 사람을 위한 복지가 달성되고 정의롭게 분배되기를 원한다.

우리는 문화가 그 다양한 현상형태 속에서 모든 사람의 생활을 풍요롭게 하기를 원한다.

우리는 전체 사회 속에서 민주주의를 원하며, 동시에 경제에서도, 기업과 노동현장에서도 구현되기를 원하고, 또 경제적 권력을 제한하고 민주적으로 통제하기를 원한다.

우리는 경제적인 기본결정, 특히 무엇이 증가해야 하고 무엇이 줄어들어야 하는지에 관한 결정이 민주적으로 이루어지기를 원한다.

우리는 시민들이 기술의 형태화에 관해 공동으로 결정하고, 그래서 노동과 삶의 질을 개선하고 기술의 위험을 줄이기를 원한다.

우리는 사회적 목표를 관철할 수 있고 언제나 새로운 과제로 관심을 변화시키고 유지할 수 있는 남녀 시민들의 정치적인 참여에 의해 담보되는 현대적이고 민주주의적인 국가를 원한다.

이제까지의 발전을 단순히 계속 따라가는 것은 어떤 미래도 더 이상 보장하지 않는다.

우리는 양이 아니라 질을, 인간생활의 높은 질을 목표로 하는 진보를 원한다. 진보는 무엇보다 기술과 경제에서 사고전환, 방향전환, 선택과 구성을 요구한다.

세계가 위태로울수록, 그 만큼 더 진보가 필요하다. 보존가치를 유지하려는 사람들은 변해야 한다. 우리는 안과 밖을 향해 평화를 보장하고 인간과 자연의 생명을 보존하고 위협을 극복하고 희망을 일깨우는 진보를 필요로 한다. 우리는 우리 사회를 더 자유롭게 만들고 정의롭고 연대적으로 만드는 진보를 필요로 한다. 이러한 진보 없이는 퇴보의 길이 열릴 것이다. 그러므로 우리 사회민주주의자는 모든 나라의 민주사회주의자와 공동으로 진보를 위해 함께 작업하려고 한다.

II. 우리 정책의 기초

1. 기본경험과 기본가치

새로운 시대의 부르주아 혁명은 자유, 평등, 박애에 관해서 실현된 것보다 더 많은 것을 서약하였다.

그래서 노동운동은 이런 혁명의 이상을 다음과 같이 제기하였다: 모든 인간에게 동등한 자유를 주는 연대의 사회. 역사적 기본경험에서 볼 때 자본주의의 수정으로는 충분치 않다. 경제와 사회에 관한 새로운 질서가 필요하다.

사회민주주의는 19세기의 민주적 대중운동의 전통을 이어가며, 따라서 민주주의와 사회주의, 정치와 노동세계에서의 인간의 자기결정이라는 양자를 계속 추구할 것이다.

그러나 우리의 역사는 오류와 잘못으로부터 자유롭지 못하다: 1차 세계대전 때 유럽의 사회민주주의 노동운동은 많은 측면에서 희망을 깨뜨렸고 평화를 박탈했던 것이다. 사회민주주의 노동운동은 노동자계급의 국제적 과제와 민족적 과제의 관계를 놓고 분열되었다.

후에 공산주의자들은 헛되이 노동자계급의 이름으로 공산당의 독재를 수립하기 위해, 의회민주주의에서의 개혁을 통해 더 나은 사회질서를 추구하려는 사회민주주의자들로부터 떨어져나갔다. 자본주의에 대한 헛된 사회주의적 선택을 결정한 질서는 공산주의자들에 의해 꿈꾸었던 희망을 산산이 깨버렸다. 형제자매와 같이 공동 생활하는 인간의 사회 대신에, 그들은 정치적 자유는커녕 문화적 발전도 보장할 수 없는 특권적 관료제의 지배에 빠졌다.

사회민주당은 1차 세계대전 후에 처음으로 국가 및 정부에 대한 책임을 넘겨받았다. 사회민주당은 최초의 독일민주주의의 믿음직한 수호자임을 증명하였으며, 민주적 복지국가의 건설을 시작하였다. 사회민주주의는 국가사회주의적인 폭력지배에 반대하였지만, 그것을 막을 수는 없었다. 제3제국에서의 사회민주주의의 희생적인 저항은 두 번째 독일민주주의의 건설에서 특별히 협력해야 하는 사회민주주의의 특별한 요구를 정당화했다. 독재와 테러에 대한 경험은 우리로 하여금 특별히 국가사회주의적 범죄의 무자비함과 파시스트 이데올로기 부활에 반대하여 각성하게 했다. 경험은 또한 서로 다른 종교적 입장과 정치적 확신을 가진 사람들도 동일한 정치적 목표를 위해 함께 일할 수 있다는 사실을 확신시켜 주었다.

정치적 힘의 균형, 과소평가된 자본주의의 역동성 그리고 사회민주주의의 다수 동원 능력 부족으로 사회민주주의 개혁 정책은 물려받은 사회, 경제 체제의 비민주적 구조를 더욱 깊게 변화시키지 못했다. 대기업가의 세력, 자본소유자와 기업경영자의 우세가 제한될 수 있었지만 그렇다고 극복된 것은 아니다. 소득과 재산의 분배도 불평등하게 남아 있다.

고데스베르크 강령은 역사적 경험으로부터 새로운 결론을 이끌어냈다. 그 강령은 민주사회주의를, 자유와 평등 그리고 연대를 사회의 민주화와 사회적 경제적 개혁을 통해 실현할 수 있는 과제로서 이해하였다. 사회민주당은 고데스베르크에서 자신이 오래된 정체, 즉 좌파 국민정당(linke Volkspartei)임을 표명하였다. 사회민주당은 그렇게 머물 것이다.

집권정당으로서 사민당은 상당한 성공을 이루었다. 기업에서의 노동자 권리와 시민의 참정권을 확대하였고, 이것은 사회보장국가를 건설하고 전체 국민의 법적인 불이익을 제거하는 데 기여했다. 그러나 이 시기에 사회민주주의자들은 또한 잘못된 평가를 내렸고 혹은 잘못된 결정을 하였다. 즉 자연적 생활조건을 보호하는 데 여전히 필요한 비중을 두지 못했으며, 극단주의적인 결정을 하는 우리 민주주의의 적들이 퇴치되기보다는 오히려 창출되었다. 이 시기의 뛰어난 성과는 동유럽 국가들과의 화해와 평화의 보장이다.

독일의 동쪽에서는 1945년 이후 소련점령당국과 독일공산당이 강력한 당으로 급속히 성장한 사회민주주의의 고유한 발전을 저지했다. 기만과 압박 그리고 강제 하에서 독일민주공화국DDR의 미래 국가정당으로서 독일사회주의통일당SED의 창당이 완수되었다. 이때 공산주의자들은 국가사회주의 독재 시절에 형성된 갈망을 남용하였고, 노동운동의 분열이 민주적 부흥의 표식 속에서 극복되어야 했던 것인데 그렇지 못했던 것이다. 그 이후와 마찬가지로 이미 당시에 사회민주주의자들은 공산주의 독재의 희생이 되어, 많은 사람들이 추방되고 투옥되고 정치적 생활로부터 유리되고, 독일민주공화국의 보증 하에 시베리아로 추방되기도 했다; 그 당시 그들 중에서는 알 수 없는 사람들이 목숨을 잃기도 했다. 43년 동안 독일 동쪽의 사회민주주의는 금지되었으며, "사회민주주의"는 특별히 강력하게 각인된 이데올로기적인 적의 이미지의 하나가 되었지만, 그러나 베를린의 동쪽에서는 남녀 사회민주주의자들이 1961년 8월까지 당의 작업을 제대로 하였다.

긴장완화와 대화 그리고 작은 진보의 정책으로 사회민주당과 그들이 이끄는 연방정부는 정치적 현실에서 출발하여 국경을 넘어 영향을 미쳤고, 독일민주공화국의 남녀 시민들을 위한 내적 자유의 활동여지를 확대하는 데 중요한 기여를 하였다. 당의 독재와 관료화된 계획경제는 독일민주공화국의 국가와 경제를 안전한 미래로 가져갈 수 없다는 것을 증명하였다. 1989년 10월 7일 당의 재건과 함께 동독의 사회민주주의자들은 사회주의통일당SED이 전능하다는 주장에 근본적인 의문을 제기하였다. 그들은 독일민주공화국의 혁명적 운동 안에서 첫 번째 과제로 의회민주주의를 결정하였고, 그래서 사회주의통일당-국가를 내부로부터 극복한다는 결정적인 목표를 설정하였다.

중부 및 동부 유럽의 여러 나라에서 1989년의 혁명적 운동의 결과로, 경제적으로 파탄에 이른 공산주의 세계체제가 해체되는 동시에 20세기 후반부의 정치를 규정했던 동서대립도 끝났다. 공산주의 세계체제의 종말은 독일민주공화국에서 민주적 자기결정권을 구현할 수 있게 했으며, 마침내 독일민주공화국 시민들의 자유로운 결정으로 독일의 국가적 분할은 끝났다.

동독의 사회민주주의자들은 평화적 혁명 속에서 독일의 역사를 이루는 데 협력하였다; 그들은 본질적으로 통일의 행운에 동참했다. 그들은 독재에서의 쓰라린 경험, 평화주의에 대한 단호함과 새로운 시작에서의 신뢰성에 의해 전체 당을 더욱 풍요롭게 만들었다. 1990년 9월 27일 이래 사회민주당은 100년 이상이나 오래 전 창당 때부터 원하던 그런 상태로 복귀하였다. 즉 전체 독일의 사회민주주의의 정당이다.

1990년 이후 독일 사회민주당의 통합은 독일 분할의 결과를 극복하기 위한 중요한 연결고리가 되었다. 그 과제는 계속되는 사회적, 경제적 불평등의 제거이다. 그것을 위해서는 연대적인 노력과 공동의 여론형성이 요구된다. 동독과 서독에서 모든 독일인을 위한 동등한 기회 조성, 이것이 모두를 위한 권리와 정의를 위해 언제나 뛰어들어야 하는 우리 당의 책임 있는 원칙이다.

당과 국가가 되었던 공산주의는 이제 유럽에서 과거가 되어버렸다. 20세기는 또한 적대적으로 대치되었던 주요 두 흐름인 사회민주주의자와 공산주의자로의 노동운동의 분열의 결과를 통해 각인되었다. 공산주의의 붕괴는 공산주의와의 대립에서 박해를 받았던 사회민주주의의 기본 확신을 증명해주었다: 자유롭고 정의로운 그리고 연대적인 사회질서의 목표는 모든 미래를 위해, 정치적 사회적 평등의 전제로서 인간권리의 보장으로부터 분리된 것이 아니다. 민주주의와 인권의 기초 위에서 더 나은 사회질서를 실현하려는 민주적 사회주의자의 결정은 또한 미래를 위한 올바른 길로서 증명되었다.

이러한 사고는 우선 민주적 개혁운동과 후에는 중부 및 동부 유럽의 공산당의 분열 덕분이다. 그들 중 몇몇으로부터 새롭고, 민주사회주의 정당이 성장했고, 그들의 고향을 오늘날 사회주의 인터내셔널에서 볼 수 있다. 이러한 아직 완결되지 않은 변화를 사회민주주의는 존중하며, 비록 당 및 국가공산주의의 역사적 정치적 유산과의 신뢰할 만한 거리두기에 연결되어 있지만, 그들에게 더욱 나아가기를 요구한다.

우리 남녀 사회민주주의자들은 다시는 우리 국민들에게 전쟁과 예속화 그리고 폭력적 지배가 아니라, 권리가 없는 프롤레타리아로부터 자기의식적인 남녀 시민들로 만들려고 하는 것에 대해 경의를 표한다.

사회민주당은 존재한 이래 평화와 국제적 협력을 위해 노력해왔다. 그 과정에서 사회민주주의 전통의 국제주의는 유일하게 책임질 수 있는 현실정책이 되었다.

우리의 역사에서 민주적 사회주의의 기본가치는 뿌리를 내렸다. 이것은 또한 미래에도 우리 개혁정책의 기초를 구성할 것이다.

우리의 역사적 뿌리

독일사회민주당에서는 다양한 기본신념과 종교적 태도를 가진 사람들이 함께 일한다. 그들의 융합은 공동의 기본가치와 동일한 정치적 목표에 기초한다. 유럽에서 민주사회주의는 자신의 정신적 뿌리를 기독교와 인본주의적 철학, 계몽주의, 마르크스주의 역사 및 사회이론 그리고 노동운동의 경험에 두고 있다. 여성해방의 이념은 이미 19세기에 노동운동에 의해 받아들여졌으며 더욱 발전해왔다. 우리는 이러한 여러 이념을 실현시킬 수 있게 만드는데 100년 이상이 필요했다. 우리는 개인적인 기본신념을 환영하고 존중한다. 이것은 결코 당의 결정에 복속될 수 없다.

인간에 관한 우리의 상

언제나 그렇듯이 우리가 인간의 존엄(Würde. 품격)의 기초를 어떻게 쌓을 것인가가 우리 행동의 출발점이고 지향점이다. 우리는 국제연합의 인권선언 시작 조항은 우리 모두에게 타당하다: "인간은 자유롭고 동등한 존엄성과 권리를 가지고 태어났다. 인간은 이성과 양심을 갖고 있으며 서로 연대의 정신으로 마주하여야 한다."

우리는 공통적으로 인간을 이성적, 자연적 존재로서 개인적, 사회적 존재로서 이해한다. 자연의 일부로서 인간은 단지 자연 속에서 그리고 자연과 함께 생활할 수 있을 뿐이다. 인간의 개인성은 같은 인간과 함께 사는 공동체 속에서만 발전할 수 있을 뿐이다.

인간은 선하다거나 악하다고 규정할 수 없으며, 배울 수 있고 이성적일 수 있다. 그래서 민주주의가 가능하다. 인간은 잘못될 수 있고, 오류에 빠지거나 비인간적인 것에 빠질 수 있다. 그래서 민주주의가 필요하다. 인간은 열려 있고 다양한 가능성 속에 있기 때문에, 그가 어떤 관계 속에서 살아가는지가 중요하다. 그러므로 인간의 존엄을 책임지는 새롭고 더 나은 질서가 가능하며 동시에 필요하다.

인간의 존엄은 그가 다른 사람들과 함께 사는 공동체 속에서 자신의 삶을 스스로 결정할 수 있기를 요구한다. 여성과 남성은 동등해야 하고 연대적으로 협력해야 한다. 모든 사람은 인간존엄의 생활조건을 위해 책임을 가져야 한다. 인간의 존엄은 그의 성과나 유용함과는 관계없다.

인권

우리는 인권에 책임을 진다. 국가와 경제는 인간과 그의 권리를 위해 여기에 존재하지, 그 반대가 아니다.

인권의 완전한 실현은 자유권과 정치적 참정권 그리고 사회적 기본권의 동등한 보장을 요구한다. 이들은 서로 대체될 수 없고, 서로 경쟁적일 수도 없다. 또한 집단적 권리가 개인의 발전에 기여한다.

자유권이 보장되고 활용되는 곳에서만이, 인간은 자유롭고 평등하게 살 수 있고 민주주의를 실천할 수 있다. 사회적 기본권이 실현되는 곳에서만이, 자유권과 참정권이 모두에 의해 지각될 수 있다. 자유권과 참정권의 존중으로 자유로운 의견대립과 정치적 참여를 허용하는 곳에서만이, 인간은 충분한 영양과 주거, 노동과 교육에 대한 그의 권리를 인정받을 수 있다. 이러한 인간의 권리만이 인간다운 삶을 가능하게 해줄 것이다.

모든 인간은 그의 모국과 민족, 그의 언어와 문화에 대한 권리를 가진다. 국제연합의 인권선언 속에 있는 소수민족의 권리는 필수불가결한 것이다.

정치에 관한 우리의 이해

정치는 인간의 공동생활에서 필수적인 차원이다. 정치는 국가의 제도에 한정되지 않는다. 정보가 보급되거나 혹은 은폐되는 곳에서, 의식이나 생활관계가 변하는 곳에서, 여론이 형성되고 의지가 변하는 곳에서, 권력이 행사되거나 이해가 대표되는 곳에서, 정치는 실행된다.

정치적 행위는 경계를 넘나든다. 정치적 행위는 개인과 사회에 대해 어떤 해를 끼치면서 넘나든다. 오류와 잘못, 병과 불행, 고통과 좌절, 좌초와 실패는 자유와 평등의 사회에서는 또한 인간의 생활에 속한다.

정치는 의미 있는 생활을 위한 조건을 창출할 수 있을 뿐이다. 정치 자체가 행운과 성취를 가져오게 하려면, 정치는 전체주의적 규제의 위험에 빠질 수 있다.

그러나 정치는 피할 수 없는 것의 관리 이상의 다른 것이 되어야 한다. 믿을 만한 것이 되고 또 앞으로도 그렇게 되기 위해서, 정치는 행동범위를 보장하고 새로운 과제를 설정해야 한다. 정치가 기술과 성장을 위한 결정을 경제적 이해에 넘긴다면, 정치는 실행할 수 있는 규제만 다루게 된다.

민주적 국가는 자신의 내용을 사회적 세력과 관련시킨다. 국가는 자기 목적이 아니라 사회의 구성을 위한 수단이다. 정당은 동시에 제안자이고 매개자이다. 정당은 사회적 자극과 요구들을 다루고 입법과 정부행동으로 바꾸면서 국가와 사회 사이를 매개한다. 정당은 스스로 사고의 계기를 제시해야 하고 결정 제안들을 토론에 부쳐야 한다.

실재적이고 명목적인 강제의 실행보다 더 많은 것일 수 있는 정치는 남녀 시민들의 의식과 참여에 의해 담보되고 관철되어야 한다. 정치는 사회의 여러 세력이 요구하고 관계하는 공개된 시민대화의 결과 속에서, 정보가 전달되고, 문제의식이 창출되고 판단력이 요구되고 그리하여 합의에 이르거나 명확한 다수에 이르는 자유롭고 공개된 결과가 되어야 할 것이다. 시민대화는 민주적 문화의 표현이다.

시민대화는—기술의 설계에서와 마찬가지로—모두가 관계하지만 나중에는 쉽게 바꿀 수 없는 결정이 이루어져야 하는 곳에서 정치의 중심으로 들어간다.

시민대화에서는 의견의 자유와 언론의 자유가 필수적이다. 모든 남녀 시민은 그들의 후손의 생활기회와 관계되는 주제에 대해 그들의 의견을 모으고 전파할 수 있는 권리와 기회를 가져야 한다. 국가와 과학 그리고 미디어는 기본적인 의견형성과 함께 민주적 토론문화를 창출할 수 있는 전제일 수밖에 없다.

시민대화는 더 많은 국가가 아니라 더 많은 민주주의를 의미한다.

민주사회주의의 기본가치

자유, 평등, 연대는 민주사회주의의 기본가치이다. 이것은 정치적 현실의 판단을 위한 우리의 평가기준이고, 새롭고 더 나은 사회질서를 위한 척도이며, 동시에 남녀 사회민주주의자의 행동을 위한 지향이다.

사회민주주의는 모든 인간이 자신의 인격을 자유롭게 발전시키고 정치적 경제적 문화적 생활에서 책임을 갖고 협력할 수 있는 사회를 건설하고자 노력한다.

인간은 자유를 위한 개별적 존재로서 태어났고 능력을 갖고 있다. 자신의 자유를 발전시키기 위한 기회는 그러나 언제나 사회의 성과이다.

자유는 우리에게 각자의 자유이며, 또 바로 그렇기 때문에 다르게 생각하는 존재의 자유이다. 소수를 위한 자유는 특권이다.

다른 사람의 자유는 개인의 자유의 경계이고 조건이다. 자유는 굴욕적인 종속, 궁핍과 공포로부터 벗어난 존재를 요구하지만, 그러나 동시에 개인의 능력을 발전시키고 사회와 정치에 책임 있게 협력할 수 있는 기회를 요구한다.

사회적으로 충분히 보장받고 있다고 느끼는 사람만이 자유를 위한 자신의 기회를 사용할 수 있다. 또한 자유의지와 관련하여 우리는 동등한 기회와 포괄적인 사회보장을 원한다.

정의는 모든 사람의 동등한 존엄에 기초한다. 정의는 평등한 자유, 법 앞의 평등, 정치적 사회적 참여와 사회보장에서의 평등한 기회를 요구한다. 정의는 남녀의 사회적 평등을 요구한다.

정의는 소득과 재산 그리고 권력의 분배에서의 더 많은 평등을 요구하지만, 그러나 동시에 학교교육 및 평생교육 그리고 문화에 대한 접근에서도 평등을 요구한다.

동등한 기회는 똑같은 형태를 의미하는 게 아니라, 모든 사람의 개인적 취향과 능력을 위한 발전의 여지를 의미한다.

정의와 동등한 기회에 대한 권리는 국가권력을 수단으로 추구되어야 한다.

권리책임을 넘어 서로를 위해 대신하려는 준비로서 연대는 강제되어서는 안 된다.

연대는 자유와 평등을 위한 투쟁 속에서 노동운동을 각인시켰고 고무했다. 연대 없이는 어떤 인간적인 사회도 없다.

연대는 권리를 위한 투쟁에서 약자의 무기인 동시에, 인간이 동료에게 필요로 하는 통찰로부터의 결과이다. 우리는 우리가 서로를 위해 대신하고 다른 사람의 자유를 원할 때만, 자유와 평등으로서 인간적으로 서로 함께 살 수 있다. 위험에 처한 사람은 누구나 사회의 연대 위에서 구제되어야 한다.

연대는 제3세계의 사람들도 인간다운 생활을 위한 기회를 유지해야 한다고 제안한다. 우리가 오늘날 그들의 기회에 관해 결정해야 하는 다가오는 세대 역시 우리의 연대를 요구할 수 있다.

연대는 또한 개인의 발전기회를 확대하기 위해서도 필요하다. 이기적인 개인주의가 아니라 공동의 행동만이 개인의 자기결정의 전제를 창출하고 보장할 수 있다.

자유, 평등, 연대는 서로 조건 지으며 서로를 지지한다. 그것은 등급에서 동일하고, 서로 그 의미를 해명해주고, 보충하고, 제한한다.

이러한 기본가치를 실현하고 민주주의를 완성하려는 것이 민주사회주의의 장구한 과제이다.

2. 우리가 살고 있는 세계

산업혁명과 현대 기술은 세계의 일부에서 사회보장국가의 수립과 노동조합 정책을 통해 모두에게 도움이 되는 역사적으로 유례없는 복지를 창출했다.

한계의 극복은 우리에게 인간과 자연에 대한 새로운 위험으로 대가를 치르게 했다. 산업 문명의 역동성은 과거의 부정의를 존속시켰고, 이를 넘어 자유와 정의, 건강과 생명에 새로운 위험을 창출했다.

인류는 이전에는 결코 가질 수 없었던 엄청난 힘을 갖게 되었다. 유전기술로 인간은 진화를 자신의 손에 넣게 되었다. 인간의 손을 떠난 원자는 인류를 절멸시킬 수 있게 되었다. 그러나 더 고양된 책임의 의식도 커졌다.

원자적, 화학적, 생물학적 대량살상수단에 의해 인류가 가져온 위험은 사라지지 않았다. 그러나 군비확장에 반대하는 저항도 커지고 있다. 군비축소는 아주 가까이에 다가오고 있다. 동지냐 적이냐 라는 사고는 사라졌다.

땅, 물과 공기의 오염을 통해 들과 바다, 식물과 동물이 죽어가고 있다. 우리는 스스로 삶의 토대를 잃어버리고 있다. 그러나 생태학적 사고가 힘을 얻고 있다. 새로운, 그렇지만 성급하게 낡은 것으로 치부된 기술과 방식이 자연법적 경제를 가능하게 만든다.

어느 나라도 스스로 혼자서 살 수 없다. 기후변화와 오존층의 파괴는 국경에 제한을 두지 않는다. 전쟁 역시 참여하지 않은 나라에게도 영향을 미친다. 지구의 일부에서의 경제적 공황이나 호황은 다른 지역에도 영향을 미친다. 세계사회(Weltgesellschaft)는 현실이지만, 정의로운 평화질서는 아직 멀다. 그러나 필요한 통찰도 커지고 있다. 공통의 과제가 평화와 국제적 협력으로 우리를 강제한다.

언제나 소수에게 집중되는 경제권력은, 시장과 부족한 자원을 둘러싼 세계적 경쟁과정을 피할 수 없는 것처럼 보인다. 더욱 더 짧은 시간 안에 자본은 지구를 돈다. 거대한 다국적 기업집단은 이윤전략을 세계적으로 계획하며, 민주적 통제를 무력화하고, 정치적 결정을 강제한다. 확장력과 이윤추구는 거대한 부를 창출하지만, 동시에 수많은 인간과 전체 국가를 굴복시킨다. 그것은 우리의 국가적 행동범위를 제한한다. 지구적 경기 및 구조적 위기는 지역경제를 한꺼번에 붕괴시킨다. 그러나 반대의 힘도 형성되어, 여러 국가가 지역공동체를 함께 성공적으로 만들어내고 노동조합도 국가적 제약을 극복한다.

부국(북부)의 은행과 상품거래소, 기업집단과 국가들과 관계없이, 선진국의 보호주의에 의해 고유한 발전이 방해받고, 동서갈등의 술책으로 복속되고, 종종 부정한 엘리트에 의해 착취되고, 빈국(남부)으로 하여금 자신의 미래기회에 관해 고심하게 만든다. 궁핍이 압박할수록, 그 만큼 더 인구 증가는 급속해지고, 그 만큼 더 자연 파괴는 급속해지며, 그 만큼 더 적절한 영양은 부족해지고, 그 만큼 더 북반부의 결정에 의존하게 된다. 그러나 가난한 사람들은 후견과 착취에 반대하여 맞선다. 그들은 함께 뭉쳐 자신의 길을 찾는다. 그리고 북부 또한 남부의 빈곤화가 어떤 위험을 내재하고 있는지 인식하기 시작하였다. 공동의 책임에 관한 의식이 동과 서에서 커진다.

새로운 기술, 특히 정보통신이 노동세계, 여론 그리고 증가하는 사적 관계를 만들어가고 있다. 이것은 노동의 질과 일자리 그리고 민주적 여론형성에 위협적이다; 언제나 일면적으로 이윤획득이나 권력이해에만 투입하려고 하는 곳에서, 이것은 조작과 감독의 경향을 더욱 강화한다.

한편으로 이것은 인간의 노동조직에 새로운 기회를 열어주는데, 더 많은 투명성과 더 나은 정보 그리고 참여의 기회를 제공한다.

국가는 과중한 보수 업체가 된다. 국가는 사회적 후속조치와 뒤떨어진 환경보호를 통해, 생태적으로나 사회적으로 무책임한 경제에 의해 파괴된 것을 복구해야 한다. 그러나 더 많은 사람들이 예방과 형성이 피할 수 없는 것이라고 생각한다.

개인과 사회의 관계도 달라진다. 개인은 공동체의 경험과 공동체와의 확고한 유대 없이는 종종 낯설고 익명의 사회를 홀로 면하게 되지만, 동시에 사회는 항상 새로운 선택가능성을 통해 개인을 매혹시키고 과도한 요구를 한다. 그러나 자유롭게 선택할 수 있는 가능성은, 그러한 가능성이 개인적 생활설계 속에 배열되고 다른 사람과의 연대 속에서 지각될 때만 비로소 더 많은 자유와 개인적 발전으로 이끌 수 있다.

아직 우리는 남성적으로 규정된 사회에 살고 있다. 노동과 사회적 생활의 조직은 여성을 무시한다. 그러나 여성은 계속 자신의 권리를 위해 투쟁해왔다.

많은 사람들은 정치적 이상과 정치적 현실 사이의 균열로 인해 고통스러워 한다. 많은 사람들은 더 이상 정치에 기대하지 않고 사적 생활이나 작은 공동체로 되돌아가거나, 새로운 의존성의 현실 앞에서 달아난다.

우리 사회민주주의자는 노력의 정치가 모두에게 가치가 있기를 증명하려고 한다. 우리는 우리 시대의 위험을 제시한다. 우리는 거대한 이해집단에 의해 겁먹지 않고 위험을 피하고자 계획된 구성으로 감히 나아가려는 사람들과 대화를 추구한다.

Ⅲ. 공동 안전 속의 평화

평화의 과제

인류는 여전히 공동으로 살아남거나 아니면 공동으로 멸망해야 한다. 이러한 역사적으로 유례없는 선택은 국제적 사안, 특히 평화와 안전에 대한 새로운 접근을 요구한다. 전쟁은 어떠한 정치의 수단도 될 수 없다; 이것은 바로 원자적, 화학적, 생물학적 대량살상무기의 시대에는 무조건 타당하다. 평화는 단지 무기의 침묵을 의미하지 않으며, 평화는 폭력과 착취 그리고 억압 없이 모든 민족의 공동생활을 의미한다. 또 평화정책은 경제와 환경, 문화와 인권의 문제에서 모든 민족의 협력을 포괄한다. 평화로운 하나의 세계는 모든 나라를 위한 자기결정권을 요구한다.

평화정책은 힘의 갈등을 완화하고, 이해의 균등화를 추구하고, 공통의 이해를 파악하고, 세계세력들의 패권추구를 지역적 협력을 통해 대응하고, 체제와 이데올로기 그리고 종교 간의 대립을 평화로운 경쟁과 정치적 논쟁문화 속에서 중재해야 한다.

평화정책은 군사적 관료적 군수기업 이해의 지배를 깨뜨려야 하고, 군수생산을 민간재화의 생산으로 전환시켜야 한다.

평화정책은 평화교육과 평화연구를 지지해야 한다. 평화를 창조하는 것은 비단 정부의 과제만이 아니다. 평화는 국가들의 타협과 무기의 퇴치 그리고 평화의 비전을 위해 세계적 참여를 필요로 한다. 대량살상수단은 갈등이 일어날 경우 보호되어야 할 모든 것을 파괴할 것이다. 우리는 군사적 위협의 체제를 극복하기를 원하며, 광범위한 안전보장을 조직하려고 한다. 여기에는 우주공간에서 무기를 없애는 것도 포함된다. 우리는 모든 대량살상수단의 세계적 퇴치를 지지한다. 독일연방공화국은 원자적 화학적 생물학적 무기를 생산하거나 가져서도 안 되며, 사용해서도 안 된다. 독일은 대량살상수단으로부터 자유로워야 하고 절대 사용하려고 해서도 안 된다. 핵-생물-화학(ABC)무기의 폐기는 헌법적으로 보장되어야 한다.

우리는 군비확장의 역동성을 타파하려고 하며, 군비축소의 역동성을 진행하려고 한다.

우리의 목표는 무기와 군수제품의 수출을 막는 것이다.

공동의 안전보장

동과 서는 모두 안전보장에 반대하고 무장하려는 시도를 해왔으며, 모두에게 언제나 불안정을 치르게 했다.

유럽의 어떤 나라도 오늘날 가능한 적보다 더 안전하지 않다. 각자 모두 이미 고유한 이해 속에서 다른 나라의 안전을 위해 공동책임을 받아들여야 한다. 거기에는 공동 안전보장의 원칙이 근거한다. 이 원칙은 각각의 다른 측에서 존재권리와 평화능력을 인정할 것을 요구한다.

공동의 안전보장은 긴장완화에 영향을 주고 긴장완화를 필요로 한다. 공동의 안전보장은 위협을 제거할 것이고 봉쇄의 대립을 극복할 것이다.

우리의 목표는 군사동맹을 유럽의 평화질서를 통해 해소하는 것이다. 독일의 고유한 안전보장의 이해를 실현하고, 또한 공동의 안전보장에 대한 이해를 관철할 수 있다는 전제 하에, 그때까지 독일은 대서양 동맹이 안전에 대한 도달할 수 있는 대책이라고 볼 것이다. 동유럽의 붕괴는 동맹의 군사적 의미를 줄이고 정치적 의미를 높였으며, 정치적 의미에 새로운 기능을 부여하였다. 즉 안정의 보장에서, 정치적 의미의 새로운 기능을 해결하고 유럽의 평화질서로의 이행을 조직해야 하는 것이다. 이것은 또한 유럽의 영토 밖에서도 미국과 소련의 군사력의 배치를 끝내기 위한 전망을 열었다.

동맹에서는 주권 동등 원칙이 인정되어야 한다. 동맹은 보호할 능력이 있고, 방어적이며 긴장완화에 기여하는 것이어야 한다. 정치적 의지는 군사전략과 군사기술, 군수산업의 경제적 이해를 넘어서야 하며, 그 반대가 아니다. 평화는 정치적 과제이지 어떤 무기기술의 과제가 아니다.

공동의 안전보장은 모든 대량살상수단의 폐기와 양 진영의 구조적 공격능력까지 포함하는 전통적인 군사력의 대담한 축소와 구조변화를 목표로 한다. 그래서 과정은 제한적이지만 한쪽의 진전과 신호를 통해 가속화되어야 한다. 거기에는 군사비지출의 상당한 삭감과 군대규모의 축소 그리고 전반적인 핵실험의 폐지가 포함된다.

유럽 비핵무기, 비화학무기 지대는 공동의 안전보장에 기여할 것이다. 우리는 그러한 지대 설정을 원하며, 그러한 지대가 전체 유럽에 확대되기를 원한다.

독일군은 공동 안전보장의 개념 내에 존재한다. 군대는 오직 나라의 방위에만 기여해야 한다. 군대의 의무는 구조적인 공격력에서 방어능력을 통해 전쟁억지력을 갖는 것이다. 군대의 구조는 군비축소과정을 지지해야 하고 지원해야 한다. 군의 정치적 지도는 오직 정부와 의회의 통제 하에서만 가능하다.

군인은 또한 군복을 입은 시민일 뿐이다. 우리는 독일군과 병역의무를 지지한다. 우리는 여성의 군복무에 반대한다. 평화정책의 목표는 군사력을 쓸모없게 만드는 것이다.

우리는 폭력이 없는 국민공동체라는 이상향을 추구하는 평화주의자들의 참여에 주목한다. 그들은 사회민주당에서 정당한 자리를 가진다. 우리는 전쟁복무거부에 대한 기본권을 보장한다. 우리는 양심검증 폐지를 지지한다. 공익근무는 위협적인 영향을 미치거나 군사력을 위해 이용당할 수 있는 그런 형태로 되어서는 안 된다.

유럽공동체와 유럽평화질서

사민당이 1925년의 하이델베르크 강령에서 요구했던 유럽합중국(Die Vereinigten Staaten von Europa)은 지금도 우리의 목표다. 민주 국가는 스스로 그것을 주장하기 위해, 그러나 또한 전체 유럽의 평화질서에 영향을 미치기 위해 그들의 힘을 묶어야 한다.

유럽공동체는 지역적으로 분리된 세계사회의 초석이다. 유럽공동체는 평화와 사회민주주의를 위한 기회이다. 전체 유럽은 평화의 지대가 되어야 한다.

유럽공동체는 공동의 외교정책을 통해 평화에 기여해야 하고, 여러 민족으로 하여금 국제관계에 더 많은 비중을 두도록 해야 하고, 세계세력들의 대립에 반작용을 미치도록 해야 한다. 유럽공동체의 역사적 전망은 고유한 패권을 넘겨받는 데 있는 것이 아니다. 군사적 세력 대신에, 유럽공동체는 무역과 산업, 기술과 과학, 온전한 자연과 제3세계의 지속가능한 발전을 위한 세계적인 중요한 파트너로서의 정체성을 갖는 것이다. 유럽공동체는 유럽의 모든 민주주의를 성원으로서 받아들일 준비가 되어 있어야 하고, 유럽의 분열을 극복하기 위해 동유럽의 모든 나라에 긴밀하고 다양한 형태의 협력을 제공해야 한다.

유럽공동체는 남부(남북문제의 남부)에 대한 동반자적인 정책을 통해 유럽식민지세력의 일련의 역사적 죄악과 불공정한 경제관계에 대한 현재의 잘못을 되갚아야 한다. 그러므로 유럽공동체는 남부의 고유하고 자기결정적인 발전에 대한 노력에서 이들 나라와 세력을 지지해야 하며, 공정한 세계경제질서를 추구해야 한다.

우리는 유럽공동체가 유럽합중국으로 더욱 발전하기를 원하며, 그 안에서 각 나라의 문화적 정체성이 보존되고 언어문화적 소수민족도 존중받으며 모든 시민들에게 동등한 자유와 동등한 발전기회가 보장되기를 원한다.

이것은 유럽의회, 행동할 수 있고 의회에 책임지는 정부, 명확하게 설정된 권한과 유럽의 경제민주주의 등을 위한 완전한 권리를 요구한다. 우리는 전체 유럽에서 사회민주주의적 질서를 원한다.

우리의 목표는 유럽에서의 모든 국가의 공동의 안전의 토대 위에서, 국경의 불가침과 주권의 완전함을 존중하면서 전체 유럽의 평화질서를 구축하는 것이다. 모든 유럽 국가들은 헬싱키의 최종결정의 원칙을 구현하기 위해 조약상으로 책임을 져야 한다.

중부와 동부 및 남부 유럽에서 사회의 급속한 진보적인 민주화와 인도주의화는 전체 유럽의 희망이다. 우리는 이들 국가의 재건을 지원할 것이다. 유럽의 모든 국가에서 인권과 법치국가 및 사회보장국가의 성격은 존속되어야 한다.

전체 유럽의 협력은 남북대립을 극복하고 모든 민족 공동의 생존에 도움을 줄 것이다. 포괄적인 환경보호를 보장하고, 개인적이고 집합적인 인간을 정당하게 구현하고, 경제적 협력을 상호의존성에까지 확대하고, 유럽의 공동 유산을 보존하고 문화적 접촉을 요구해야 한다. 이를 위해 우리는 또한 전체 유럽의 기구를 요망한다.

독일

독일 땅에서부터 평화가 시작되어야 한다. 우리는 군비확장과 긴장완화 그리고 협력에서 양 독일국가의 공동이해를 충족하는 독일인의 책임공동체를 실현시키고자 한다.

모든 나라와 마찬가지로 독일은 자결권을 가지고 있다. 민족 문제는 평화의 요구에 종속된다. 우리는 유럽에서 평화의 상태를 추구했으며, 독일 민족은 자유로운 자기결정으로 통일을 추구했다. 양 독일 국가에서 사람들은 제도적인 공동체의 형식을 넘어 하나가 된 유럽을 결정하였다. 독일의 역사적 경험과 공동의 유럽을 위한 결정은 독일의 특별한 길을 제공하였다. 폴란드의 서부국경은 최종적인 것이다.

독일과 유럽의 중심으로서 베를린의 의미는 사람들이 국경을 넘어 서로 만나고 소통하는 것만큼 커졌다.

전체로서의 독일과 베를린에 대해 유보되었던 4대강국의 권리는 전체 유럽의 평화질서를 통해 해체되어야 한다.

남북문제의 정책

선진국과 개발도상국 사이의 평등화 없이는 전체 인류의 미래가 위험하다. 굶주림과 불행이 지배하는 곳에서 평화는 유지될 수 없다. 남반부는 동서갈등의 경기장이 되어서는 안 된다. 오히려 동과 서의 군비축소가 빈곤 속에서 살고 있는 3분의 2에 달하는 인류에게 발전의 기회를 열어주어야 한다.

북쪽 선진국의 부는 남쪽 나라들의 착취에 기인한 것이다. 오늘날의 세계경제구조는 여전히 500년 전 식민주의의 전통에 서 있다. 그것은 불균등하고 차별화된 경제 및 착취관계에 의해 각인되었고 제3세계의 짐으로 되었다.

각 나라는 자신의 고유한 발전의 길을 갈 권리가 있다. 남쪽의 모든 나라는 스스로 먹고 살 기회를, 자신의 자연적 생활기반을 보호하거나 복구할 기회를, 그들에게 적합한 농업 및 에너지 공급 형태, 교육 및 영리활동, 산업화와 건강보험 및 사회보장의 형식을 발견할 기회를, 나아가 활력 있는 국내시장을 넘어 자신의 기본욕구를 만족시키고 자신의 문화적 정체성을 유지할 기회를 궁극적으로 찾아야 한다.

남쪽에서의 발전은 여성의 노동이 더 이상 종속적으로 평가되지 않을 때 비로소 달성될 수 있다. 이들 나라의 고유한 발전을 위한 여성의 중심적 역할은 인정되어야 한다. 여성은 모든 수준의 개발계획과 개발사업에 동등하게 참여해야 한다. 여성은 개발의 길을 함께 결정할 수 있도록 해야 한다. 개발방향 또한 여성의 이해와 욕구에 맞추어야 한다.

지역적 연합은 이것을 쉽게 만들 수 있으며, 세계경제에 대한 남쪽의 영향을 강화하고 지구적 협력을 지원할 수 있을 것이다.

반동적 세력이 고유한 발전을 가로막고 있는 곳이라면, 우리는 해방세력을 지원할 것이다. 남아프리카에서의 인종차별 체제는 무너져야 한다.

우리가 몇몇 나라에서 생태적 회복을 통해 우리의 산업사회를 수정하고, 재생 가능 에너지원을 개척하거나 남쪽에서도 이용할 수 있는 기술을 지원한다면, 남쪽의 행동반경은 더 넓어질 것이다.

그러므로 개발정책은 한 분야의 고립된 과제가 될 수 없다. 경기관리나 관세폐지, 수출지원, 환경 및 농업정책과 에너지 및 기술 및 안전정책과 마찬가지로 모든 정책결정에서 그 개발정책의 영향이 고려되어야 한다.

남과 북은 지속가능한 진보를 가능하게 하고 생태적 부담을 배려하고 오늘과 내일의 세대의 욕구를 일치시킬 수 있는 발전을 찾아야 할 것이다. 지속가능한 발전은 자원의 이용과 기술적 혁신의 방향, 단기적 이윤에 대한 관심이 아니라 장기적 발전목표에 대한 탐구의 규모 및 입장 그리고 목적 등을 지향할 것을 요구한다. 이것을 위해 국제적 기구들이 전환되어야 하고 적절한 권한을 가지고 설치되어야 한다. 우리는 모든 나라를 위한 지속가능한 발전이 가능한 새롭고 정당한 세계경제질서를 추구한다.

이를 위해 남쪽을 위한 교환조건이 변해야 하며, 원자재 수출규제가 더 커져야 하고, 채무상환은 제한되어야 하고, 북으로부터 남으로의 자원의 이전이 지원되어야 하고, 공적 개발원조가 더 확대되어야 하고, 다국적 콘체른의 통제가 세계적으로 관철되어야 한다.

개발도상국이 또한 세계경제의 이해 속에서 환경보호를 위한 경제적 가능성을 활용할 수 없다면, 선진국은 재정적 손실을 막아주기 위해 나서야 한다.

모든 이러한 일은, 개발도상국이 균등한 권리를 가진 파트너로서 현재의 국제조직 속에서 그러한 개혁 자체를 추진할 수 있을 때만 성공을 거둘 수 있다. 이것은 무엇보다 국제통화기금이나 세계은행 그리고 GATT에 해당된다.

국제 공동체

세계사회는 세계평화가 보장되고, 경제권력이 정치적으로 통제되고, 원자재와 기술 그리고 지식이 정당하게 분배되고, 우리의 자연적 생활조건이 지속가능하게 보존될 수 있는 질서를 창출해야 한다.

국제연합(Vereinten Nationen. UN)은 우리에게 이러한 목표에 가까이 다가갈 수 있게 해준다. 그러므로 그 의미는 커질 수밖에 없다. 국제연합은 폭력이 없는 세계정치의 도구가 되어야 한다. 우리는 국제연합이 정치적으로 그리고 재정적으로 강화되기를 원한다.

국제연합이 동서의 대립을 통해 덜 왜곡될수록, 그 만큼 더 평화를 가져다주고, 지구적 위협에 반작용하고, 가난한 나라에 발언권을 줄 것이다. 많은 나라가 국제연합에 더 많은 권한과 과제를 넘겨주려고 할 때 비로소 그러한 요구들이 정당화될 수 있을 것이다. 우리는 국제연합 내에 국제재판소의 강화와 안전보장이사회의 개혁 그리고 국제 군비확장통제위원회의 창설을 제의했다. 국제연합과 그와 관련된 조직들은 새로운 구조를 갖추어야 하고, 행동가능 하도록 만들어야 한다.

사회주의 인터내셔널은 민주사회주의의 세력을 묶고 강화한다. 사회주의 인터내셔널은 더 발전되어야 하며, 그와 함께 민주적 세계사회로의 길을 보여줄 수 있다.

IV. 자유롭고 공정한, 연대의 사회: 공존과 협력의 새로운 문화

공존의 새로운 문화

문화는 - 그리고 모든 사회에는 많은 문화가 살아 있다 - 인간의 인간과의, 인간의 다른 생명체 및 사물과의 교제 속에서 증명된다.

문화는 또한 정신적-세계관적 그리고 종교적 전통 속에 뿌리내리고 있다. 이러한 유산이 살아 있고 대화 속에 유지되는 곳에서, 그로부터 윤리적이고 사회적인 자극이 유래한다.

문화는 공존의 형태와 약자에 대한 배려 속에서 나타난다. 사회보장국가와 법치국가, 또한 안과 밖에 대한 평화는 첫 번째의 문화성과이다.

그러나 문화는 국가의 변화 속에서도 유지되어야 한다. 문화는 그러한 변화의 고유한 법칙성에 대해 고려할 것을 요구한다. 살아갈 수 있는 자연에 대한 유지와 보호는 중요한 문화적 성과이다.

문화는 또한 생계노동은 물론 가사노동이나 가족생활 그리고 자기노동과 같은 노동의 질을 통해 각인된다. 우리는 경제적 이해에 의해 조작된 문화나 모든 생활영역의 상업화가 아니라, 공존의 문화 속에 적응된 경제를 원한다.

사회적 문화는 도시와 지방의 대부분의 사람에게는 경험할 수 있는 것이다.

지역문화는 일터나 이웃관계, 공적 관심사에 대한 토론, 그리고 사교모임 등에서 이루어지는 사람들의 연대적인 교류와 문명화된 변화 속에서 확인된다. 공동생활의 문화는 필요한 기본합의를 필요한 토론과 함께 묶어주는 능력, 즉 정치문화 속에서 유지되고 깊어진다. 정치문화를 위해서는 인내와 관용이 필수적이다.

1. 연대사회에서의 모든 사람의 평등한 지위

여성과 남성의 사회적 평등

우리는 여성과 남성이 평등하고 자유롭고 연대적으로 함께 사는 사회를 원한다.

우리는 여성과 남성이 자신의 선택에 따라 사회의 모든 분야에서, 가사노동이든 가족생활이든 생계노동의 시간이건, 그리고 교육과 운동 혹은 사회적 참여에서, 영향을 미치는 사회를 원한다.

우리는 사람들 사이에서 이른바 여성적이거나 남성적인 사고방식과 행동양식으로 더 이상 나누어지지 않는 사회를 원하며, 높은 가치가 있는 생계노동은 남성에게 그리고 가사노동이나 가족노동은 여성에게 더 이상 떠맡기지 않는 사회, 사람의 절반을 지배하는 부분과 지배당하는 부분으로 더 이상 나누지 않는 그런 사회를 원한다.

지배적 문화가 항상 남성적인 것으로 각인되는 것은 남성과 여성의 사회적 평등에 관한 헌법의 과제를 구현하지 못하는 것으로서, 여성은 더욱 궁핍에 처해지고, 여성은 교육과 직업에서 불이익을 받고, 여성은 경제와 과학 그리고 문화와 정치, 미디어에서 배제되고, 여성은 사적 영역이나 가사노동과 양육에 배속되고, 여성이 역사에서 수행한 역할은 무시되거나 날조되고, 생계노동과 무보수명예직 활동에서의 참여와 조직형태는 남성의 필요에 의해 규정되고, 여성은 남성 폭력의 희생자가 되고, 성적 자기결정에 대한 여성의 권리는 무시된다.

그러나 여성의 의식은 급속히 변화되었다. 대부분의 남성보다 더욱 고통스럽게 여성들은, 여성과 남성이라는 양성이 언제나 그들의 희망과 가능성 그리고 능력의 일부를 통제하였다는 사실을 경험해왔다. 많은 여성들이 남성에 의해 구성된 세계에 반대하여, 이러한 세계를 유지하려는 남성에 반대하여 맞서 싸우기 시작했다. 또한 남성들 사이에서도 이른바 남성적인 복종의 감정과 환상은 합리성과 실천력에서 그들을 궁핍하게 만들거나 아예 병들게 만든다는 사실을 깨닫게 되었다.

남성적인 세계와 여성적인 세계로의 분열 하에서 여성과 남성 모두는 고통을 받는다. 분열은 양성 모두를 왜곡하고 서로를 소외시킨다.

우리는 이러한 분열을 극복하고자 한다. 우리는 우리 스스로 시작하려고 한다. 법적으로 동등한 지위는 사회적으로 이어져야 한다. 이것은 남성세계로의 여성의 통합이 아니라, 사회의 재구성을 의미한다.

교육은 이러한 사회에서 젊은 사람들에게 제공되어야 한다. 교육은 남성적이고 여성적인 세계로의 분열을 극복하고, 이러한 분열을 계속 새롭게 강화하는 완고한 역할규범을 타파하는 데 도움이 되어야 한다.

우리는 노동을 새롭게 평가하고 다르게 분배해야 할 것이다. 생계노동뿐만 아니라 가사노동이나 가족노동 그리고 자기노동을 정당하게 분배하려고 한다면, 우선 일상적 노동시간을 단축해야 한다. 우리는 우선 원칙적으로 주5일 노동에 하루 6시간노동을 추구하며, 이것으로써 여성과 남성이 생계노동과 가사노동 및 가족노동 그리고 무보수명예직 활동과 문화적 참여에서 서로 더 많이 함께 동반할 수 있게 될 것이다.

우리는 양성평등법, 임금차별의 폐지, 직업에서 여성 지원 계획, 독자적인 직장 복귀 요구와 지원을 통한 사회보험법과 공무원법에서의 동등한 지위 등을 필요로 한다. 모성보호, 자녀양육휴가와 간병을 위한 휴무시간은 자녀양육보조금을 넘어 재정지원이 있어야 하며, 그래서 개별기업에 대한 특별부담이 아니라 여성의 일자리 보호가 되어야 한다. 동등한 지위 실현은 공공 재정지원과 공공업무에 달려 있다.

보육시설과 종일학교는 남성과 여성에게 생계노동과 가족노동이 하나가 되는 전제에 속한다. 새로운 주거형태, 아동과 노인 그리고 병자와 장애인을 위한 분산된 사회적 서비스는 가족노동을 고립화문제에서 해결하는 데 도움이 될 것이다.

배심원과 감독위원 혹은 학부모위원 등으로서 정당과 노동조합, 협회와 단체에서의 자원봉사활동에 여성은 남성과 마찬가지로 동등하게 참여할 수 있어야 한다. 모든 단체에서 여성과 남성은 각각 절반을 대표해야 한다; 설득으로 달성되지 못한다면, 법적인 규정이 필요하다. 정치에서의 동등한 지위를 위해서는 이것이 필요할 수도 있을 것이다. 연방과 주, 그리고 지방자치단체의 선거제도는 바뀌어야 한다.

미래는 여성과 남성 우리 모두에게 오랫동안 여성적인 것으로 간주되었던 모든 것을 요구한다, 즉 우리는 다르게 느껴야 하고, 여성적인 것으로 들어가야 하고, 예기치 않은 어려움을 상상으로 극복해야 하며, 그러나 무엇보다 동반자적으로 일해야 한다.

인간적인 사회를 원한다면 우리는 남성적인 것을 극복해야 한다.

세대간의 공존

증가하는 노령자가 감소하는 젊은이들과 함께 생활하고 공존의 형태와 조건이 뚜렷하게 변화하는 사회에서는 연대적 관계가 그 어느 때보다 더욱 중요해졌으며, 공동생활은 유지되고 확대되고 보호되고 지원받아야 한다.

세대 간의 긴장이 급속한 문화적 기술적 변화를 통해 격화될 수 있다. 우리의 문화정책과 교육정책 그리고 사회정책은 이러한 긴장을 전체 사회를 위해 생산적으로 만들 수 있을 것이다. 몰이해와 경쟁이 아니라 경험의 교환과 연대성이 젊은이와 노령자들 사이의 관계를 규정해야 할 것이다.

가족공동체와 생활공동체

사회의 변화는 생활형태와 관계형태의 변화 속에 반영된다. 생활공동체 속에서 사람들은 사랑과 안정, 인정과 따뜻함을 추구한다. 사람들은 그것을 위해 오랫동안 머물 다양한 형태의 관계 속으로 들어간다. 이 중에서 부부 형태가 가장 일반적이다. 이런 관계는 가족으로서 기본법의 특별한 보호를 받는다. 그러나 우리는 모든 형태의 생활공동체가 보호되어야 하고 법적 안전조치를 받아야 한다고 본다. 어떤 생활공동체도 차별되어서는 안 되며, 동성애도 차별되지 말아야 한다.

생활공동체로서 가족

자식이 있는 성인은 부모와 자식 간의 상호책임을 전제로 하며, 자식이 성인이 되더라도 끝나지 않는다. 연대조직인 가족에게 사회보장국가의 과제가 전가될 수 없다.

직업적 사회적 생활에서의 과도한 부담은 가족에게도 그대로 반영된다. 직업세계에서 냉혹한 경쟁으로 인해 일자리를 구할 수 없으면 모든 욕구는 충족될 수 없을 것이다. 그러므로 우리는 노동세계를 바꾸어, 여성과 남성이 가족생활에서 동반자적으로 함께 자식들을 책임지고 또 동등하게 생계와 교육 및 가사노동에 기여할 수 있도록 해야 한다.

가족공동체와 다른 생활공동체는 모든 사람의 인격적 발전을 위해 필수적이다. 그러므로 국가와 사회는 그런 공동체를 인정하고 보호하고 배려해야 한다. 국가와 지자체는 가족의 물질적 부담을 적어도 부분적으로는 지원하고 불이익을 제거할 책임이 있으며, 혼자 양육하거나 병 혹은 장애가 있는 자식을 키우는 가족과 돌봄이 필요한 가족원을 가진 가족을 위해서는 특별히 지원할 책임이 있다.

우리는 여성에게 낙태를 강요하는 생활관계를 원하지 않는다. 우리는 그러나 모든 인간적인 갈등이 해결될 수 없다는 사실을 알고 있다. 낙태에 대한 처벌은 보호해야 할 생명이 아니라 여전히 여성에 대한 위협과 굴욕으로 이끌고 있다. 형법은 임신중절 해결을 위한 적절한 수단이 결코 아니다. 그러므로 우리는 형법 외에 필요한 법적 조치가 있기를 기대한다. 우리는 태어날 생명을 보호하기를 원한다. 이것은 여성의 의지에 반해서 생기지 않는 의지와 함께 할 때만 가능하다. 그러므로 우리는 여성의 책임과 자기결정권을 인정한다.

아동

우리는 아동친화적인 사회를 원한다. 아동은 격려를 필요로 하며, 그것으로 아동은 파악하기 어려운 세계에서 방향을 찾을 수 있게 된다. 아동은 그들의 취향과 이해에 적합한 교육제도를 통한 배려와 자극을 필요로 한다. 아동은 놀이와 운동을 위한 공간을 필요로 하며, 사전에 정신적 육체적 부담과 폭력으로부터 보호될 필요가 있고, 또한 유해한 미디어소비로부터 보호될 필요가 있다. 우리 사회민주주의자는 아동이 고유한 법적 인격으로서 다루어져야 하고 아동의 이해와 욕구가 정치적 결정에서 이제까지보다 더 고려되기를 원한다. 이것을 위해 가족에 대한 배려 외에도, 도시 및 마을 발전의 테두리 내에서, 특히 주택건설과 교통시설에서 그리고 관련된 유치원과 종일보육시설의 충분한 공급 등 일관된 아동친화적 정책이 확립되어야 할 것이다.

젊은 여성과 남성을 위한 미래

청소년의 생활현실은 근본적으로 변화하였다. 청소년은 장기간 학교에 다니고, 변화된 사회적 상태에 의해 고유한 생활태도를 가능하게 만든 높은 수준의 졸업에 다다랐다. 그러나 동시에 청년실업, 환경의 파괴와 핵위협은 청년의 가치와 생활요구를 변화시켰고 세분화시켰다. 청년은 고유한 생활국면이 되었다. 청년의 가치지향과 생활요구는 변화되었다. 대부분 청년은 오늘날 사회적 구성과 개인적 생활전망에 대하여 더 많은 주장을 하고 있다. 이것은 특히 젊은 여성에게 그렇다. 그 어느 때보다 더 많이 젊은이들은 미디어와 레저산업에 노출되어 있다. 보수세력은 사회적 분열을 이미 젊은이들 속에 침투시키고, 개인적 생활요구를 개인주의적 실천전략 속에 심어주려고 한다. 그에 대해 우리 사민주의 남녀는 저항한다. 개인적 발전은 모두를 위한 안정된 사회적 기회의 토대 위에서만 가능하다.

젊은이들은 자신의 생활을 스스로 구성하기를 원하며, 다양한 생활 및 관계 형태를 경험하고 문화적 표현형태를 실험하기를 원한다. 이를 위해 그들은 물질적 독립을 필요로 한다. 따라서 우리는 수요에 근거하여 그리고 부모에게서 독립된 교육 지원을 지지한다. 어떤 일자리도 없는 청년들 또한 사회적 소수층으로 포함되어야 한다. 우리는 모든 청년들에게 고유한 생활의 기회를 제공하려고 한다. 따라서 모든 남녀 청년들은 직업훈련과 관련된 일자리가 유지되어야 한다. 그러므로 우리는 재정에 의해 새로운 질적 향상과 미래지향적인 직업훈련을 만들어내려고 한다. 여성 청년에게 동일한 기회를 마련해주기 위해 모든 직업훈련장소의 절반은 여성 청년에게 할당될 것이다.

이것으로 젊은이들은 자신의 여가시간을 자신의 책임 아래 구성할 수 있고 상업적 유혹에 빠지지 않게 될 것이다. 우리는 자기결정의 청년여가시설과 문화시설을 공적으로 건설하려고 하며, 여기에는 또한 청년단체의 일과 정치적 청년노동에 대한 배려도 포함될 것이다. 우리는 남녀 학생들과 직업교육을 받는 청년들과 대학생들이 자율적이고 모든 민주적 권리를 가지고 자신의 이해를 대표할 수 있기를 원한다. 독일인 청년과 외국인 청년 사이의 상호 교제와 이해가 구축되어야 할 것이다.

그럼으로써 우리는 유럽의 경계를 넘어 연대적인 국민공동체에 기여하고자 한다. 청년노동에는 필연적으로 정치 교육이 속한다. 정치교육은 지식전달에 한정되지 않는다. 정치교육은 실천적 행동능력을 함양하고, 인류애와 연대성, 책임의식을 발전시켜야 한다. 우리는 청년노동에 정치교육을 즉각 도입할 것을 요구한다. 왜냐하면 배움과 행동의 결합을 통해 미래극복을 위한 능력이 커지기 때문이다.

노령자

나이가 든다는 것은 오늘날 과거보다 다른 것을 겪게 만든다. 새로운 생활전망의 발전은 직업생활로부터의 은퇴로 끝나지 않는다. 오히려 그와 함께 많은 사람에게 새로운 내용과 새로운 생활기회를 의미하는 변화된 생활조건을 갖는 장이 시작된다.

평생교육과 사회적 협력 역시 노령자에게는 당연한 것이다. 그들은 자신의 욕구와 이해를 다양한 조직형태 속에서 언급하고 대표할 수밖에 없으며, 자신의 생각을 발전시키고 시험할 수 있다. 또한 노령자는 자신의 사회적 책임과 권리 및 책무를 받아들일 기회를 가져야 한다. 우리는 그들이 이것을 위해 고무되기를 원한다.

노년세대의 생활경험과 노동경험은 모두에게 가치가 있다. 이와 함께 세대 간의 의미 있는 과제 분담과 협력이 발전될 수 있으며, 교육, 취업 그리고 은퇴 기간 간의 엄격한 분리가 붕괴될 수밖에 없다.

여전히 노령자는 사회적 개인적 위험과 연결될 수밖에 없다. 사회보장국가적이고 연대적 지원은 인생의 이른 시기에도 노령기의 기회균등을 향상시킬 수 있다. 노령자에게 모두를 위한 안정적인 연금, 부양위험의 안전조치, 주거형태, 도시계획 및 사회계획, 자율적인 생활태도와 자기선택적인 생활형태가 허용되고, 노인들이 동등한 권리를 가지고 책임 있게 사회생활에 참여할 수 있게 해준다. 사회서비스는 노령자가 가능한 한 오래 신뢰할 만한 환경에 머물 수 있도록 건설되고 네트워크화 되어야 한다. 노인들의 가내 요양을 위해 가족에게 도움이 되고 지원이 되는 제도가 필요하다.

우리는 노령자들이 외로워지는 것을 막아야 한다. 그것을 위해 우리는 노령자들의 존엄이 유지되고 그들의 인생의 성과가 사회로부터 인정되기를 바란다.

문화 간 연대

독일에는 다양한 민족과 문화, 종교를 가진 사람들이 함께 살고 있다. 유럽의 여러 나라는 다문화적으로 되었다. 독일에 외국인이 살 듯이, 많은 독일인 역시 외국에서 살고 있다. 우리의 많은 외국인 시민들은 여전히 문화적 사회적 고립 하에 고통받고 있으며, 차별의 희생자가 되고 있다. 특히 다문화 사이에 서 있는 그들의 아이들이 고통받고 있다.

문화적 다양성은 우리를 풍요롭게 해준다. 그러므로 우리는 다양한 나라와 문화들 사이의 이해와 존중 및 협력을 요구하고 통합과 참여를 가능하게 해주는 모든 것을 하려고 한다.

우리는 외국인 남녀의 영주권 개선되고 그들에게 지방선거권이 주어지기를 기대한다. 정치적 망명자들을 위한 망명권이 제한 없는 기본권으로 보장되어야 한다. 이것은 성이나 인종의 이유로 정치적 박해를 받는 사람들을 포함한다. 모든 부부는 영주권을 가진다.

계급사회의 극복

우리 사회는 낡고 새로운 특권을 특징으로 하고 있다. 수입과 재산 그리고 기회의 불평등한 분배로 다른 사람에게 지시하는 사람과 지시받는 사람으로 사회를 분할하고, 지시받는 사람들의 자기결정과 정치적 협력이 급격히 축소되고 있다. 이것은 또한 정치와 국가에서의 의견형성에도 영향을 미친다.

우리는 모든 사람들이 자신의 생활과 노동에 관해 평등하게 결정할 수 있는 계급특권이 없는 자유와 평등의 사회를 추구한다. 민주사회주의가 추구하는 새롭고 개선된 질서는 계급적 제약으로부터 해방된 사회이다. 우리는 특권 폐지와 민주주의의 완성으로 이러한 사회에 도달하려고 한다.

2. 노동의 미래와 여가

노동의 의미

　노동은 인간 존재의 존재조건일 뿐만 아니라 결정적 차원이다. 노동을 통해 인간은 삶에 필요한 수단과 서비스를 생산할 뿐만 아니라, 자신의 생활수준이 결정된다. 노동은 인간 욕구를 만족시키고 새로운 욕구를 낳는다. 노동과 자연은 부의 원천이다.

　얼마만큼의 노동이 투입되어야 하고, 노동이 어떻게 조직되고 변화되고 분배되었는지 하는 것은 생산력의 발전과 사회적 세력관계 그리고 문화적 전통에 달려 있다. 이것은 생계노동이나 가족노동, 공동체노동과 자유로운 자기노동 모두에게 마찬가지로 해당한다. 모든 이러한 노동형태는 상호의존적이다. 모든 것은 우리의 생활의 질을 규정한다. 분업과 노동조직, 노동시간과 노동규모, 노동의 내용과 노동의 형태는 인간에 의해 구현되고 그와 함께 정치적으로 구성될 수 있다. 노동의 모든 형태는 가치를 창출하고, 인간에게 만족을 주고 풍요롭게 해주지만, 동시에 소외를 낳고 고통을 준다. 모든 노동형태는 다른 사람에게 할당된다. 모든 노동형태는 함께 우리의 삶의 질을 규정한다.

　노동의 즐거움과 노동의 고통은 언제나 인간 삶의 구성부분이다. 소재와 작업도구 및 기계와 함께 구성된 변화 속에서, 기획과 계획 및 조직에서, 서비스의 성과에서, 사회에서의 다른 사람들과 공동노동과 분업에서, 기업과 가계에서, 인간은 자신의 개인성을 발전시켜왔다. 노동의 고통은 과도한 부담이나 과도한 요구로부터 생기며, 건강위험과 비인간적으로 구성된 노동을 통해, 노동에서의 예속과 소외를 통해 일어난다. 노동의 고통은 또한 비인간적 분업과 사회적으로 고립된 노동의 결과일 수 있다.

　노동의 역사는 동시에 기술의 역사이다. 기술은 부와 인간적 복지를 가능하게 해주며, 노동을 쉽게 해준다. 그러나 기술의 사회적 적용은 또한 자신의 노동력 이상으로 더 가질 수 없는 사람들에게 궁핍과 질병, 종속과 소외를 낳았다.

우리의 미래는 우리가 어떻게 노동할 것인지를 통해 결정적으로 규정될 것이다. 생계노동과, 지불되지 않지만 그러나 사회적으로 마찬가지로 필요한 가사노동과 가족노동 그리고 공동체노동은 우리 사회에서 불평등하게 분배되었으며 평가되고 있다. 이는 남녀 간의 서로 다른 노동조건과 생활조건 그리고 상이한 개발 기회에 반영된다.

생계노동은 인간의 의식과 자기의식에 중심적인 의미를 가진다. 생계노동은 자립성과 사회적 인정을 가져다주고, 생활조건과 개발 기회를 규정하며, 사회적 정치적 참여를 가능하게 해주고, 물질적 독립을 확보해준다.

사회적으로 필요한 노동의 모든 형태는 동등하게 평가되어야 하고, 남녀 사이에 동등하게 분배되어야 한다. 가족노동과 공동체노동을 수행하는 사람은 생계활동에서 불이익을 당해서는 안 된다. 우리가 생산력의 발전을 통해 이룩한 사회적 부는 생계노동시간의 극적인 단축을 가능하게 만들었고, 노동관계와 생활관계의 개선가능성을 확대시켰다. 그래서 오랜 사회민주주의적 목표가 실현될 수 있게 되었다:

- 전반적 복지와 사회보장
- 사회적 기반의 건설
- 노동기회와 생활기회의 정당한 분배
- 사회적으로 필요한 노동의 남성과 여성 사이의 평등한 분배
- 모두를 위한 교육과 재교육
- 가족을 위한 더 많은 시간
- 그리고 여가와 공동체노동을 위한 개인생활
- 창조적 활동과 문화생활에의 참여
- 노동에서의 자기실현
- 노동의 질의 개선
- 노동의 대안적 조직형태의 건설
- 경제에서 공동결정과 민주화의 건설.

생계노동의 구조변동

오늘날 노동은 근본적인 구조변동을 겪고 있다. 생계노동에서 노동의 구조 변동은 생산과 직무수행 그리고 관리의 유연한 자동화를 통해, 새로운 정보전달기술과 조작기술을 통해, 생물학적 과학기술과 유전학적 과학기술의 적용은 물론 새로운 작업 재료와 방식 그리고 새로운 생산과 서비스의 급속한 보급을 통해 특징지어진다. 인간은 언제나 더 많은 정보를 가공해야 하고 더 급속한 변화를 추구해야 한다. 계획과 발전, 조작과 오류를 발견하고 수정해야 하는 것이 중요해졌다. 모든 것이 미래에는 지금보다 훨씬 더 많이 제공되고 새로운 것을 배워야 한다.

인간 노동의 강도와 생산성의 증가는 한편으로 더 많은 생활의 질과 복지 그리고 여가생활을 가능하게 만들었다. 그러나 그것은 실업 증가와 생계활동으로부터 많은 사람들의 배제, 새로운 육체적 정신적·심리적 스트레스는 물론 노동환경에서의 위험과 위기를 가져올 수밖에 없게 되었다.

노동하는 사람들의 위험

이러한 변화의 범위와 지속성과 관련하여 다음의 사실은 분명하다. 노동의 권리에 대해 책임지는 새로운 노동정책이 없이는, 대량실업이 사회문제의 중심이 될 것이다. 그러면 장기실업자의 비중이 더 커지고, 노령자나 장애인, 기술이 없는 사람들, 여성, 청년층과 외국인은 노동시장으로부터 배제되고, 보호받지 못하는 노동관계의 수가 증가할 것이다.

이것은 견딜 수 없는 생활수준의 양극화로 이끌고, 부유층과 빈곤층으로 이 나라를 분열시킬 수 있다. 남녀 노동자에게는 경쟁이 심화되고 있다. 연대가 어려워지고 있다. 새로운 형태의 불평등이 발전하고 있다. 사람이 태어났으면 남성 혹은 여성인지, 독일인 혹은 외국인인지, 공화국의 남쪽 혹은 공화국의 북쪽에서 사는지, 시골에서 혹은 인구밀집지역에서 사는지가 자격증이나 성적의 준비보다 더 중요해지고 있다. 동시에 남녀 연금생활자의 수가 증가하고 있으며, 또한 생계노동에 종사하는 사람들의 평균연령이 높아지고 있다.

자본과 무시되는 수요가 너무나 많이 존재한다. 우리 사회의 부와 관련하여, 수많은 해결되지 않은 과제와 관련하여, 대량실업은 장기간 민주주의를 위협할 사회적 실패를 보여준다. 우리 사회에서 노동은 실패한 것으로 드러났다.

새로운 노동정책을 위하여

노동에 대한 권리는 인권이다. 노동에 대한 권리는 민주적이고 사회적인 법치국가의 완전고용 보장책임이다. 실업은 개인적이고 보험으로 해결할 수 있는 시한부의 위험이 결코 아니라, 사회적으로 야기된 따라서 정치적으로 해결해야 하는 문제이다.

대량실업의 경제적 사회적 비용이 시민들에게 더 무겁게 부담될수록, 그 만큼 더 자주 우리의 경제는 보호주의를 통해 비용의 부담을 다른 나라에 전가하게 될 것이다.

우리는 그에 대해 대량실업의 문제를 해당 국가들의 공동의 접근으로 풀어야 할 것이다. 이를 위한 전제는 물론 효과적인 고용정책을 우리나라에서 진행할 준비가 되어 있어야 한다는 것이다. 모든 사람을 위해 의미 있고 장기적인 고용을 창출하는 동시에 환경부담, 특히 에너지소비에 효율적이고 그것을 크게 줄이는 인간적인 노동조건 – 산업지역으로서 독일이 국제경쟁력을 가지고 있는 – 인간의 지식과 헌신 그리고 창의를 진작시키는 – 새로운 사회적 문화적 발전을 가능하게 하는 – 그런 인간적인 노동조건을 창출하는 정책의 결합이 필요하다.

많은 사람들은 이것이 삶에 여전히 필요하다고 느낀다. 공정한 소득분배는 사회적 평등을 가져다 줄 것이고, 추가 수요를 창출하며 결국 일자리를 창출한다.

생태적 혁신은 추가적인 노동을 창출할 것이다. 이것은 유독성폐기물의 처리는 물론 환경보호와 자연친화적 농업을 위해서도 필요하며, 교통체계와 에너지체계의 전환을 가져올 것이다. 에너지가 절약되고, 에너지공급이 분산되며, 쓰레기가 재활용되고, 환경에 유해한 상품들이 환경친화적인 것에 의해 대체되는 곳에서는, 일자리가 만들어진다. 도시와 농촌이 재생되고, 주택이 건설되고 현대화되며, 근거리교통체계가 건설되고, 문화재가 보존될 것이다.

또한 사회적 서비스업종에 대한 수요가 증가할 것이다. 우리는 공공서비스를 개선하고 특히 장애인이나 사회적 약자를 위한 수요 개발을 원한다. 교육과 평생교육, 문화와 연구 및 과학은 사람을 필요로 한다. 아동은 보호받아야 하고, 청소년노동은 보람 있게 수행되어야 하고, 병자와 점점 많아지고 있는 고령자는 배려되어야 하고, 외국인과 그들의 자식은 우리 사회에 편입되어야 하고, 장애인은 보살핌을 받고 사회에 통합되어야 하고, 질병은 예방되어야 하고 환자는 치료받아야 하고, 심리적으로 상처 입은 사람에게는 동반자가 있어야 하고, 형벌을 받은 사람은 사회화되어야 하고, 자력구제를 위한 도움이 조직화되어야 한다. 사회적 서비스는 외래진료와 입원치료로 이어지는 종합적인 망으로 연결되어야 한다.

노동시간 단축 - 완전고용과 시간주권에 기여

우리는 노동시간 단축을 위해 생산성의 증가를 원하지만, 이때 줄어든 노동시간이 자동적으로 기계 가동시간 축소를 의미하지 않는다. 노동시간 단축은 또한 미래에는 더 나은 삶의 질에 본질적으로 기여할 것이다. 노동시간 단축은 생계노동의 부담을 줄이고 생계노동 이외에 필요한 활동을 위한 여유를 만들어 낼 것이고, 여가와 문화적 사회적 행동을 위한 시간을 제공할 것이다. 노동시간 단축은 일자리를 창출할 것이다.

줄어든 노동시간은 생계노동이 모든 남녀에게 해당될 때 비로소 정당한 것이 될 것이다. 가사노동이 배우자간 분담이 된다면, 일상의 노동시간이 줄어들어야 한다. 그래서 우리는 주30시간에 하루6시간의 노동을 규칙으로서 추구한다.

줄어든 일상의 노동시간에서 정당한 소득분배는 더욱 중요하다. 그러므로 임금과 수입은 소득집단에 따라 차별적으로 인상되어야 한다.

유연한 노동시간은, 그것이 사용자 지향적이고 집단적으로 의도된다면, 더 많은 시간주권(Zeitsouveränität)으로 이끌 것이다. 여기서 건강과 개인적 성과능력 그리고 사회적 관계에 유익한 노동리듬에 주의해야 한다. 토요일은 정상적 노동일로 허용되어서는 안 되며, 일요일노동은 단지 불가피한 예외로만 인정되어야 한다. 야간노동은 건강에 해가 되기 때문에 예외적인 경우로만 제한되어야 한다. 통상적이지 않은 시간에 일하는 사람은 그에 적절한 보상을 요구할 수 있다.

모든 남녀는 양육에 헌신하기 위해, 재교육을 받거나 직업전환 교육을 받기 위해, 노령자나 환자 혹은 장애인을 돌보기 위해, 은퇴를 준비하기 위해 생계노동을 줄이거나 그만 둘 기회를 가져야 한다.

우리는 이러한 경우에 생계활동에서의 자리와 사회보장이 법적으로 보장하여야 한다. 우리는 재정지원 모델을 개발하고 단체협상 당자사들과 공동으로 이를 이행할 것이다. 그것을 넘어 우리는 은퇴 후 일자리로의 복귀가 노동법상 가능하게 하려고 한다.

보호받지 못하는 노동관계는 있을 수 없다. 차용노동(Leiharbeit: 하인이나 파출부 등과 같은 인격 구속적 노동)은 금지되어야 한다. 우리는 모든 고용관계를 단일한 노동법의 보호 아래 두기 위해 노동법전을 요구한다. 모든 형태의 생계노동은 정상노동관계로서 보호받아야 한다. 이것은 경직된 노동시간구조의 유지를 의미하는 게 아니라, 모든 형태의 생계노동을 위한 노동법적, 사회입법적으로 보장된 관계를 의미한다. 우리는 가능한 한 실업이 아니라 일자리에 재정지원을 하려고 한다. 우리는 일자리를 잃은 사람들에게 새로운 노동이나 추가적인 자격을 제공하려고 한다.

노동세계의 인간적 구성을 위하여

생계노동의 구성을 위한 우리의 요구는 다음과 같다. 인간화, 질적 발전 그리고 민주화이다. 이러한 세 가지 과제는 서로 맞물려 있다.

노동세계의 인간적 구성은 우선, 인간이 건강에 해로운 노동조건에 의해 마모되지 않을 것을 요구한다. 건강에 해로운 노동재료, 소음, 열, 가스, 광선과 먼지, 나아가 단조로움과 신경에 부담을 주는 기술과, 통제와 소외를 강화하고 고유한 책임성을 줄이는 기술 등은 적용되지 않아야 한다. 모든 직업에서 부족한 숙련에 의해 침해되는 건강이나 나이에 의해 손해를 보는 것과 같은 노동의 조건과 요구는 인권문제인 것이다.

따라서 우리는 노동보호와 건강보호를 더 발전시키고, 인간적으로 정당한 기술과 조직형태를 요구할 것이다. 이것은 새로운 기업적 해결을 점검하면서 국가적 과제와 임금협약 당사자, 경제와 과학을 지지하는 것이고, 인간에게 정당한 구성형태에 관한 지식을 보급하기 위해 배려하는 것이다.

노동세계의 인간화는 이것을 넘어 인간의 창조적이고 조직적인, 전문적이고 사회적인 능력을 덧붙인다. 인간은 의미 있는 노동의 내용, 넓은 행동반경, 더 많은 자율성, 개선된 질적 자격과 또한 강화된 공동결정과 참여를 필요로 한다.

노동의 질은 모든 남녀 노동자의 더 나은 질적 자격을 통해서만이 개선된다. 그들은 생애에 걸쳐 생계노동시간에서 재교육과 평생교육에 대한 권리를 가져야 한다. 마찬가지로 확대된 교육휴가도 법적으로 보장되어야 한다.

새로운 기술은 새로운 형태의 노동조직을 만들 것이다. 노동의 단조로움과 분할이 극복되고, 동반자적인 공동노동이 규칙화될 것이다. 이것은 인간적으로 정당할 뿐만 아니라 훨씬 효율적일 것이다. 기술적 혁신이 노동을 위계적인 강제에서 불필요하게 하고 극복할 수 있게 한다면, 노동의 탈집중화(분산화)와 민주화를 기업에 도입하게 만든다면, 그 곳에서는 기회가 활용될 것이다. 많은 곳에서 소외된 규정이 공동의 그리고 개인적인 재구성을 통해 대체되는 생계노동은 더 이상 유토피아가 아니다.

생계노동으로 마비되고 지치고 굴종하는 인간은 그들의 여가시간에도 이러한 피해를 청산할 수 없다. 따라서 인간적이고 민주적이고 사회적으로 조직된 노동이 인간존엄의 생활을 위해 결정적이다.

노동세계의 인간화는 기술과 조직의 각 수준단계에서 인간존엄의 노동관계를 산출해야 한다. 여기서 인간의 높아진 요구가 고려되어야 한다.

민주화는 노동의 해방을 목표로 한다. 민주화는 노동자에 의해 공동결정의 능력을 확대하면서 스스로 실현되어야 한다. 경제노예로부터 경제시민이 되는 것이다.

노동자는 어떤 목표설정과 어떤 조직형태를 갖고 어느 시간에 어떻게 노동이 이루어져야 하는지에 관해서 공동으로 결정해야 한다. 공동결정은 나아가 새로운 고용 기회와 작업장의 생태적 사회적 조화에 관해 결정할 때도 필요하다. 우리는 공공 서비스 분야에서도 이를 위한 법적 조건을 만들어낼 것이다.

가사노동

자녀양육과 가사노동은 우리 사회를 살아 있게 만든다. 그것은 전체 사회적으로 인정되고 사회적으로 보호되어야 한다. 생계노동의 인간화와 단축, 그리고 그에 알맞은 분배는 또한 가사노동과 가족노동에도 해당한다. 생계노동과 마찬가지로 가사 및 가족노동은 양성의 책임이다. 다른 노동형태와 마찬가지로 그것은 자기실현의 기회를 제공하지만, 그러나 또한 인간에게 과도한 부담과 자기발전에 장애가 될 수도 있다.

집 가까이에 생계노동의 장소가 있음은 삶의 질을 개선할 수 있고, 생계노동과 가사 및 가족노동의 결합은 부담을 덜어준다. 그러한 방향으로 노동이 유지되어야 하고 새롭게 창조되어야 한다. 가족친화적인 주거와 분산된 시장 그리고 지역 인프라의 건설은 생계과정과 가사 및 가족에서의 노동의 결합을 쉽게 해줄 것이다.

교육시간과 돌봄시간은 노령수당으로 청구될 수 있다. 3세 이하의 자녀를 가진 부모가 유급 양육 휴가를 가질 수 있어야 한다. 양육을 위해 생계활동으로부터 나온 사람은 다시 재취업을 위한 요구를 할 수 있다. 고용과 직업적 승진에서 양육시간과 돌봄 시간은 고려되어야 한다. 그 외 더 높은 자격에 대한 법적 요구와 재능 및 소질에 따른 요구가 있을 수 있다.

자유활동과 여가

인간 생활은 노동과 여가의 리듬, 긴장과 이완의 리듬으로 이루어진다. 생계노동시간의 단축으로 자유롭게 결정할 수 있는 활동을 위한 시간 제공이 더욱 커졌다. 이렇게 갖게 된 시간을 우리는 레저산업(Freizeitindustrie)에 넘겨주면 안 된다. 우리 모두는 이 시간을 이웃이나 환경을 위해, 노동조합이나 정치적 과제를 위해 참여하는 기회로 삼아야 한다. 고유한 선택을 창조적으로 할 수 있는 시간이 모두에게 가능하게 되었다. 사회는 그것을 위해 전제들을 개선해야 할 것이다.

문화생활

교육의 목표

교육의 목표는 우리에게 직업과 출세를 위한 자격만이 아니다. 교육은 개인의 발전을 위한 고유한 가치를 가진다.

교육은 고유한 전통에 대한 이해를 일깨워야 하고, 자신과 다른 사람을 이해하고 다른 문화와 인류를 이해할 수 있도록 해야 한다. 교육은 자기결정으로 노동할 기회, 생계노동과 가사노동으로부터 자유로운 자신만의 노동을 위한 시간과, 음악적·문화적 활동과 사회적 정치적 활동을 활용할 수 있는 기회를 열어주어야 한다. 교육은 사회와 노동세계의 요구를 비판적으로 검토하고 함께 구성하는 데 영향을 미칠 수 있는 능력을 인간에게 부여해야 한다. 교육은 복잡하게 된 우리 사회를 정통하게 하는 데, 기술과 생산수단을 의미 있게 이용하는 데, 그리고 우리의 자연적 환경을 보호하는 데서 우리에게 도움이 되어야 한다. 교육은 창조성을 장려해야 하고, 생계와 정보의 과중한 부담을 회피할 수 있도록 해주어야 한다. 교육은 젊은이들로 하여금 기본적인 인간의 경험을 유지하고 그러한 인간으로 성장할 수 있도록 도와주어야 한다.

교육에는 이성뿐만 아니라 감성도 필요하고, 실천적 능력만이 아니라 정신적 능력도 필요하다. 교육은 자연에 다가가도록 하고, 동료인간에 대한 책임을 가져다주고, 연대적 행동을 훈련시키는 것이어야 한다.

교육은 우리 생활의 풍요화로서 유럽문화의 다면성을 경험할 수 있도록 해주어야 한다.

다면적인 교육은 또한 노동생활과 직업에 대해 중요한 준비 역할을 한다. 팀작업과 공동사고를 요구하고 언제나 새로운 과제를 해내야 하는 노동세계에서, 직업적 완수와 나아가 직업적 성공은 교육이 제한적이고 일면적이지 않으면 더욱 더 좋은 성과가 나타날 것이다.

교육은 모두에게 개방되어 있어야 한다. 학생과 훈련생 그리고 대학생은 재정적으로 충분히 지원을 받아, 자신의 책임 속에서 진로를 그들 부모의 소득에 의존하게 할 필요가 없게 만들어야 한다. 수준 높은 학교교육은 평생교육의 기회와 사회적 문화적 정치적 참여의 기회를 개방할 것이다.

교육제도의 개혁과 확충

교육의 기회균등은 우리에게 절대적인 것이다. 지난 세기에 우리는 모두를 위한다는 우리의 교육목표에 거의 다가섰다. 우리는 모든 계층의 아이들을 위한 질 높은 교육에 접근하였다. 의무교육은 늘어났다. 소녀와 여성은 일반교육과 직업교육에서 전례 없을 정도로 참여하게 되었다.

우리의 교육제도는 새로운 도전 앞에 서 있다. 양적인 확대는 질적인 확충과 동반되어야 한다.

우리는 일반교육과 정치교육, 직업교육을 통합하려고 한다. 이는 모든 교육제도에 해당한다.

우리는 종일학교를 제공하려고 한다. 왜냐하면 종일학교는 사회적 학습과 지식전달 및 공동체작업 그리고 놀이를 제공할 수 있는 기회균등을 진작시키기 때문이다.

학교는 노동세계에 열려 있어야 하고, 특히 지역사회 생활이 연결되어 있는 도시와 지방에 설립되어야 한다. 우리는 교육제도에서 운영과정에서 관련자들의 더 많은 공동결정과 교육기관은 더 많은 교육적 재량을 원한다. 국가는 현지의 의사결정에 의해 보충될 수 있는 기본조건을 조성해주어야 한다. 우리는 새로운 교육형태와 수업형태가 시험될 수 있는 모델학교를 요구한다.

우리는 남녀, 독일인과 외국인, 장애인과 비장애인 아이들의 통합교육을 원하는데, 이것으로 편견과 피해가 사라지게 된다.

우리는 또한 노동세계로부터의 경쟁압력 증가에 대응하기 위하여 지식전달을 사회적 교육과 연계시키려고 한다.

사회민주주의적 교육정책은 선별보다는 격려를 원한다. 우리는 교육가능성과 졸업의 다면성을 제공하고, 학생들의 다양한 소질과 능력을 고려하는, 다양한 것을 요구하고 그 만큼 더 큰 기회균등을 구현하는 학교를 원한다. 통합중고등학교(Gesamtschule; 상급학교 진학기회의 균등을 위해 김나지움과 실업학교의 기능을 통합)는 우리의 교육정책적 목표를 변화시키기 위해 가장 알맞은 형태이다.

직업교육과 재교육

직업교육은 개인적 직업적 발전을 위해 중심적 의미를 갖고 있다. 모든 젊은 이들은 그러므로 직업교육에 대한 권리를 갖는다. 직업교육은 그들에게 한 직업에 종사해보고 또 정기적으로 재교육하고 우리 공동체사회를 함께 구성할 수 있게 해주어야 한다. 그러므로 직업교육은 넓은 직업적 기초교육을 포괄하고, 직업에 적합한 능력 뿐 아니라 직업을 초월하는 능력도 제공해야 한다. 국가는 또한 직업교육의 2원체계에 특별한 책임을 져야 한다.

여성은 직업훈련과 재교육, 노동세계에서의 과거와 같은 불이익을 받지 않아야 한다. 급속한 구조변동은 학교 및 직업교육에서 균등한 재교육을 요구하게 되었다. 따라서 일반, 직업, 정치 및 문화의 재교육은 지자체의 과제로서 교육의 4개축으로 발전되어야 한다. 특히 생계생활에서 그리고 직업교육에서 불이익을 받거나 직업적 지식이 기술발전에 의해 쓸모없게 된 사람들은 국가가 교육을 통해 새로운 직업활동을 위한 자격을 갖추어주어야 한다.

기업 내 재교육에 대응하여 공공 자금에 의한 공공 재교육의 충분한 공급이 필요하다. 기업도 직업훈련과 재교육 비용을 분담하여야 한다.

취업 중 사용할 수 있는 훈련 기간은 최소한 최초의 직업훈련 기간과 같아야 한다.

대학, 과학과 연구

대학의 개방은 여전히 우리의 목표다. 학업과 재교육은 직업에서나 다른 사회적 활동을 통해 능력을 습득한 사람들이 접근할 수 있어야 한다. 연구와 수업은 노동세계의 이제까지의 문제보다 더 강력하게 고려되어야 한다.

모든 집단은 대학에 대해 실행 가능한 공동결정권을 가져야 한다. 우리는 개혁과 새로운 학업과정을 위해 대학의 자기개발가능성을 확대하기를 원한다. 사회과학과 정신과학이 자연과학 및 기술과학과 마찬가지로 장려되어야 한다. 자연과학과 사회과학 그리고 정신과학은 불가분 통합되어 있다.

우리는 과학과 연구의 질이 국제적 기준을 충족시킬 수 있도록 하기 위하여 모든 것을 할 것이다.

과학의 자유와 책임은 서로 제약한다. 과학자로서 사회에 대해 연구의 자유를 요구하는 사람은, 또한 연구의 활용 결과에 대해 책임질 준비가 되어 있어야 한다. 사회는 과학의 자유와 개별 과학자의 자유를 국가적, 경제적 권력에 맞서 보장해야 한다. 과학의 자유에는 자유롭고 제한 없는 과학적 토론과 연구결과의 연속적인 출판도 포함된다.

우리는 연구가 군사적, 경제적 목적에 종속되는 연구기관이 계속 설립되는 것에 대해 우려를 금치 못한다. 그러한 연구기관은 가능한 연구역량을 묶어두고 대안적 연구를 막고 있다. 이들은 연구결과를 공개하지 않음으로써 인식을 방해하고 있다.

대체로 과학적 연구는 그 성과의 활용과 관련될 때 비로소 사회적 통제에 들어간다. 그러나 과학의 의도가 윤리적 규범을 침해하거나 참을 수 없는 위험을 낳는다면, 입법자는 연구의 방법과 과정을 금지해야 한다. 이것은 대량살상무기의 발전, 인간에 대한 의학적 실험, 인격권에 대한 침해나 유전적 발전, 특히 인간 유전형질의 변화에도 해당한다.

윤리적으로 문제가 되는 실험에 대해 우리는 사회적으로 통제할 것이며, 그와 동시에 과학적 방식의 신뢰성에 관한 공개적 토론을 촉구하고 윤리위원회를 설치할 것이다. 인간의 존엄, 생명에 대한 권리 혹은 자연의 보호를 요구한다면, 국가는 연구에서의 금지와 책임부과에 개입할 권리와 책임을 가진다.

민주주의에서 문화작업

노동운동은 처음부터 문화운동으로 이해되었다. 유럽의 인본주의와 계몽의 전통에서 노동 및 문화운동은 예술적 표현의 자유를 지지하였고, 풍부한 문화에 참여하기를 원했다. 이러한 목적에 우리는 책임을 지고 있다.

문화에 관한 우리의 개념은 문학, 음악, 예술과 과학보다 훨씬 포괄적이다. 바로 공동생활의 포괄적 문화 속에서 이러한 영역은 사회의 주변부에서 그 중심으로 옮겨졌다.

증가된 여가시간은 고유한 문화활동을 위한 가능성을 증대시켰다. 발전된 정신적 정서적 능력, 상상력과 창조성에서, 우리 민주주의의 미래 또한 결정하는 가치와 관점 그리고 사고틀이 형성되었다. 인간파멸적인, 예를 들어 신나치적이고 파시스트적인 흐름과 집단화에 대해 우리는 모든 힘을 다해 맞설 것이다.

우리는 문화정책과 문화활동에서 우리의 기본가치와 우리의 전통을 지향한다. 우리는 적극적이고 연대적인 생활구성을 촉구하기 위해, 인격적이고 사회적인 해방을 이루기 위해 비판적인 의식을 요구할 것이다.

우리는 사회민주주의적 문화작업이 우리 당에서 그 변화형태, 그 작업방식, 그 능력에서 문화적 자극을 받아들이고 가공하기 시작될 때 비로소 사회의 문화생활이 특징지어질 것임을 안다.

우리는 집단과 프로젝트에서, 지역과 거주지에서 다양한 문화적 표현을 장려할 것이다. 예술은 많은 사람들의 관심사가 될 것이다. 예술과 교육에 대한 접근에서의 제한을, 문화작품 자체에 내재한 것이 아니라면, 우리는 타파할 것이다.

산업적으로 획일적인 여가시간 소비에 저항하는 다채롭고 다면적인 문화생활은 우리에게는 물론 결합되지 않은 활동의 종합보다 더 나은 것이다. 우리는 다양한 환경과 부분문화가 서로 표출되기를 원한다. 모순과 도전은 문화적 활력의 표현이다.

예술과 문화는 공개적으로 표현될 수 있는 장소를 필요로 한다. 이를 위한 전제를 창출하고 남녀 예술가들을 후원하는 것은 정책의 몫이다. 문화정책은 공공 당국의 책임과제이다. 국가는 문화의 후견인이 아니라, 문화적 다양성의 보증자가 되어야 한다.

미디어의 책임

우리의 문화, 우리의 사회적 정치적 생활은 계속적으로 미디어에 의해, 무엇보다 전자미디어에 의해 규정되고 있다. 국가적, 국제적 콘체른에 의해 지배되는 새로운 미디어산업은 따라서 인간의 문화적 생활과 정서 및 사고에 상당한 영향력을 발휘한다.

우리 사회민주주의자는 문화 및 출판에서 다양성을 옹호한다. 우리는 국가로부터 미디어의 독립을 원하지만, 그러나 또한 강력한 경제적, 사회적 집단으로부터도 안정화되고 분리되어야 한다. 우리는 미디어에서 활동하는 모든 사람들, 무엇보다 기획 및 편집 작업에 종사하는 사람들의 공동결정을 원한다.

신문과 잡지 그리고 책은 기본적이고 포괄적인 정보를 제공하는 매체로서 다루어져야 하며, 또한 전자미디어의 시대에는 특별한 의미를 갖는다. 우리의 문화는 읽혀져야 한다. 우리는 이것을 진흥할 것이다.

공영 라디오와 텔레비전은 반드시 기본적인 관리에 두어야 한다. 이들은 정보와 정치적 여론형성, 오락과 교육, 자문과 문화적 기여에서 포괄적인 역할을 한다. 공영 라디오의 존속과 발전은 그러므로 보장되어야 한다. 라디오는 무엇보다 정당정치적 영향력으로부터 안정화되어야 하고 경제적으로 독립되어야 한다. 우리는 청취율만이 기준이 아니라 비판적이고 도전적인 기사로 편안한 균형이 희생당하지 않는 공영 라디오의 방송 문화를 기대한다. 보도와 오락에서 우리 모두는 비판적으로 현실을 검토하고 새로운 생각을 가지려고 하는 모든 사람들을 지지한다.

독일과 유럽의 영화는 장려되어야 한다. 그것은 유럽의 문화적 정체성과 유럽 국가들 및 지역을 유지하는 데 도움이 될 수 있다.

스포츠

스포츠는 문화의 본질적인 부분이다. 스포츠는 삶의 질과 삶의 즐거움에 기여한다. 그래서 우리는 노동자 스포츠운동으로부터 모두를 위한 스포츠의 기본을 계승하였고, 따라서 우리의 주요 관심은 포괄적인 스포츠와 장애인 스포츠 모두에 해당된다. 우리는 그러나 또한 인간의 존엄이 침해되지 않고 스포츠인의 자기결정이 보장되는 성과적인 스포츠에 대해서도 지지한다. 이러한 조건의 확보를 위해서는 사안에 따라 법적인 기준이 필요하다. 자신의 고유한 책임을 지는 조직과의 동반자관계에서 연방과 주, 그리고 지방자치단체의 스포츠가 진흥되어야 한다.

3. 사회정의를 통해 연대사회를 위하여

구현된 연대로서 사회정책

사회정책은 연대를 전체 사회의 주도이념으로 활성화시키고자 한다. 그래서 우리에게 이는 공동체 정책이며, 전체 정치적 행동의 차원이다.

연대는 자신의 책임을 대체하지 않으며, 후견으로 그치는 게 아니다. 연대는 또한 자조에 도움이 되어야 한다. 노동운동은 세대를 넘어 사회보장국가를 위해 투쟁해왔다. 우리는 사회보장국가를 유지하고 건설할 것이다. 연대공동체 안에서 노령자를 위해 젊은이가, 환자를 위해 건강한 사람이, 장애인을 위해 비장애인이, 실업자를 위해 취업자가 함께 할 것이다. 우리는 기본적인 생활위험의 개인화에 반대한다.

일어난 손상 회복에 한정되는 사회정책은 비인간적일 뿐만 아니라 재정적으로 과도한 부담이다. 효과적인 보호는 예방조치를 통해 이루어진다. 사회정책은 보완되어야 하고 위급상황에 처해 있을 뿐만 아니라 장기적 전망에서 설계되어야 한다. 사회정책은 생활조건과 노동조건을 인간답게 만들어야 할 것이다. 건강보호를 위한 생태정책, 노동의 인간화, 실업이나 불공정한 소득분배와 싸우는 것은 예방적 사회정책의 중심과제이다.

우리는 가족과 개인들의 욕구를 충족할 수 있는 건강하고 저렴한 주거의 충분한 공급을 원한다. 주거는 노동과 교육처럼 기본권이다. 누구나 인간의 존엄에 어울리는 주거에 대한 청구권이 있다. 사회적 임대차법에 의한 세입자 보호는 장기간 안정되어야 한다. 이것은 정당한 주거권을 자신의 능력으로 충족시킬 수 없거나 주택시장에서 약자로서 배제되는 사람들을 도와야 하는 국가와 사회의 의무이다. 그러므로 임대주택과 소형 자가주택으로서의 사회적 주택 건설은 필수적인 것이다.

사회보장에 대한 권리

기본법의 사회보장국가조항은 국가에게 사회적 책임과 사회적 정의에 대한 의무를 부과한다.

사회보장국가가 책임지고 있는 기둥은 국가적으로 보장된 사회보장과 참여, 사회보험 급부 청구권, 법적으로 보장된 종업원의 지위 등이다.

이것은 인간이 법적 청구권에 기초한 사회보장 급부를 받건 자선의 기부금을 받건, 그리고 노동관계에서 사용자의 전횡 아래 있건 혹은 기업인으로서 법적 권리와 의무를 행사하고 있건, 상관없이 인간의 존엄과 관련된 것이다. 사회적 부조를 청구하는 사람이 차별 받아서는 안 된다.

사회보장은 신뢰할 수 있어야 한다. 경제정책과 재정정책 그리고 사회정책은 서로 동조되어 있기 때문에, 전체 정책이 사회보장국가조항을 지향하는 것이다.

폐지 대신에 변화

사회정책에는 양에 앞서 질이 타당하다. 폐지를 저지하려는 사람은 변화를 추구해야 한다.

이윤에 대한 관심은 억제되어야 하고, 관료적 경직성은 없어져야 한다. 사회보장 급부 수령자는 자신의 이해를 충분히 관철할 수 있어야 한다.

사회보장은 한 세기가 넘는 시간 동안 수많은 제도를 발전시켜왔다. 사회입법은 그 전모를 다 파악하기가 쉽지 않다. 직업 구분으로 동일한 사안이 상이하게 처리되고 있다. 우리는 이것이 극복되기를 원한다.

우리의 목표는 다음과 같은 사항들이 보장되는 사회보험이다:

- 동일한 사안은 모두 동일하게 처리되고
- 지급능력에 따라 모두 가입되고
- 자치가 활성화되고
- 자조에 도움이 되고
- 여성의 불이익이 없어지고
- 가정과 직장의 양립이 용이하고
- 자영업자들도 가입되고
- 그리고 장애인의 가입이 보장되는

우리는 부과와 납부 연동 사회보험제도를 보완하면서도 이를 대체하는 것이 아닌 – 대체가 아닌 소득과 연결되는 사회적 기초보험을 원한다.

이것은 노령자나 취업을 할 수 없는 사람 그리고 실업자에게 생필품 조달을 가능하게 해주어야 한다. 사회보험은 특별한 위급상황에서 지원하는 사회부조를 축소하고 사회입법을 단순화해야 한다. 이의 추가적인 비용은 재정에서 나와야 한다.

우리는 연금생활자의 생활 안정을 배려할 것이다. 연금수령자는 계속 증가하고 연금보험료 납부자는 계속 감소하는 상황에서, 연금보험 납부자와 연금수령자 그리고 국가의 추가적인 부담은 정당하게 분배되어야 한다. 불리한 인구구성은 특별생계지원과 추가생계지원에도 역시 영향을 미친다. 그러므로 노령보험제도는 점차적으로 조정되어야 한다. 자신의 선택에 따라 연금과 노동소득의 부분을 결합시킬 수 있어야 한다.

자본과 에너지에 의해 노동을 대체하는 기업은 점점 더 적게 부담하고, 노동집약적 기업은 사회보험 분담액을 점점 더 많이 부담한다. 우리는 사용자의 사회보험 분담액이 실적과, 부가가치 생산에 따라 조정되기를 희망한다.

건강보험의 개혁

우리는 의사나 치과의사, 제약산업, 치료 및 보조기구 공급자, 병원의 이익보다 피보험자의 이익을 우선시하는 건강보험을 추구한다. 의료보험조합은 피보험자의 권리가 의료서비스 공급자의 이해에 맞서 관철되고, 예방조치와 비용이 저렴하지만 효과적인 치료법에 대한 피보험자의 이해가 강화되는 상태를 우선시해야 한다.

우리의 보건제도는 전염병을 퇴치하고 중상을 치료하고 외과수술을 처리할 수 있을 정도로 매우 성공적이다. 우리의 보건제도는 수많은 만성병 환자, 심신상관 환자, 정신병 환자 앞에서 무력한 상황에 종종 처했다. 약물중독과 싸우는 것은 전체 사회적 과제의 우선순위에 두고 있다. 또한 여기서 처벌보다는 도움이 필요하다.

예방의학과 치료의학이 동등한 정도로 배치되어야 한다. 건강예방과 건강계몽이 중심적 과제가 된다. 이것은 유치원 때부터 시작되어야 한다. 육체적 심리적 병을 유발하는 생활조건과 노동조건은 더 연구되고 더 실제적으로 개선되어야 한다. 환경보호와 노동보호, 주택건설과 자연친화적 농업은 건강예방에 기여할 것이 틀림없다.

자연치유법을 포함한 의미 있는 의료적 노력이 이해 세력에 의해 무시되어서는 안 된다.

어떤 환자도 소득에 관계없이 의료 수준에 상응하는 치료를 받을 수 있어야 한다. 모든 사람은 의사와 치료방식 그리고 대체 의학을 자유롭게 선택할 권리가 있다.

집중치료는 생명을 구할 수 있다. 이것은 연명시키고 존엄을 뺏을 수 있다는 점에서 논쟁적이다. 기술적인 높은 성과, 의료장비와 화학요법이 간단하고 저렴한 치료방법을 밀어내서는 안 된다.

병의 사회적 심리적 측면이 더 강하게 고려되어야 하고, 정신병 환자 및 장애인은 무시되는 게 아니라 보호되고 격려된다. 그들은 그들의 특별한 생활상태에서 처리되고 존중받으며, 가능하다면 통합되어야 한다.

이것을 위해 마을 근처에 외래치료와 입원치료의 형태 시설이 만들어져야 하고 서로 결합되어야 한다. 건강보험법에는 정신병 환자와 육체적 환자는 동등하다. 심리적 환자는 더 많은 인원과 더 좋은 재활시설을 통해 육체적 환자와 동등한 보호를 받을 수 있다.

우리는 외래환자 진료가 입원환자 진료에 우선하기를 바란다. 이를 위해 지자체에 기반을 둔 개별 혹은 집단 의원과 보건소, 사회보호시설, 병원과 재활시설 등의 네트워크화가 필요하다.

보건체제에서 필요한 비용 축소는 변화된 권력관계만이 아니라 또한 병에 관한 인간적 이해를 요구한다. 중요한 것은 병의 징후를 현상적으로 제거함으로써 노동능력을 만들어내는 게 아니라 인간을 건강하게 만들어야 하는 것이다. 이를 위해 우리는 의사와 환자 그리고 비의료적인 재활직업의 신뢰에 기반한 동반자관계가 필요하다.

우리는 법정의료보험에서 기여금을 초과하는 환자의 비용부담을 반대한다.

자조 지원

우리는 자신을 위해 그리고 타인을 위해 책임을 지는 자립적 인간의 사회를 원한다. 우리는 자신의 문제를 자신의 힘으로 혹은 다른 사람과 공동으로 연대하여 해결하려는 사람들을 지원하고자 한다. 그러므로 복지담당 기관과 자조기구 간의 새로운 형태의 협력이 지지되어야 한다. 우리는 자조운동을 장려하고 그 이념과 경험을 사회보장국가를 위해 이용할 수 있기를 원한다.

자조는 커다란 연대공동체 혹은 전문적 봉사를 필수불가결하게 만들 수 있다. 자조는 그러나 그것들의 부담을 줄여주고 보완할 수 있으며 새로운 수요를 더 유연하게 충족시킬 수 있다. 자조를 위하여 노동자복지와 같은 복지연합체나 교회의 사회봉사활동과 자선활동 등이 출현하며, 이를 우리는 높이 평가하고 장려한다.

4. 생태적 사회적 책임의 경제

경제는 공동의 복리에 기여해야 한다. 그것은 노동의 권리를 보장하고 자연적 생활토대를 소중히 하고 보호하는 재화와 서비스로 모든 사람을 풍족하게 배려해야 한다. 사람이 자본에게 봉사하는 게 아니라 자본이 사람에게 봉사해야 한다.

민주적으로 구성된 현대 산업사회, 재화와 서비스의 공급은 경쟁과 국가행위가 결합된 혼합경제에 의해 공급된다. 이러한 체제는 매우 효율적이며 모든 형태의 중앙집중화된 관리경제보다 근본적으로 우수하다는 것이 입증되었다.

경쟁체제의 역사적 기본문제는 생산수단에 대한 사적 처리와 결부되어 있다. 이러한 결부는 자본주의적 경제질서를 가져왔고, 통제되지 않는 경제권력과 노동과 소득 그리고 재산의 불평등한 분배를 가져왔다.

자본의 경제권력에 대한 민주적 통제는 행위능력이 있는 국가와 강력한 노동조합 그리고 공동결정제도를 요구한다.

재산 및 소득분배에서의 불평등은 더욱 증가하고 있다. 소득과 재산 그리고 시간의 정당한 분배는 임금협상 자율, 국가의 조세 및 사회정책, 노동자의 재산형성을 요구한다.

경쟁체계는 사람들에게 공동체 재화와 서비스를 공급하는 데 부적합하다. 사회간접자본과 사회서비스를 준비하는 것은 무엇보다 공공의 과제이다.

경쟁경제는 억제되지 않는 자원낭비와 통제되지 않는 기술혁신으로, 원자재의 낭비와 자연적 생활토대의 파괴로 가는 경향이 있다. 국가는 이러한 생태적 위험에 대처해야 하고, 환경친화적인 생산물과 생산방식을 도입하도록 해야 한다.

경쟁은 성과를 잃지 않고도, 자본이해에 반대하는 구속력 있는 기본조건을 성공적으로 시행한다면, 공공복리를 위한 것이 될 수 있다. 이는 핵심적 선진국에서는, 국가의 조정과 노동조합의 대항력, 의사결정의 분권화 및 신사회운동을 포함한 넓은 개혁연대에 기초한 사회적 합의에 의해 이루어질 수 있다.

국제적 구조

밀접한 국제적 관련

국가적 구조는 지금까지 국민국가 내에서만 효과적이었다. 그러나 그 동안 자본주의경제는 국가적 경계를 넘어섰다. 다국적 기업은 이것을 통해 사회를 희생시키면서 이득은 취하고 책임은 회피했다.

대부분의 산업생산과 많은 서비스의 경우 경쟁은 세계화되었다. 우리는 독일의 기회가 세계적인 경쟁에서 유지되기를 기대하며, 개발도상국가를 위해서도 새로운 기회가 열리기를 기대한다. 확장적인 수출지향을 우리는 반대한다. 우리의 수출파트너와 특히 개발도상국가에게 새로운 기회를 주고 국제무역에서 불균형을 제거하기 위해서, 우리는 국내시장을 강화하고 자신의 시장을 개방해야 한다.

경제적 분야에서 입지경쟁으로 인한 세계적인 임금 압박과 노동조건, 복지 및 환경규범의 악화를 막기 위해, 사회적이고 생태적인 생산조건을 위하여 국제적인 구속력을 가지는 규제가 필요하다.

자본과 금융 시장 국제화는 국가에 의한 자본주의 경제의 조정가능성을 축소시키고 있다. 통화투기는 외환시세를 극적으로 요동치게 하고, 국제적 경쟁을 왜곡하고, 산업입지를 위험하게 만든다. 시장의 국제화는 국가의 금리 및 통화정책을 제한하고, 경기정책에 영향을 미친다.

국가 경쟁력 상실이 국제적 규칙에 의해 보상되지 않으면, 강자의 권리만 지배하게 된다. 모든 국민경제는 위기에 빠지게 된다. 그러므로 우리는 국내 경제정책을 자신의 책임으로부터 벗어나지 않게 하면서도, 국제적 협력과 규칙 제정을 통해 경제의 조절 가능성 확대를 기대한다.

공정하고 관리할 수 있는 세계경제질서

개발도상국가는 우리보다 훨씬 더 세계경제의 새로운 질서에 의존하고 있다. 개발도상국은 북쪽의 은행과 기업집단 그리고 정부에 의한 굴욕적인 종속 하에 있다. 또한 이들 국가가 그 조건에 순종해야 하는 국제통화기금과 세계은행은 서구의 선진국이 지배하고 있다.

채권자의 요구를 따르기 위해 채무국은 자신의 자연적 생활토대를 파괴하고 대중의 고통을 강화하는 기준을 강제로 받아들일 수밖에 없다. 열대우림지대의 개간, 산악 경관의 훼손, 사막의 확대는 전체 지구의 기후에 영향을 미친다.

그러므로 세계경제가 경제적 강자와 방약무인에게 넘어가지 않도록 하는 것이 모든 나라 공통의 이해이다. 국내외적인 통제기제가 확실히 준비되어, 국제 지향적 자본이 자신의 사회적 생태적 책임과 조절의무를 방기하지 않도록 해야 한다.

우리는 자연적 생활토대를 유지하기 위한 국제협약에 찬성한다. 여기에는 산림자원과 대기 그리고 해양 보호를 위한 협약도 들어갈 것이다. 남극지역은 경제적 이용으로부터 보호되어야 한다.

남쪽의 발전이 과도한 채무나 우리의 보호주의에 의해 압살되지 않는 것이 우리 모두의 이해이다. 가난한 나라의 채무는 면제되어야 한다. 다른 나라의 채무 상환에도 부분적인 면제와 경감이 필요할 것이다. 남부 지역은 세계은행이나 국제통화기금의 후견 없이 공동으로 개발 우선순위를 합의할 수 있게 해주어야 한다. 채무상환이 이 지역 사람들에 대한 사회적 빈곤을 의미하는 조건과 결부되어서는 안 된다.

원자재 가격의 등락에 개발도상국이 종속되는 것은 국제적인 원재료기금으로 줄일 수 있다. 과잉생산에 대한 충동은, 자가 소비를 위한 농업생산이 장려되면 될수록, 그 만큼 더 쉽게 극복된다.

공정한 세계무역은 제재 능력이 있는 국제적 규칙에 의해 보장될 수 있다. 상호성에 기초하지 않는 특혜로 개발도상국의 완제품 시장을 선진국에 개방하면, 미성숙하고 취약한 산업을 보호할 수 있다.

통화투기와 해로운 환율급등락을 줄이기 위해 민주적으로 통제되는 국제통화질서가 필요하다. 이러한 통화질서는 금리의 필연적 인하와 국가의 통화와 재정정책 간의 조정을 용이하게 해준다.

새로운 세계경제질서는, 남쪽 사회에서 경제적 사회적 정치적 구조의 포괄적 개혁이 장기적인 발전으로의 길을 열고 그래서 새로운 채무와 일방적인 경제적 종속을 중단시킬 때, 비로소 개선될 수 있다. 공정한 세계경제질서는 강력한 노동조합의 긴밀한 국제적 협력 없이는 건설될 수 없다.

지역연합으로서 유럽공동체

공정하고 민주적으로 정당화된 세계경제질서의 건설은 지역연합에 의해 촉진된다. 각국이 힘과 이익을 결속시켜서 합의에 이른다면, 그들은 더 나은 세계경제질서의 초석을 창출할 것이다. 유럽공동체는 활동 공간을 열었다. 유럽공동체는 세계시장에서의 자기주장과 영향력의 기회를 제공했다. 유럽공동체는 단일 경제권, 통화권 그리고 사회공간을 함께 성장시킬 것이 틀림없다.

유럽공동체는
- 회원국의 경제정책이 조화롭고 유럽의 국내시장화를 실현하고 유럽통화를 창출하여야 한다.
- 적극적인 고용정책을 추진하고 지역적 불균형을 제거해야 한다.
- 공동체 내의 부유하고 가난한 회원국 사이에 재정평준화를 실현해야 한다.
- 사회정책도 경제정책과 같은 우선순위에 두어야 한다.
- 개별 국가 사회적 성과 사례는 전체 공동체가 활용할 수 있어야 한다.
- 고용과 노동조합의 공동결정을 관철하여야 한다.
- 경제적 권력집중에 대응하기 위해 유럽의 경제민주주의를 실현하여야 한다.
- 과학과 연구에서 모든 회원국의 힘을 결집하여야 한다.
- 효과적인 여성지원정책을 도입하여야 한다.

- 환경보호를 위한 세금과 부담금, 엄격하고 구속력 있는 규범을 통해 생태적 재정을 촉진하여야 한다.
- 농업정책의 혁신을 통해 자연적 생활토대를 보호하고, 소비자의 이익과 농민의 농업을 보장하여야 한다.
- 지역과 국가 문화를 장려함으로써 다면적인 유럽의 정체성을 보장하여야 한다.

국가적 책임

경제력을 통해 독일은 상당한 국가행위의 여지를 가지며, 국제적인 경제정책적 결정에 커다란 영향력을 행사하고 있다. 우리가 생태적이고 사회적인 개혁을 위해 우리의 국가행위의 여지를 활용하고자 한다면, 그 만큼 더 우리는 강력하게 국제적 결정에 영향을 미칠 수 있다. 유럽의 질서나 세계의 규칙을 단지 기다리기만 한다면, 결국 그것을 얻지 못할 것이다.

비록 우리 관념의 많은 것들이 온전히 유럽이나 아니면 세계에서 충분히 실현될 수 있는 것일지라도, 우리의 행동은 우리가 직접 책임을 지는 곳에서 시작되어야 한다.

생태 회복

환경의 위기는 세계적이다. 우리는 환경의 위기를 국내적으로 접근하면서도, 국제적으로 시급한 과제로 추진하려고 한다. 자연적 생활토대의 보호는 기본법에서 국가목표로서 수용되어야 한다. 대기권의 계속적인 파괴, 해양 오염과 절박한 기후재앙, 산림파괴, 물 부족 심화, 환경질병, 그리고 동식물의 멸종 심화 등은 우리의 자연적 생활토대의 포괄적인 파괴를 보여주는 극적인 표시들이다. 우리 산업사회의 생태적 재생은 생존의 문제가 되었다.

무엇보다 선진국은 그들의 자연적 생활토대의 이러한 파괴를 추구해왔다. 그들의 생산과 소비의 원격작용으로 그들은 세계적인 동물 및 식물을 멸종시켰고 대기권을 파괴하였다.

따라서 선진국에게 주된 책임이 있으며, 그래서 선진국이 자연적 생활토대의 세계적인 회복을 위한 비용을 내야 한다. 그들은 그들 사회의 생태적 회복에 솔선수범해야 하고, 에너지와 원자재와 토지의 낭비를 그쳐야 한다. 그들은 제3세계 국민들로 하여금 자연적 생활토대의 보호에 기여할 수 있도록 해야 한다.

우리에게는 인간에게 직접 혜택이 따르지 않는 그런 곳에서도 자연과의 세심한 친화를 이루어야 하는 윤리적 책임이 있다. 환경보호, 자연보호, 동물보호는 우리의 연대인 사회개념의 일부이다. 생명 앞에서의 외경은 우리 정책의 기본이다. 자연의 보전은 모든 정책분야의 과제가 되어야 한다.

생태적으로 비이성적인 모든 것은 전체 경제적으로 전혀 이성적인 것이 아니다. 생태는 경제의 보족이 결코 아니다. 생태는 책임 있는 경제의 기초이다. 따라서 생태적 요건 또한 책임 있는 경제적 행동의 원칙이 되어야 한다. 우리는 자연이 불리한 손해를 입히지 않고 우리에게 제공하는 것만을 자연에게 요구할 수 있을 뿐이다. 우리는 자연의 물질순환에 적합한 재화를 생산하고 이용해야 한다. 우리 경제의 이러한 생태적 회복은 제품 아이디어에서 생산과정을 거쳐 원자재의 사용과 재생에 이르기까지 그리고 물질순환의 종결에 이르기까지 미칠 것이다. 이러한 생태적 회복은 투입된 소재와 결합 그리고 가공방식의 생태적 평가를 요구한다. 이것은 모든 형태의 에너지획득과 에너지변환을 포괄한다. 생태적 회복의 중점은 화학, 교통 그리고 농업이 되어야 한다.

우리 환경위험의 증가는 세계적으로 사회불평등의 심화로 귀결된다. 생태적 회복이 더욱 더 사회적으로 구성되어야 한다. 생태적 회복은 분명한 목표를 가진다.

- 환경에 위해한 제품, 생산, 제도는 거부되고 환경친화적인 것으로 대체되어야 한다.
- 이를 위해 기술적 혁신이 가속화되어야 한다.
- 재평가가 추진되어야 한다.
- 피할 수 없는 폐기물처리가 효과적으로 조직화되어야 한다;
- 방치된 쓰레기는 즉각 처리되어야 한다;

- 토지에 대한 절약적이고 세심한 접근.

에너지에 대한 절약적이고 합리적인 접근이 없이는 어떤 생태 회복도 없다. 우리는 이를 관세, 가격, 세금, 부담금, 규범을 통해 경제적 명제로 만들 것이다. 우리는 폐열 활용, 열병합 발전, 분산된 특히 지역적인 에너지공급, 그러나 무엇보다 재생 가능 에너지원을 장려한다. 여기에 미래가 있다. 우리는 이의 성사를 지원하여야 한다. 불가피한 지역의 석탄 투입은 환경친화적 기술에 의해 수행되어야 한다. 우리는 가능한 한 빨리 원자력 없이 안전하고 친환경적인 에너지 공급에 도달하기를 원한다. 플루토늄경제를 우리는 잘못된 길이라고 평가한다.

비자연적인 소재의 사용 비율 급증으로 자연에 대한 부담과 인간 건강에 대한 위험이 증가하고 있다. 따라서 생태적 회복은 또한 화학정책에 새로운 방향을 제시할 수밖에 없다. 화학제품과 생산방식은 물질순환에 적합해야 한다. 가장 작은 위험도 화학적 연구와 개발, 생산과 활용의 가장 중요한 기초가 되어야 한다. 유전기술의 이용도 이러한 기준에 한정되고 통제되어야 한다.

자연, 그리고 우리의 도시 역시, 교통을 통해 그 한계의 정점에 이르렀다. 도로와 철도, 비행기와 연안여객항로의 통제되지 않는 경쟁은 엄청난 투자와 자연의 낭비 그리고 추가적인 생태적 부담을 가져왔다. 우리는 경제적으로나 생태적으로 신뢰를 줄 수 있는 교통운송업체를 기대한다. 우리는 그러한 교통업체가 에너지를 덜 사용하고 환경에 덜 부담을 주도록 경쟁조건을 변화시키고자 한다. 따라서 화물과 사람의 운송에서 철도가 우선순위를 차지해야 한다. 고속도로와 국도 그리고 주거지에서의 속도제한으로 환경부담을 줄이고 교통안전을 높여야 한다.

공간설계는 녹지의 이용을 크게 줄이는 동시에 생태적으로 위험한 밀집을 피해야 한다. 복원과 유지, 회복이 새로운 건설에 앞서야 한다. 친환경적인 건설이 장려되어야 한다. 주택과 기반시설을 위한 녹지 공급은 자연과 환경의 부담 때문에 무조건 확대되어야 한다. 도시의 내포적 발전과 절약적인 토지 취급은 생태적인 도시개발의 목표로서 우선순위가 두어져야 하고, 필요하다면 토지에 대한 소유의 사회적 책임도 강화되어야 할 것이다. 농업경제는 화학비료와 외부 에너지의 과도한 투입을 통해 팔 수 없는 과잉작물을 생산하고, 그의 토지에 과도한 부담을 주고, 공기와 지하수를 오염시키는 경제적 강제로부터 해방되어야 한다. 집약적 토지이용과 축산은 수익에도 도움이 되지 않으며 필요하지도 않다.

농민의 가족경영은 또한 생태적으로 적합한 경영형태이다. 우리는 단위 면적 당 보유가축 수 제한을 통해 농업의 대량가축사육에서 우리 농민을 보호해야 한다. 유기적 순환을 실현하고, 적정한 가축 사육을 가능하게 하며, 생물종 다양성과 경관을 보전하는 환경친화적 농업경영은 가치가 있다. 농업의 산업화를 제한하고, 생태적으로 책임지는 농업의 토대로서 농민적 경작형태를 보존하는 것만이 그러한 성공에 이르는 길이다. 또한 우리의 식료품은 그것을 통해 더 건강하고 더 맛있는 것이 될 수 있다.

생태적 회복을 우리는 가능하다면 행정적인 개별결정이 아니라 정치적 기준 설정을 통해 실행하기를 기대한다. 생태적으로 해로운 것은 값비싼 비용을 치루게 되고, 생태적으로 정당한 것이 훨씬 유리한 것으로 될 수밖에 없다. 이를 위해 한쪽에는 부담금과 세금을, 다른 한쪽에는 재정적 유인책을 사용할 것이다. 에너지는 비싸야 한다.

우리는 지금까지와 마찬가지로 지원과 금지, 제한과 허가의 요건을 필요로 한다. 우리는 그것을 넘어 환경영향평가, 엄격한 환경처벌법과 입증책임을 전환한 새로운 배상법을 필요로 한다. 우리는 단체소송을 도입하고, 환경보호공무원 지위를 강화하고 건강과 환경보호에서 공동결정을 확대하려고 한다.

환경보호는 지역에 앞서 시작된다. 각급 지자체는 경제적 재건의 동력이 되어야 한다. 또한 이를 위해 그들의 재정능력이 강화되어야 한다.

진보, 성장 그리고 구조

모든 성장이 진보적인 것은 아니다. 성장은 자연적 생활토대를 보호하고, 생활 및 노동의 질을 제고하며, 의존성을 줄이고 자기결정을 장려하고, 생명과 건강을 보호하며, 평화를 보장하고, 모든 사람을 위한 생명과 미래기회를 높이고, 창조성과 고유한 창의를 지지하는 모든 것이어야 한다. 자연적 생활토대를 위협하고 삶의 질을 떨어뜨리고 미래기회를 박탈하는 모든 것은 줄어들거나 사라져야 한다.

성장분야를 선별하는 정책은 인간의 희망과 욕구, 근심과 불확실성, 미래걱정을 신중하게 받아들여야 한다. 이러한 정책은 생산과 분배체계, 법, 문화, 교육제도의 구조를 변화시켜야 한다. 의미 있는 구조변화는 혼자 오는 게 아니다.

구조정책은 구조적 변화의 방향과 속도에 영향을 주고 조절하기 때문에, 무엇보다 다음과 같은 목표에 도달해야 한다:

- 산업사회의 생태적 회복,
- 대량실업의 해결,
- 노동관계의 개선,
- 경제적 효율성 유지,
- 지역에서 동등한 가치를 갖는 생활관계의 창출,
- 군비축소와 민수용 제품 생산으로의 변화.

선견지명의 구조정책은 생활의 질과 환경을 개선할 수 있고, 창조성을 방출하고 미래전망을 열 수 있다. 구조변화로 인해 손해 본 결과에 대해서 우리는 사회적으로 대처해야 한다.

이와 함께 기회균등의 구조변화는 지역에 기여할 것이고, 우리는 재정이전을 넘어 모든 구조기획에 착수하여 어려운 지역에는 경제력과 혁신능력을 장려하고 미래지향적인 일자리를 창출하고 생활의 질을 개선하려는 것이다.

정치적 과제로서 기술의 구상

기술을 통해 인간은 자연을 심원하게 변화시켰고 전체 사회적 부를 생산하였다. 그러나 이와 함께 인간은 또한 자연을 파괴하고 문명의 기반을 위험하게 만들었다. 따라서 모든 기술적 혁신이 진보는 아니다.

기술의 가능성은 역사적 유례가 전혀 없는 속도로 확대되었다. 그러나 기술은 사회에 대한 영향에서 중립적일 수 없다. 기술과 과학 그리고 시장화는 더욱 밀접히 관련되고 있다. 과학과 기술적 지식의 생산은 점점 더 다국적 기업과 초국적 연구기관으로 이전되고 있다. 그래서 점점 더 사회적 영향에서 벗어난다는 것이 기정사실화되고 있다.

기술-과학의 발전은 자율적이지도 않고 변경불가능한 것도 아니다. 그것은 실현되어야 하는 것보다 더 많은 가능성을 제공한다. 어쨌든 선별된다. 중요한 것은 어떤 기준에서 그리고 누구의 이익을 위하여 이것이 일어나는가 하는 것이다. 이제까지는 이윤추구와 군사적 이해가 지배하였다. 그래서 기술의 구상은 중심적인 정치적 과제가 되었다.

우리는 인간이 기술에 적응하기를 원치 않는다. 우리는 인간적이고, 사회적으로 정의롭고 환경친화적인 기술을 원한다.

모든 역동적 경제에 필수불가결한 - 기술적 혁신은 - 생태적 회복과 합리화에 기여하고, 노동을 인간화하며, 기본권을 보장하고, 기본가치를 실현해야 한다. 그것은 노동생산성을 증가시키고, 노동시간단축을 가능하게 하며, 에너지와 원자재를 절약하고, 소외된 노동으로부터 해방시키며 노동과정의 의미 있는 변화를 촉진시켜야 한다.

기술은 그렇게 설계되고 도입되어야 하기 때문에, 오류는 관리되고 수정될 수 있으며 잘못된 발전은 미래 세대에 의해 수정될 수 있을 것이다. 그 위험을 제거하거나 민주적으로 관리할 수 없는 기술적 발견을 우리는 제한하려고 한다. 이것은 종종 국가적으로 가능하지 않기 때문에, 우리는 상호적인 정보와 통제를 위해 국제적 협약을 필요로 한다.

위험이라는 관점에서 평가가 어려운 새로운 개발 방향에 따른 연구의 지원에는 반드시 정치적 기술평가가 수반되어야 한다. 연구계획 단계에서 기술 개발과 그 활용에 대한 평가가 이루어져야 한다. 이때 선택적인 연구계획의 대안이 제시되고 토론을 위한 시민대화에 부쳐져야 한다.

기술적 체계의 결정과 성장의 분야에 관한 결정은 행정이 아닌 정치의 과제이다. 이는 노동자의 공동결정을 통해서만 민주적으로 이루어져야 하고 - 에너지정책에 관한 토론에서 보여주듯이 - 시민대화의 결과로서만 결론이 나야 한다. 기술적 대안을 둘러싼 대화가 이루어지는 곳에서 우리는 과학의 도움을 필요로 한다. 사회는 과학의 자유를 보호해야 하고, 과학은 그 연구의 목적과 결과 및 활용 가능성에 관한 보고에서 사회에 대해 책임을 져야 한다. 이것은 새로운 기술의 결과에 관한 집중적 연구를 전제한다.

무엇보다 의회에 기술결과를 평가하는 기구를 설치해야 한다. 자문위원회가 주제에 관한 개요를 설명하고, 정보를 결집하여, 일반화하고, 기회와 위험 그리고 대안을 제시하고, 그 가치를 토론에 부쳐야 한다. 우리는 기술적 체계의 사회적 생태적 결과에 관한 연구를 장려한다.

의회에 기술결과평가와 기술감정을 위한 기구를 설치하는 것은 필요하지만, 그러나 과학-기술적 혁신의 위험에 관한 공개적 토론을 위한 충분한 접근은 아니다. 우리 사민당은 기술평가와 그것을 시민대화에 공개하기 위한 사회과학 및 자연과학적 기구의 확대와 네트워크화를 요구한다.

경제민주주의

인간의 존엄과 사회정의는 경제의 민주화를 요구한다.

경제민주주의는 당연한 목표인데, 그것이 정치적 민주주의를 보장하고 완성하기 때문이다. 그것은 동시에 다음을 위한 화두이다:

- 재화와 서비스에서 인간을 보호하고 사회적 부를 공정하게 분배하기 위해,
- 이때 과학과 기술의 진보를 사회와 조화적으로 이용하기 위해,
- 노동에 대한 인권을 보장하기 위해,
- 모든 생활영역에서 민주주의, 공동결정, 자기결정을 가능하게 하기 위해,
- 자연적 생활토대를 보호하기 위해.

경제민주주의는 기본법의 요구를 충족시킨다. "재산권은 의무를 수반한다. 그 행사는 동시에 공공복리에 이바지하여야 한다."(서독 기본법 제14조 2항)

경제민주주의에서 전체 사회적 목표는 민간경제적 자본활용의 목표에 앞선다. 경제적 권력이나 시장지배적 기업이 행동의 틀을 정치에 먼저 제시하는 게 아니라, 민주적으로 정당화된 결정이 공동복리를 위하여 경제적 행동의 틀과 목표를 제시해야 한다.

생태적이고 사회적으로 책임질 수 있는 경제는, 민주적 결정이 이윤과 경제권력에 앞서 관철되는 곳에서만이 이루어질 수 있다.

경제권력은 다음과 같이 영향을 미친다:
- 고객, 공급자, 경쟁자를 희생하여 그 이익을 관철시키는 대기업의 시장지배력으로서,
- 노동과정과 노동시장에서 인간에 대한 자본의 지배권력으로서,
- 경제권력을 정치권력으로 이전할 수 있는 능력으로서,
- 무엇보다 대기업이 투자정책을 통해 전체 경제의 구조와 발전에 영향을 미칠 수 있는 가능성으로서.

경제민주주의는 공공복리를 위한 모든 형태의 경제권력의 통제, 경제발전의 구성에 기여한다. 그것은 공개적이고 다면적이어야 한다. 그것은 사적 소유권을 공동소유권과 결합하고, 개인적 창의를 공동체를 위한 책임과 국가적 행동과 결합하고, 경쟁을 국가적 틀과 결합하고, 사업의 자유를 권력통제와 공동결정 그리고 자치와 결합한다. 경제민주주의는 가능한 한 공황이 없는 전체 사회의 발전을 위한 필연적 전제이다. 경제민주주의 요소의 어느 것도 자기목적이 될 수 없다. 이의 가치와 의미는 한 사회적 민주적 경제질서와 사회질서의 기초이자 목표에 따라서만 결정된다.

우리는 결정과 소유에 모두가 참여하기를 원한다. 이것은 모든 영역에서 노동자와 노동조합의 공동결정을 의미하고, 생산능력에 대한 모두의 참여를 의미한다.

민주적이고 전체 사회적인 조정

우리는 우리 경제의 질적 차원을 향한 발전을 원한다. 이것은 무엇보다 완전고용, 생태적 순환과정의 유지, 삶의 질에 기여해야 한다. 이를 위해 필요한 전체 사회적 조절이 정치적으로 결정되고 관철되어야 한다.

그로부터 정치와 국가, 경제를 위한 과제가 주어진다. 여기서 문제는 국가가 경제에 영향을 미치는지의 여부가 아니라, 오직 어떤 목적과 수단으로 그것을

행할 것인지 하는 것이다. 국가는 자신의 행동을 미리 계획하고, 원하는 발전을 수행하고, 인식할 수 있는 잘못된 발전을 회피하고, 수정을 위한 계획을 지속적으로 열어두어야 한다. 국가는 시민의 토론에서 형성되는 정치적 다수결을 관철시켜야 한다.

국가는 경제적 발전을 위한 기본조건을 제시한다. 국가는 국민들에게 부담 지우는 사회적 생태적 비용이 가능한 한 미리 기업의 결정과 비용계산에서 고려되었다는 사실을 살펴야 한다.

국가는 - 연방, 주, 지자체와 유럽공동체 - 자신의 경제관련 행동을 계획한다. 이것은 연간 예산, 중기 재정계획, 특정 계획, 지역 발전계획과 실행계획 등으로 귀결된다. 언제나 이것이 목적에 기여할 수 있고 또 가능하다면, 이러한 계획은 종합되고 포괄적인 발전계획과 결합되어야 한다. 이러한 법적 기본조건과 계획은 기업의 자율적 결정을 위한 기준이 된다.

기획조정과 같은 민주적 조절을 위해서는 정보도구와 조정도구의 개선이 필요하다.

- 구조조정보고와 예측이 확대되어야 한다.
- 구조조정을 목표로 하는 대기업은 국가와 지자체에 정기적이고 규칙적으로, 경제정책적으로 관련된 계획과 현안계획에 관해 보고해야 한다.
- 경제위원회와 사회위원회는 지자체와 주 그리고 연방의 의회, 정부 그리고 행정관청에 대해 정보청구권과 협의권, 발안권을 가져야 한다. 위원회에는 노동조합과 노동자대표 이외에도 무엇보다 소비자단체와 환경단체의 대표자도 참여해야 한다. 그러한 위원회는 일반이해를 분명히 하고, 기업과 국가 그리고 지역의 계획들 사이의 정치적 기준과 조정을 현실에 맞게 그리고 유연하게 구성할 수 있게 해준다.

시장과 조정

민주적으로 설정된 테두리 내에서 시장과 경쟁은 필수불가결한 것이다. 시장을 통해 예측할 수 없는 다양한 경제적 결정이 효과적으로 조정된다.

농업에서, 산업에서 공기업과 사기업, 수공업과 무역 그리고 서비스는 우리 경제생활의 기초다.

경제민주주의는 기업의 창의와 효율을 필요로 하고, 우리는 이것을 인정하고 장려한다. 경제민주주의는 또한 사회적 생태적 책임을 증명해야 한다.

실적경쟁은 소비자와 소비자의 자유로운 소비선택에 도움이 된다. 시장은 수요와 공급 사이의 균형을 위한 수단이다. 시장은 잘 정비된 구조 속에 내재된 수요와 공급의 조정을 위한 효율적인 도구다. 시장은 가능한 경제적 구조적 발전에 관한 정보를 제공한다. 그러나 시장은 완전고용도 창출할 수 없고 분배정의를 가져다줄 수도 없으며, 환경을 보호할 수도 없다.

가능한 만큼의 경쟁 - 필요한 만큼의 계획!

시장의 기능은 과도한 경제력 집중에 의해 봉쇄된다. 집중은 중소기업에게 경쟁할 수 없도록 만들고, 민주적으로 정당화된 국가의 규제수단의 효과를 제한한다. 그러므로 우리는 기업의 다양성을 지지하고, 특히 중소기업을 강화하고자 한다. 이러한 기업은 혁신능력이 있으며, 시장의 다양한 요구에 유연하게 대처할 능력이 있다. 또한 지역적 구조약화에 대처할 때 이러한 기업은 특히 중요하다. 우리는 이러한 기업을 강화하려고 한다. 우리는 창업을 장려한다.

우리 경제는 대기업 없이는 불가능하다. 대기업의 강점은 장기적으로 연구하고, 개발하며, 합리적으로 생산할 수 있는 능력이다. 그렇지만 이들의 위험은 시장지배력의 발전을 통해 중소기업을 종속적으로 만들고, 정치적 기본조건을 해체하거나 이것을 아예 자신이 규정하려는 경향에 있다.

경쟁이 시장지배력을 통제할 수 있기 때문에, 우리는 경쟁 관련 법률을 강화하고자 한다. 강력한 노동조합이 자본의 지배력에 한계를 설정하여야 한다. 경제권력의 정치권력으로의 전환은 가능한 한 커야 하는 공공성에 배치된다. 그것은 사회적 통제의 근거가 된다.

경제의 기본결정에 대한 은행과 보험회사의 영향을 줄이기 위해, 우리는 기업에 대한 그들의 권력을 지분분산에 의해 제한하려고 한다. 또한 은행의 감사

위원 임명과 위임의결권 행사에 우리는 제한을 두려고 한다.

시장은 물론이고 국가도 마비될 수 있다. 우리는 두 가지 위험에 맞서 싸워야 한다.

우리는 공공 부문과 공기업 개혁을 다양하게 추진한다. 공기업과 공동체의 기업은, 대항권력의 원칙이나 공동경제가 이를 요구하거나, 민간 기업이 없거나 혹은 확정된 수요로는 위험이 큰 경우에는, 어쩔 수 없이 필요하였다. 이익 추구만 하지 않으면서도, 이는 흔히 사회적으로 확정된 수요를 최대한 만족시킬 수 있다. 그렇다고 채산성이 없는 기업이나 부문으로 전락해서는 안 된다.

특히 우리는 연대적 자조와 민주적 자치가 결합되어 있는 협동조합적 사고에 대해 책임을 느낀다. 협동조합의 재건을 위해 우리는 경제적, 법적 기본조건 개선을 원한다.

또 다른 수단으로는 사회적으로 책임질 수 있는 경제적 권력관계 질서와 수준 높은 경제적 발전 기준이 보장되지 않는 경우에, 공유재산은 유용하고도 필요하다. 공유재산은 우리 경제와 사회질서에서 어떤 자유로운 활동 공간도 요구할 수 없으며, 지정된 조건 내에서 활동하여야 한다. 사회화는 민주적인 요소인 동시에 경제정책 수단이 되어야 한다.

노동자의 공동결정

다음과 같은 경우, 경제민주주의는 경제적, 사회적 결정에서 노동자와 노동조합의 동등한 참여와 실질적인 공동결정을 요구한다.

- 일터에서 노동을 실행하고, 새로운 기술과 새로운 조직형태를 구상, 설계하고 도입하는 경우,
- 기업에서, 노동조건과 노동조직, 노동보호와 건강보호, 자격과 재교육 그리고 평생교육, 새로운 기술의 적용, 그렇지만 제품과 생산에 관한 결정을 하는 경우,
- 모든 대기업과 기업집단에서 노동과 자본의 대등한 대표를 통해 그리고 실질적인 감독위원회에 공동참여를 통해,

- 경제위원회와 사회위원회에 기업 차원을 넘는, 종업원, 환경 및 소비자의 이익 문제가 제기되는 경우,
- 유럽 차원의 공동결정에 의해 그리고 다국적 기업에서의 공동결정을 위한 국제적 법규에 의한 경우.

경제민주주의는 현행 공정거래법, 은행과 대기업의 분리(금산분리), 관리와 공동결정권을 강화하는 기업기본법 개정의 기초 위에서만 발전될 수 있다. 감독기구와 의사결정기구 관련 법을 지속적으로 보완하여 자본소유자와 노동자의 동등한 대표성이 유지되면서도 사회적 이해를 대표할 수 있는 기회를 열어두어야 할 것이다.

경제민주주의에서 단체협상 자율은 필수적인 전제이다. 단체협상 당사자 간의 균형은 직장폐쇄의 법적 금지를 요구한다.

노동자의 생산자본 참여

경제민주주의의 요소는 또한 노동자의 생산자본 참여일 수 있다. 이를 통하여 필요한 투자 재원을 축소시키지 않고도 노동자들은 이윤과 자신들에 의해 실현된 자본 이득 분배에 참여하는 것이다. 노동자와 그들의 대표는 그들 자신의 생산수단 중 점점 더 많은 몫을 소유하게 된다. 우리는 단체협상 당사자들이 생산자본에 대한 종업원의 참여를 위하여 기업 내 기금 조성에 합의할 수 있는 법적 틀을 제공하고자 한다.

토지 관련법

토지는 자연의 일부이고 우리 생활의 본질적 토대이다. 그것은 식량과 휴식, 주거와 같은 인간의 기본적 수요 충족시킨다. 토지는 새롭게 만들 수 없고 증식시킬 수 없다. 이러한 사실은 토지를 자산 투자와 투기의 대상으로 만들었다.

우리는 지방자치단체의 공간계획에서 생태적이고 사회적인 목적을 관철시킬 수 있는 토지 관련법을 원한다. 이것은 무엇보다 주택건설과 주거지역의 조성에 해당된다. 이를 위해 우리는 다음을 필요로 한다:

- 토지수용법과 배상법의 간소화,
- 지자체의 가격 상한제에 의한 선매권,
- 공공개발에 따른 공정보상,
- 토지가격 상승분에 대한 과세,
- 토지 처분 시 지상권 우선.

소비자의 참여

경제민주주의는 또한 소비자의 권리를 관철해야 한다:

- 건강의 보호,
- 경제적 손실의 보호,
- 배상에 대한 권리,
- 정보에 대한 권리,
- 대표의 권리,
- 건강한 환경에 대한 권리.

공공 재정

경제의 조정을 위한 중요한 수단은 공공재정이다. 세금과 부담금, 예산과 재정 인센티브, 공공계약과 투자, 통화 및 신용정책 등은 서로 대응하기 때문에, 정치적 목표제시에 기여한다.

부유한 사람만이 가난한 나라를 먹여 살릴 수 있다. 모두의 이해가 걸려 있는 새로운 국가과제의 증가는 또한 장래에도 세금이나 긴축 강화와 절감에 의해 전체 부담을 조금도 줄이지 못할 것이다. 우리는 더 이상 타당한 근거가 없는 지출은 취소하려고 한다.

공공자금은 목표지향적 조건에서만 제공되며 이에 상응하는 성과 관리가 수반될 것이다. 공공투자는 분명히 우리의 기반시설을 개선하고, 생태적 회복을 가져오며, 일자리를 창출하고 모든 지역에서 더 나은 삶의 질을 배려하여야 한다. 그것을 넘어 더 나은 공공서비스를 제공되어야 할 것이다. 재정정책은 고용에 대한 책임을 충족하여야 한다. 경기가 나쁠 때에는 지출이 축소되어서는 안 된다. 지속적 지출은, 비록 차입이 필요할지라도 분명히 경제적 발전을 안정시킬 것이다. 전체 사회적으로 정당화될 수 없는 보조금은 삭감된다.

대부분 혹은 전적으로 재정융자에 의한 성장분야의 공공사업은 일정 기간 동안 경기침체를 막고, 생태적 회복에 노력하고 일자리를 창출할 수 있다. 포괄적이고 장기적인 고용계획과 투자기금은 구조적으로 중요한 잘 정의된 생태적 혹은 사회적 목표에만 해당되고, 이는 우선적으로 투자되지 않은 이익이나 고소득에서 조달되어야 한다. 세법 개정과 함께 법령은 유용한 투자로의 이익의 활용을 장려하고 투기를 막아야 한다. 세법은 근본적인 개혁을 필요로 한다. 공정한 소득 분배를 위해 우리는 최저생계비에 세금을 면제해주고, 중하 소득층의 세부담을 경감해주며, 아동 세액 공제를 아동수당으로 대체하고, 부당한 조세특혜는 폐지하고, 분배된 이익보다는 재투자된 이익을 우대하며, 과세에서 금융투자 소득을 근로소득보다 우대하지 않을 것이다.

이를 넘어서 세법은 생태적 회복의 정책수단이 되어야 한다. 우리는 환경에 부담을 주는 제품에 대해서는 강력하게 과세하려고 하며, 무엇보다 에너지세를 확대하고 단계적으로 높이려고 한다. 이를 통해 근로소득에 대한 부담을 완화하려고 한다.

5. 국가와 사회에서 민주주의

생활형태로서 민주주의

우리는 민주주의를 위해 분투한다. 민주주의는 일반적 생활형태가 되어야 한다. 왜냐하면 민주주의만이 인간 존엄을 존중하고 인간의 고유한 책임을 표현해주기 때문이다.

민주주의는 자유의 생활형태이다. 자유는 인간이 책임을 질 수 있고 지각할 수 있는 한 계속 유지된다. 아무도 국가와 사회에서 민주적 참여로부터 배제되거나 사회적 제한을 통해 격리될 수 없다.

민주주의의 힘은 사회와 정치문화에서 나온다. 민주주의는 경제권력과 미디어권력의 결합에 의해, 그리고 우월한 지식의 축적에 의해 사적 및 공적 측면에서 위협을 받는다.

민주국가

민주국가는 모든 시민의 동등한 권리와 책임에 기초한다. 기본권은 자유권과 참정권으로서 주어지며, 가치와 결부된 공동체질서로 그 정당성이 부여된다. 기본권의 보장과 존중 그리고 위험으로부터의 방어는 민주국가의 최우선적 과제이다.

국가는 사회와 경제에서 민주주의와 사회정의를 실현하고, 이를 위해 필요한 결정과정의 공개를 보장해야 한다. 그러나 국가는 모든 사회적 문제를 해결할 수 없다. 국가에 과도하게 요구하는 것은, 그 효율성을 떨어뜨리고 통제할 수도 자금조달도 불가능한 과도한 관료제를 가져온다. 우리는 사회의 국가화에 반대한다.

국가는 개인이나 집단이 사회적으로 요구되는 책임을 스스로 할 수 없거나 공동복리를 위해 필요한 급부를 다른 방식으로 제공할 수 없게 되었을 때, 그 과제를 인수하여야 한다. 커다란 통합보다 작은 통합을 우선시 한다는 보충성의 원칙은, 지나치게 확대하지 않는다면, 권력을 제한하고 참여를 고무할 수 있다.

법과 정치

법치국가는 모든 권력행사를 법에 기속시킨다. 민주적 헌법, 권력분립과 상호 권력통제의 준수는 또한 국가의 법질서 이행과 폭력독점 행사 권한과 책임을 정당화한다. 법치국가는 개인적 시민들의 법위반에 의해서만이 아니라 국가의 권력 남용에 의해서도 훼손된다. 현대의 정보기술은 균형을 관료기구에 더 유리하게 가져간다. 그래서 민주화는 법치국가의 보장과 확대 없이는 불가능하다.

우리는 우리가 법을 거부하는 데서 또한 법에 대한 복종을 인정하는 것이다. 법의 변화를 실현하기 위해 우리는 의회에서의 다수를 차지하기 위해 투쟁한다. 그러나 법질서에는 균형과 비례의 원칙도 포함된다. 상위법의 집행과 보호를 위해 책임 있는 균형 원칙에 의해 하위법의 집행이 보류되어야 한다. 그런 의미에서 모든 위법이 법질서의 원칙 위반이 아니며, 이는 바로 상위법의 효력에 의해 합법화될 수 있는 것이다.

민주주의와 공개성

민주주의는 공개성의 원칙에 의해 산다. 시민이 아니라 국가와 행정은 유리로 만들어져야(투명해야) 한다. 국가가 시민을 통제하는 것이 아니라, 시민이 국가를 통제해야 한다.

모든 사람은 정보접근권을 가져야 한다. 시민들은 공동체나 자신에게 영향을 주는 사건에 관해서 알고 판단할 수 있어야 한다. 그럴 때만이 자신의 이름으로 행사되는 국가권력을 통제할 수 있다. 그래서 자료 보호의 중요성과 정당한 기밀유지의 목적이 손상되지 않는 한, 공공자료 열람과 청구권 창설이 필요하다.

자신의 사적 정보에 대한 자기결정권은 기본권이다. 따라서 정보 수집은 사회적 통제 하에 두어야 하고, 공공기관과 민간기관이 보유한 개인 관련 정보의 보호는 언제나 개선되어야 한다. 정보 수집과 이의 네트워크화는 필요한 최소로 제한되어야 한다.

언론과 방송의 자유는 내적 언론자유를 필요로 한다. 자유로운 의견의 표현, 시위의 자유, 집회 및 결사의 자유는 보호되어야 한다.

국가구조의 분권화

일상생활과 공동생활 그리고 시민들의 공동체와의 동일화는 본질적으로 지자체의 행위에 의해 결정된다. 따라서 우리는 기본법에 보장된 지방자치를 강화하고 확대하기를 원한다. 강력한 지방자치는 정치적 지도와 통제 하의 현대적 행정을 필요로 한다. 사회적 생산물에 대한 공공 부문의 몫은 관장 업무에 따라 결정된다. 재정수입은 업무의 진전에 따라야 하며, 지역 내 기관에 대한 분배 역시 그렇다. 그러므로 우리는 상응하는 재정 조치 없는 지자체에 업무

배정에 반대한다. 지자체 재정은 개선되어야 한다. 지자체는 재정수입에 대하여 자율권을 가져야 한다. 어떤 재정조정 정책도 독자적인 지자체 조세정책을 대체할 수 없다. 합헌적인 지자체의 재량권이 확대되어야 한다. 지자체에 영향을 주는 결정에서 지자체의 공동결정권이 법적으로 보장되어야 한다.

연방주의는 유지되어야 한다. 연방주의는 국가의 권력을 제한하고, 시민친화를 장려하고, 지역적 다양성을 장려한다. 연방과 주 그리고 지자체는 그들의 헌법상 그리고 재정상 재량권을 보장받아야 한다. 연방주의는 또한 유럽공동체의 구성원칙이 되어야 한다. 개별 국가의 경계를 넘는 지역협력을 통해 미래지향적인 활동의 전통 증가는 결실을 거둘 수 있을 것이다.

우리는 유럽공동체가 유럽합중국으로 발전되기를 희망한다. 기본법 제24조에 따른 유럽공동체로 주권 위임을 통해 관습적인 국가건설은 이미 보충되었다. 유럽공동체 시민은 그 결정에서 참여할 수 있어야 한다. 경제공동체로부터 시민의 유럽이 될 수밖에 없고, 그 안에서 국적은 단지 종속적인 역할을 할 뿐이다. 우리의 목표는 민주주의가 법치국가와 사회보장국가와 결합된 유럽공동체 헌법이다.

의회민주주의와 다수결원리

우리는 의회민주주의를 인정한다. 정기적인 자유선거가 여기에 통제된 권력을 부여하고 있다.

다수에 의한 권력은 자기제한을 필요로 한다. 다수는 그의 비판자와, 의회 밖에서도, 지속적인 대화를 해야 한다. 또한 다수는 잘못을 할 수 있기 때문에, 다수결은 취소될 수 있어야 한다. 특히 생활토대와 관련되거나 미래 세대의 복지가 위험에 처할 때 그렇게 해야 한다. 미래세대가 자신의 생활조건을 결정할 수 있어야 한다.

의회민주주의가 시민들의 책임을 줄이거나 대체할 수 없다. 그래서 우리는 시민참여를 확대하고 청원권을 실현시키고자 한다. 법적으로 정해진 범위 내에서 지자체와 주와 연방에서 국민의 열망과 국민의 결정은 의회의 결정을 보충한다. 다수에 의한 권력의 헌법적 제한은 또한 직접 시민참여에도 해당된다.

정치적 의사결정과정에서 의회와 의원의 역할은 강화되어야 한다. 그래서 의원은 정부 정보로부터 독립적이어야 한다. 의원은 자신의 경제적 유대관계를 공개해야 한다. 시민들은 인구비율에 따라 의회에서 대표되어야 한다.

의회민주주의는 민주적 의사결정을 계속적으로 가능하게 해주는 정당 없이는 생각할 수 없다. 시민의 효과적인 정치적 참여를 실현하기 위해서는 정당 내의 민주주의와 정당 내 의사결정과정의 투명성이 필요하다. 정당의 의사결정, 정당 활동과 정당조직은 우리의 기본적인 개혁목표에 상응해야 하고, 새로운 사회적 요구가 주민의 더 많은 공동결정에 일치해야 한다.

민주적 의사결정과정은 주민발안과 사회운동을 통해 활기를 띠게 되고, 그 안에서 변화된 의식이 표현된다. 비록 그것이 종종 단지 부분의 이해밖에 대표하지 못하지만, 그것은 중요한 주제의 토론을 강제하고, 새로운 형태의 정치적 의사결정을 통해 우리의 민주주의를 활기 있게 만들며 우리의 정치문화를 풍요롭게 한다. 주민발안과 사회운동이 정당에게 언제나 쇄신을 요구할 수 있고 요구해야 하지만, 정당을 대신하지는 않는다.

결사체는 사회적 이해의 정당한 표현이다. 이들이 공동복리를 지향한다면, 우리는 이들과 협력을 추구할 것이다. 이들이 무분별하게 부분의 이익을 실현하고자 한다면 우리는 이들과 맞설 것이다.

노동조합

자유로운 노동조합 없이 어떤 민주주의도 없다. 노동조합과 함께 우리는 공동의 역사와 공동의 목표를 함께 해왔다. 노동조합은 자신의 과제를 스스로 결정한다. 그들의 자유로운 결정은 불가침의 것이다. 언제나 근로자의 이익과 관련된 경우, 노동조합은 사회적 정치적 과제에 대해 협력하여야 한다. 우리는 그들의 정당정치로부터 독립을 존중한다.

우리는 노동의 성과에 대한 종업원의 정당한 몫, 경제적 결정에서 공동결정과 사회적 생활에 대한 적극적 참여를 요구하는 노동조합을 지지한다. 우리는 경제와 사회의 민주화에서 그들을 신뢰한다.

쓰라린 경험에서 형성된 통합노조를 우리는 독일이 이룩한 가장 중요한 업적의 하나로서 긍정하고 수호한다.

단체협상 자율은 민주주의의 중심적 구성요소의 하나이다. 우리는 모든 공격으로부터 이를 지킬 것이다. 개별 노동자의 법적 지위를 보호하고 강화하는 단체협약은 강력한 파업능력을 가진 노동조합을 요구한다. 조직의 자유와 파업권은 필수불가결한 것이다.

기업과 정부 내의 사회민주주의 노동자는 적극적 노동조합 활동을 요청받고 있다.

교회와 종교공동체

사회민주당은 기본법이 교회와 종교공동체에 부여한 특별한 의미와 법적 지위를 인정한다. 전도와 목회 그리고 봉사활동에서 교회와 종교공동체는 독자적이며 어떤 국가의 영향에도 종속되지 않는다.

우리는 사상의 자유, 양심의 자유, 신앙의 자유, 전도의 자유를 옹호하며, 교회와 종교공동체 그리고 교회의 집단과 개별 신앙인이 비판과 격려와 실천적 협력을 통해 사회적 정치적 생활의 구성에 영향을 주고 그래서 또한 공개적으로 비판한다면 환영할 것이다. 이 점에서 우리는 다른 생각을 가진 사람에 대한 관용과 존경이 입증되어야 한다는 사회적, 정치적 대화에 본질적인 기여를 하고 있다고 본다. 그래서 사회민주주의자는 또한 자발적인 대화를 하면서, 양측이 공동의 과제라고 보는 경우에는 언제나 , 교회와 종교공동체 그리고 교회 집단과의 협력하고자 한다.

어떤 종교도 인정하지 않는 사람 역시 불이익을 받아서는 안 된다. 일반적으로 인정되는 근로자의 권리는 교회 기관, 종교공동체 그리고 이념공동체에서도 보장되어야 한다.

시민친화적 행정

우리는 시민친화적이고 효율적인 행정을 필요로 한다. 권위주의 국가 전통으로부터 벗어나 행정은 모든 수준에서 투명하고 통제될 수 있어야 한다. 행정은 시민의 자조, 책임과 참여를 좌절시키지 말고 장려해야 한다.

우리는 행정의 계획 초기부터의 그리고 전반적인 시민참여를 지지하고 있다. 행정 결정에 반대하는 합법적 권리보호는 보장되어야 하고 집단소송의 도입에 의해 강화되어야 한다. 권한남용의 불이익을 받았다고 느끼는 사람은 시민고충처리위원(옴부즈만)에게 도움을 청할 수 있어야 한다.

공공업무에 근무하는 사람들의 법적 관계는 통일적으로 규정되어야 한다. 여기에는 직원대표의 권리도 포함된다. 파업권도 포함되어야 한다. 헌법준수 요구는 기본법의 자유로운 정신에 의해 해석되어야 한다. 우리는 급진주의자 공직금지조치의 정신과 관행을 극복할 것이다.

입법과 사법부

민주적 법치국가에서는 법에 의해 정당화되고 제한되는 권력만이 있을 뿐이다. 재판은 정의의 요구에 기여해야 한다. 우리는 우리의 기본가치의 실현을 위해, 특히 약자의 보호와 자연적 생활토대의 보전에 법을 사용하려고 한다.

법원은 모든 사람이 평등하게 접근할 수 있어야 한다. 우리는 시민이 충분한 시간을 갖고 재판을 받기를 원한다. 법관의 판결은 기속력을 가진다. 재판하는 사람은 독립적이어야 한다. 명예 판사의 참여는 확대되어야 한다. 연방과 주의 헌법재판소 그리고 연방 대법원과 주 대법원의 판사는 투명한 절차의 공개적 청문회 후에 연방의회와 연방상원 혹은 주의회의 민주적이고 합법적인 기관에서 절대다수결에 의해 선출되어야 한다.

시민 보호, 범죄자 추적 및 법치국가 보장을 위한 업무 수행에서, 경찰은 시민과 국가 기관의 도움과 비판을 필요로 한다. 정치적 갈등은 막후에서 해결되어서는 안 된다.

형법과 행형제도 또한 우리의 법치국가의 질서 실현에 기여한다. 그것의 목표는 시민과 공동체를 보호하고, 법을 어긴 사람들을 보복하는 게 아니라 다시 사회로 복귀시키는 것이다. 범죄피해자는 사회의 특별한 보호를 받아야 한다.

독일에서의 개혁정책

기본법은 제안이며 과제이다. 이를 기초로 우리는, 다른 정당과 함께 그리고 경쟁 속에서, 독일을 건설해왔다. 우리는 독일에 책임을 느낀다. 그런 의미에서 독일은 우리의 공화국이다. 독일은 많은 문제점을 갖고 있다. 따라서 우리는 독일의 실재를 헌법규범에 접근시키려고 한다. 이 공화국에 우리는 민주사회주의를 도입하려고 하며, 그럼으로써 독일은 그 헌법에 따라 이루어져야 하는 것, 즉 민주적 사회보장국가가 될 수 있을 것이다. 이를 위해서는 지속적 개혁이 필요하다. 우리는 개혁의 정당이다.

개혁작업은 종종 작은 진전으로 이루어진다. 커다란 진전보다 우리는 방향을 인식하는 것에 더 주목한다.

개혁작업은 강력한 특수이익의 저항을 극복하는 것이다. 그것은 정부의 과제일 뿐만 아니라 의회와 정당의 과제다. 중요한 개혁은, 시민들의 대화 속에서 다수의 적극적인 지지를 확보할 때만 이룰 수 있다.

정치문화

정치는 논쟁 없이 생각할 수 없다. 우리가 논쟁하는 방식 속에서, 우리 논쟁의 목표가 드러나야 한다. 또 권력 투쟁에서 목적이 수단을 정당화하지 않는다.

기본적인 합의 없는 논쟁은 정신적 내전으로 이끌 것이다. 우리는 헌법의 근본적인 권리와 규칙을 인정하는 모든 사회적 세력과의 기본합의를 인정한다. 이러한 합의는 대립에서도 가시적이어야 한다.

미래 구상과 실재 사이의 긴장 없다면 정치문화는 무기력해진다. 미래 구상은 수 백 만의 자기의식을 가진 시민들이 자신들의 희망을 거기서 재인식할 때만 실현가능할 수 있다.

사람들이 책임 있는 정치를 함께 설계하고 경험할 수 있을 때만, 사람들이 자신의 생각을 정치계에 제출할 수 있을 때만, 연대적 사회의 정치문화가 필요로 하는 힘이 방출될 것이다. 그 때 비로소 정치는 상황에 따른 선택의 제약에서 벗어날 수 있고, 그 때 비로소 정치는 실행되어야 하는 것을 실행할 수 있으며, 그 때 비로소 생활에 필수적인 개혁을 시행할 수 있게 된다.

V. 미래로 향한 우리의 길

희망은 위험의 배제에서 나오는 것이 아니라 열린 대화 속에서의 계몽에서 나온다.

개혁정책은 희망에 달려 있다. 보존할 가치조차도 개혁을 통해서만 보전될 수 있는 경우에는, 개혁 작업은 유일하게 책임질 수 있는 정책이 될 것이다.

우리의 미래 구상은 구사회운동과 신사회운동의 개혁연대를 위한 제안이다. 이 연대의 핵심은 노동조합과의 협력에 있다. 그러나 그 핵심은 노동조합의 일상에서의 경험을 통해 혹은 노동조합의 신사회운동에 대한 참여를 통해 심원한 개혁의 필연성에 관해 확신하는 모든 것을 포괄한다.

우리는 가능한 많은 집단, 세력과의 개혁연대를 필요로 한다. 우리는 자신의 이익, 경제 및 정치적 권력에 유익한 모든 것을 진보라고 선언하는 자들의 저항을 극복해야 하기 때문이다. 소수의 과도한 권력에 대항하는 데는 다수의 공동의지와 어떻게 특수이익이 공동복리를 침해하는지에 관한 설명만이 도움이 될 것이다.

우리는 지상에서의 낙원을 약속하지 않는다. 그러나 우리는 함께 위험을 회피하고, 위험요소을 줄이며, 새롭고 개선된 질서에 도달할 수 있다. 개선된 질서란:
- 지상의 번영하는 미래에 대한 공동책임을 받아들이는 국민의 민주적 공동체,
- 전쟁과 군비경쟁의 광기로부터 벗어나, 갈등을 폭력 없이 해결하고, 그 힘을 자연보호와 굶주림의 극복을 위해 사용하는 인류,

- 소득이 공정하게 분배되고, 생산자본에 대한 종업원의 몫이 늘어나며, 사회보장을 신뢰할 수 있는 사회,
- 자연친화적 에너지를 절약하고 원자력 시대의 유산을 청산하는, 생태적 사회적으로 혁신된 경제,
- 더 낮은 성장률, 더 적은 임금노동, 더 많은 자기노동으로 자신의 행복을 증가시키고, 더 건강한 환경, 더 적은 걱정, 더 인간적인 노동환경과 더 많은 가처분시간을 통해 자신의 삶의 질을 개선하는 사회,
- 임금노동과 가사 및 가족노동이 성별에 관계없이 공정하게 분배되고, 노동에서의 공동결정과 자치가 장려되는, 모두를 위한 인간다운 노동의 사회,
- 여성과 남성, 젊은이와 노령자, 독일인과 외국인 사이에 평등하고 연대적인 사회,
- 언제나 결정이 평등하고 공정하게 이루어지고 실현될 수 있음을 시민이 잘 알고 있는 사회.

베를린 당대회(1989.12.20)에서 채택된 강령에서 미처 예상하지 못한 베를린 장벽 붕괴(11.7)로 통일 문제가 급부상하자 강령을 보충하면서 "유럽 평화질서 속에서 독일 문제 해결 방안"을 제시한 "유럽에서의 독일인. 사민당 베를린 선언" 표지
출처: www.fes.de

우리의 강령은 단지 비판적 대화 속에서만 실현될 수 있다. 우리는 협력과 연대, 비판과 상상력을 통해 독일사회민주당을 지도편달하고 강화하는 데서 우리를 돕고자 하는 모든 사람들에게 호소한다.

9. 함부르크강령(2007)
Hamburger Programm

서문 21세기의 사회민주주의

　베를린강령의 결정 10년 후, 사민당은 1999년 12월 베를린에서 열린 당대회에서 독일사회민주당의 새로운 기본강령 작성을 위원회에 위임하였다. 사민당은 오랜 야당생활을 하다가 다시 독일정부를 책임지게 되었다. 일부는 강령의 기초를 현대화하기를 원했고, 다른 일부는 두려워했다. 물론 드러난 한계와 사회적 위험의 요구에 대해 시대에 맞는 대답을 찾아야 한다는 과제는 분명했다.

　새로운 기본강령에서 우리의 입장을 둘러싼 노력을 사민당은 잘 수행하였다. 2006년 이후 우리는 우리의 강령의 마지막 작업에 들어섰고, 우리는 다시 한 번 사민당이 대화를 추구하고 조직하고 있다는 사실, 사회민주주의의 미래에 관해 선험적으로가 아니라 광범위한 민주적 참여에 의해 독일 정당의 강령이 나와야 한다는 사실을 다시 한 번 확인하였다. 그래서 우리는 새로운 기준을 설정하였다. 왜냐하면 사민당과 우리 사회에 대하여 21세기 초에 대한 대응이 중요한 의미를 갖기 때문이다.

---

* 함부르크강령 Hamburger Programm. 2007년 10월 28일 SPD의 함부르크 당대회에서 결정.

언제나 우리는 과거에, 기후보호든, 평화정책이든, 자본시장을 조절하거나 사회보장국가를 쇄신하거나 혹은 좋은 일자리를 가능하게 하기 위한 것이든, 시대에 대해 고민해왔다.

국가가 행위능력을 보유하여야 하고 민주주의가 무기력함이 없이 작동하고 비난을 견디어야 한다는 우리의 전제는 더욱 더 힘을 얻었다. 사회민주주의의 가치와 목표는 오늘날 우리 사회에 훨씬 더 들어맞게 되었다.

"함부르크 강령"은 강령이 실천의 적일 수밖에 없다고 믿는 사람들이나 - 혹은 정부에 대한 책임이 단지 순수한 실용주의에 불과하다는 또 다른 반대자들 모두를 배격한다. 새로운 사회민주주의 기본강령은 확고한 입장과 명확한 지향, 사후 검증할 수 있는 행동 지침을 담고 있다. 그러나 우리 시대의 근본문제, 무엇보다 새로운 세기도 역시 모든 사람을 위한 평화와 복지를 가져올 것인지, 아니면 쓰라린 분배투쟁과 폭동으로 흘러갈지의 거대한 문제에 대해 언제나 계속 주시하고 있다. 우리는 세계화 시대에도 장기적인 진보와 사회정의가 어떻게 가능한지에 대한 대답을 제시하였다. 그리고 독일과 유럽의 연대하는 다수와 함께 우리는 이러한 길을 위해 정치적으로 투쟁할 것이다.

쿠르트 벡, 사민당 당수

서론 21세기의 진보와 정의

　미래는 열려 있다 – 새로운 기회가 가득 차 있지만, 위험도 가득 차 있다. 그래서 진보와 사회정의는 민주적으로 쟁취되어야 한다. 민주사회주의의 자랑스런 전통 속에서, 현실을 위한 의미와 활력을 갖고 독일 사회민주주의는 21세기의 세계에서 자신의 과제를 사람들에게 제시할 책임이 있다. 장기적인 평화와 생태적 생활토대의 보장을 위해. 자유롭고 정의롭고 연대적인 사회를 위해. 출신과 성별에 관계없이, 가난과 착취와 고통으로부터 해방되고 모든 사람의 평등과 자결을 위해.

　우리는 평화롭고 공정한 세계질서를 추구한다. 우리는 강자의 권리를 극복하기 위해 법의 강함을 신뢰한다. 사회적 유럽은 세계화에 대한 우리의 대답이 될 수밖에 없다. 공동의 안전과 책임에서만, 연대와 동반자관계에서만, 민족과 국가와 문화는 인류와 지구의 생존을 보장할 수 있다.

　우리는 경제적 역동성, 사회적 정의와 생태적 이성이 하나가 된 지속적인 진보를 위해 노력하고 있다. 질적 성장을 통해 우리는 빈곤과 착취를 극복하고, 모든 사람을 위한 좋은 일자리와 복지를 가능하게 만들며, 기후변화 위협에도 대처할 것이다. 또한 미래세대를 위해 자연적 생활토대를 보호하고, 삶의 질을 개선하는 것이 필요하다. 이를 위해 우리는 과학과 기술의 진보 가능성이 인류에게 봉사하기를 원한다.

　우리는 예방적 사회보장국가를 발전시키고, 빈곤과 싸우고, 사람들에게 자결의 삶에 대한 평등한 기회를 열어 주고, 공정한 참여를 보장하고, 커다란 생활위험을 확실하게 피할 수 있도록 노력한다. 우리는 세대 간 협력과 남녀의 평등을 제안한다. 우리의 지원은 가족에게도 해당되고, 우리의 특별한 연대는 우리 사회의 약자들에게 해당된다. 우리는 모두를 위한 건강한 생활과 좋은 교육을 원한다. 우리는 어떤 어린이도 뒤에 남겨두지 않을 것이다.

우리는 연대적 시민사회의 강화를 제안한다. 민주적 정책을 창출할 수 있는 힘을 가지고, 우리는 소속감과 모국에 있다고 느낄 수 있도록, 우리나라에서 결속을 강화하려고 한다. 우리는 독일에서 인정의 문화를 장려하고자 한다. 인간은 동료 인간의 존엄성, 문화와 성취를 상호 존중하면서 함께 살아야 한다. 우리는 우리의 사회적이고 민주적인 법치국가를 위해서 일하며, 자유 속에서 안전을 보장하려고 한다.

급속히 변화하는 우리 시대에 많은 사람들은 지향과 전망을 찾는다. 우리는 알고 있다: 전체 사회의 수백만의 사람들이 우리의 가치와 우리의 목표를 공유한다. 이렇게 연대하는 과반수를 우리는 사회민주주의 정책을 위해 확보하려고 한다.

1. 우리가 살고 있는 시대

 21세기는 진정으로 세계화된 첫 번째 세기이다. 이토록 많은 사람들이 전 세계적으로 서로에게 의존했던 적이 과거에는 전혀 없었다. 공산주의의 붕괴로 우리나라의 분단과 세계의 정치적 분열은 극복되었다. 그 이래로 우리는 산업혁명 이후 가장 깊은 역사적 변혁을 겪고 있다. 과학과 기술은 이러한 역사적 변혁을 더욱 밀어붙이고 있다. 21세기는 모든 이를 위한 더 많은 복지, 정의, 민주주의가 실현되는 사회적, 생태적, 경제적 진보의 세기이거나, 아니면 쓰라린 분배투쟁과 무절제한 폭력으로 얼룩진 세기가 될 것이다.

 더 이상 60억이 아니라 곧 90억의 인류가 이제까지 세계의 부유한 지역에서 그랬듯이 경제활동을 하고 소비를 하게 된다면, 그러면 적어도 우리 산업사회의 현재와 같은 생활방식은 지구생태계의 지속가능성을 해칠 것이다. 인간다운 생활과 세계 평화, 그리고 그에 못지않게 중요한 우리 행성의 거주가능성이 지금 위협받고 있다. 이미 세계인구의 점점 더 많은 부분이 온난화와 대기변화, 사막화와 물 부족으로 고통을 받고 있다. 생태적 조건으로 굶주림에 허덕이는 지역의 사람들이 계속 더 덜 위험한 지역으로 이주할 수밖에 없다. 따라서 기후변화를 막고 멈추게 하는 것은 21세기의 중심적 요구사항 중 하나이다.

세계화의 모순

 세계는 함께 성장한다. 디지털화된 미디어와 다른 기술적 혁신은 시간과 공간의 의미를 혁명화한다. 우리는 인류의 대부분이 관계되는 세계적인 (노동)분업을 역사에서 처음으로 경험한다. 세계화, 국경과 시장의 개방은 기술적 혁신의 결과일 뿐만 아니라 정치적 결정의 결과이기도 하다. 이는 굶주림과 빈곤, 전염병을 극복할 기회를 제공한다. 세계무역은 많은 사람들에게 새로운 노동과 복지를 가져다준다. 그러나 동시에 세계화된 자본주의에는 민주주의와 정의가 결여되어 있다. 그래서 세계화된 자본주의는 자유롭고 연대적인 세계의 목표와 대립된다. 이는 낡은 부정의를 강화하고 새로운 부정의를 창출한다. 그러므로 우리는 세계화된 자본주의에 대한 사회적 대답을 제시하는 정치를 위해 우리나라와 유럽에서 그리고 세계에서 싸우고 있다.

세계화된 자본주의는 거대한 규모의 자본을 축적하지만 그러나 필요한 새로운 복지를 낳지는 않는다. 폭력적인 금융시장은 지속가능하고 장기적인 경제방식에 대립되는 투기와 기대를 낳는다. 빠르고 높은 수익률이 유일한 목표라면, 거의 언제나 일자리는 사라지고 혁신은 방해받는다. 자본은 가치창출과 복지에 기여해야 한다.

세계화와 함께 세계는 더욱 하나의 유일한 시장으로 통합된다. 경제권력은 세계적으로 활동하는 기업과 은행, 펀드로 집중된다. 다국적 기업은 모든 국경을 넘는 자신의 이윤전략을 계획하며, 민주적이고 정당한 결정을 무력하게 만든다. 국민국가는, 그것 자체가 기업 중에서 가장 거대한 기업인데, 세계화된 자본의 투자를 경쟁하게 만든다는 단순한 입장으로 대처할 뿐이다. 그래서 국민국가들은 연합해야 하고 기업들에 대한 영향력을 공동으로 강화해야 한다. 유럽은 이러한 길을 잡았다. 사회적 유럽은 또한 세계의 다른 지역을 위한 본보기가 될 수 있다.

세계는 전례 없이 너무나 많은 지식을 처리하게 되었다. 기술적 진보는 거대한 속도에 달했다. 육체적으로 어려운 노동은 대체될 수 있다. 우리는 오랫동안 치료할 수 없는 것으로 간주했던 질병을 극복했다. 평균수명이 증가했다. 그러나 지식과 기타 공공재는 인간에게 유익한 것만이 아니다. 구매해야 하는 상품이 되기 때문이다. 많은 나라에서 가난한 사람과 부유한 사람의 격차가 커지고 있다. 세계적으로 자연의 파괴가 더 급속히 진행되고 있다.

국경이 무너지는 곳에서, 민족과 문화의 평화적인 공존의 기회가 증가한다. 그러나 세계가 하나로 합쳐지는 만큼 또한 세계는 상처받게 된다. 우리는 국가가 무너지고, 무정부와 테러의 부화장이 생기고, 종교적이고 정치적인 근본주의가 세계를 고의적으로 선악으로 분열시키고 있는 것을 본다. 사적, 탈국가적 폭력과 대량살상무기의 보급은 새로운 위험을 가져온다. 이 모든 것이 평화를 위협한다.

두 차례에 걸친 끔찍한 세계대전과 대학살 이후, 유럽인은 20세기에 평화와 열린 국경의 대륙을 창출하였다. 1989년의 평화혁명은 동과 서로 나누어진 유럽을 극복하였다. 독일통일은 우리나라 전체에 자유와 민주주의를 가져왔다. 독일뿐만 아니라 유럽의 거의 모든 나라에서 대부분의 사람들은 전례 없는 복지와 생활의 질을 향유하게 되었다. 그러나 동시에 유럽 시민들은 신뢰의 위기를 겪게 되었다. 유럽 국가들과 독일의 사람들은 더 많은 민주주의, 사회 관심사에 대한 더 많은 고려, 민족정체성과 문화전통에 대한 더 많은 존중을 요구한다. 따라서 유럽은 국가연합보다 더 많은 것이 되어야 하고, 그 남녀 시민들의 사회적 민주적 동맹이 되어야 할 것이다.

노동세계와 사회에서의 변혁

처음으로 자본과 상품의 세계시장 외에 서비스와 노동의 세계적인 경쟁이 등장했다. 세계화와 국제적 경쟁에 의해 더 많은 사람들이 이전보다 직접 대면하게 되었다. 러시아와 중국 그리고 인도는 우리의 미래시장이다. 그러나 그들의 등장과 함께 세계적 규모에서 처리되어야 하는 노동력의 수 또한 거대해졌다. 경쟁은 더욱 첨예하게 된다.

독일은 그 산업의 강력함으로 인해 세계화의 승자로 간주된다. 그러나 우리나라에서 모든 사람이 이익을 얻는 것은 아니다. 노동자들은 번성한 기업조차 해외로 옮겨가는 것을 목격한다. 익명의 펀드매니저는, 마치 상인이 자신의 상품을 팔고 사듯이, 거대 시장에서 회사를 팔고 산다.

우리의 노동사회는 근본적인 변화의 한복판에 서 있다. 혁신의 속도가 빨라지고 고용형태의 다양성이 증가하고 있다. 능력과 지식은 날로 중요해지고 있다. 새로운 창의적 직업들이 생겨나고 있다. 전통적인 표준 고용관계 - 무기한 고용계약과 정규 노동시간 - 는 그 의미를 잃어가고 있다. 많은 사람들의 노동생활은 취업, 실업, 가족노동과 자영업 간의 변화를 특징으로 하고 있다.

종종 강제적으로 경험하게 되는 이러한 변화는 사람들에게 감당하기 어려운 부담과 두려움을 가져온다. 많은 사람들은 낙오되거나 무시되거나 잊혀지는 것을, 또한 정치적으로도 그렇게 되는 것을 두려워한다. 숙련정도가 낮거나 나이가 많은 경우에는 더 빈번히 노동시장에서 배제된다. 여성의 경우 최고의 학력을 갖추고 있어도 승진과 최소 생계를 보장하기에 충분한 일자리로의 접근에 동등한 기회가 주어지지 않는다. 일자리가 있는 사람도 커지는 압박과 극심한 경쟁, 시간 외 장시간 노동에 대한 요구로 삶의 질이 위협받는다고 느낀다.

제2차 세계대전 이후 사회민주주의, 노동조합, 사회운동은 독일에서 커다란 진보를 이루었다. 전례 없이 그렇게 많은 사람들이 문화적 사회적 정치적 생활에 참여할 수 있게 되었다. 사회보장은 높은 수준에 도달했다. 고삐 풀린 세계화된 자본주의는 이러한 결과를 위협하고 있다. 빈곤이 다시 증대되고 부자와 빈자 사이의 간격이 독일에서조차 더욱 깊어지고 있다. 남녀 누구나 자신의 노동을 통해 자신의 생계를 추구할 수 없다. 이것은 특히 새로 편입된 연방주에 사는 많은 사람들에게 해당된다. 많은 이민자 가족과 한 부모 가족은 그 자식으로 하여금 기회를 갖게 하려면 더 극심한 투쟁을 벌여야 한다. 많은 사람들은 이미 사회보장제도의 세 번째 세대에서 살고 있다. 독일에서는 그 어디보다 교육이 출신에 의해 더 강력하게 규정되기 때문에, 가난은 더욱 세습된다. 여전히 모든 사람이 모두 평등하게 사회적 상승을 이룰 수는 없는 것이다.

남녀평등을 위한 노력에서 우리 사회는 많은 진보를 이루었다. 그러나 낡은 역할 분담은 여전히 극복되지 않고 있다. 법적 평등은 동일한 지위를 의미하지 않는다. 지금도 직업과 노동세계에서 오래된 차별이 계속되고 있다. 가정과 직업을 병행하는 것은 여전히 어머니의 문제이다. 또한 여성은 남성보다 적은 임금을 받으며, 더 쉽게 해고되고, 더 큰 빈곤의 위험에 직면해 있다.

기대수명은 독일에서 상승했다. 이것은 커다란 선물이다. 더 오래 살 수 있다는 것은 활동성과 교육, 삶의 기쁨을 오래 유지할 수 있는 시간을 의미한다. 다른 측면에서는 더 많은 사람들이 고령에, 게다가 혼자 산다면, 사회의 도움을 받아야 한다는 것이다.

동시에 젊은 남녀는 아이를 더 적게 가지려고 한다. 이것은 노동세계에서 사회체제에 이르기까지 일상생활의 많은 영역에서의 변화를 가져오고, 우리 사회의 분위기 전체를 바꾼다. 모든 지역으로부터 소수의 젊은이들이 이주하고, 노령자들은 그냥 머문다. 어떤 지역도 포기하지 않으려면, 우리는 모국에서 미래전망을 창출하려는 사람들을 현지에서 도와주어야 한다.

세계화는 또한 문화적 차원을 갖고 있다. 종교와 문화는 그 어느 때보다 서로 더 잘 만나게 된다. 사람들은 오늘날 세계의 거의 어디서나, 자신의 출신국과 생생하게 접촉할 수 있게 해주는 모국 문화와 제품 그리고 미디어와 접촉하고 있다. 모국에서 그들은 또 다른 문화를 만난다. 이방인은 그 문화를 이해할 수 있는 기회에 더 가까이 다가간다. 이방인에게 두려움이 압도한다면, 편견으로부터 갈등이 형성될 위험이 커진다. 문화적 갈등이 사회적 대립을 통해 강화된다면 폭력이 형성된다. 그러나 문화적 다양성은 오늘날 성공적인 사회의 특징이다.

민주주의와 정치

세계화는 민주적 국민국가의 형성가능성을 줄인다. 동시에 정치에는 새로운 과제가 커진다. 여기에는 기후보호, 수백 만 사람의 사회통합과 인구이동이 포함된다.

많은 사람들은 세계화 시대에 국가의 권력상실을 감지한다. 사람들은 더 이상 현상의 정치적 변화가능성을 믿지 않는다. 사회 구성이 가능하다는데 대한 신뢰를 다시 회복하고 사람들에게 용기를 주고, 그 능력을 스스로 결정하고 연대적으로 해결하는 것이 사회민주주의의 가장 중요한 과제에 속한다.

우리의 민주주의는 신뢰위기에 처해 있다. 전통적인 당과의 연대는 줄어들었다. 그렇지만 사회적 참여 의지는 여전히 높다. 왜냐하면 우리가 비정치적인 시대에 있지 않기 때문이다. 정당은 민주 사회에 불가결한 요소로 남는다. 당은 주민들 속에서 확신과 이익을 묶어준다. 당은 정치적 의사결정과정에서 시민들의 요구와 기대를 우리 공동체 각각의 결정 및 행동 차원으로 이전시킨다. 이를 위해 당은 민주적이고 내적인 구조, 운동성, 상상력, 분명한 성격, 확신과 신뢰를 필요로 한다.

우리 사회민주주의자는 다음을 확신한다. 인간은 스스로 자신의 미래를 평화롭고 정의롭고 연대적으로 구성할 수 있어야 한다. 우리가 살고 있는 시대에 대한 분명하고 현실적인 분석으로부터, 우리는 살만한 가치가 있는 미래에 관한 우리의 관념을 이끌어내야 한다. 과거 산업사회와 20세기 국민국가의 시기로 되돌아갈 수 있는 길은 없다. 21세기의 커다란 과제는 민주정책을 통한 세계화를 구상하는 것이다. 우리는 앞을 보고 있다.

2. 우리의 기본가치와 기본확신

독일에서 가장 오랜 민주적 정당인 사민당은 언제나 국제적 자유운동의 일부였다. 그 창립 이후 사민당은 노동자의 해방운동과 전제국가를 극복해야 하는 민주운동, 양자였다. 사민당은 프랑스혁명과 1848년 혁명의 이념을 독일에서 지속하기 위한 것이었다. 민주주의 역사는 독일에서 사민당의 역사와 분리될 수 없다. 사민당은 자유권과 민주주의를 위해 싸웠고, 여성참정권을 위해 투쟁했으며, 모든 독재에 저항하였다. 사민당은 이미 일찍부터 국가사회주의의 위험을 인식했고, 제국의회에서 전권위임법을 거부하였다. 많은 사회민주주의자들이 저항운동을 전개했고 나치 테러에 희생되었다. 자유를 위한 의지는 공산주의자들과 단절할 수밖에 없게 만들었다. 독일민주공화국에서 사회민주당의 재건은 자유를 향한 표식이었다.

사민당은 노동운동의 일부로서 발전하였다. 사민당은 노동권을 위해 싸우고, 사회보장국가를 건설하고, 노동조합과 공동으로 무시된 남녀 프롤레타리아를 평등한 권리를 갖고 자기 의식적인 시민으로 만들기 위해 투쟁해왔다.

사회민주당은 - 다른 정당들과는 달리 - 언제나 국제주의적이고 유럽적인 지향을 해왔다. 그래서 우리는 1925년 사민당의 하이델베르크 강령에서 하나의 비전이었고 이제 실현될 수 있게 된 통합된 유럽이라는 기획을 더욱 전개하려고 한다. 비록 많은 결연한 평화주의자들이 사민당을 정치적 고향으로 생각했지만, 사민당은 평화주의 정당이 결코 아니었다. 그러나 사민당은 언제나 광신적 애국주의나 군국주의에 반대하였다. 사회민주당은 정부를 맡았을 때, 평화에 기여하였다. 우리는 우리 국민을 단 한 번도 전쟁이나 예속, 폭력적 지배로 가져가지 않았다는 것에 대해 자부심을 가진다.

사민당은 처음부터 민주주의 정당이었다. 사민당은 우리나라의 정치문화를 결정적으로 규정하였다. 사민당 안에서 다양한 출신의, 다양한 종교적, 이념적 확신을 가진 여성과 남성은 협력한다. 사민당은 1959년의 고데스베르크 강령 이래, 그 뿌리에서 유대교와 기독교, 인본주의와 계몽주의, 마르크스주의 사회분석과 노동운동의 경험을 가진 좌파 국민정당(linke Volkspartei)으로 받아들여지고 있다. 좌파 국민정당은 여성운동과 신사회운동의 중요한 자극에도 빚을 지고 있다.

우리는 각 시대마다 사회적 정치적 문제에 대한 자신의 대답을 요구한다는 사실을 알고 있다. 사회적 발전에 대한 시대에 맞는 강령적 대답을 둘러싼 고민에서 우리는 자유로운 의견대립을 인정한다. 우리는 개인적 기본확신과 신념을 존중하고 주목한다. 그것들은 당의 결정에 결코 복속되지 않는다. 우리를 하나로 만들어주는 것은, 사회가 구성될 수 있으며 자본주의적 세계화의 맹목적 영향 앞에 결코 투항할 수 없다는 확신이다. 그리고 우리를 하나로 만들어주는 것은, 사민당의 정책이 노동조합, 평화운동, 여성운동, 환경운동, 인권운동, 하나의 세계운동, 세계화 비판운동 및 연대에 사람들이 민주적인 참여로 결합될 때만이 성공할 수 있다는 역사적 경험이다. 사민당은 미래의 이러한 운동과도 연결되어 있다고 느끼고 있다.

인간에 관한 우리의 생각

모든 인간의 존엄성이 같다는 것이 우리 정책의 출발점이고 목표이다. 인간은 다양한 가능성을 가지고 있다. 인간은 선하다거나 악하다고 정해져 있지 않다. 인간은 이성적으로 태어났고 배울 수 있는 능력을 갖고 있다. 그래서 민주주의가 가능하다. 인간은 실수할 수 있고, 잘못될 수도 있고 비인간적인 상태에 빠질 수 있다. 그래서 민주주의가 필요하다. 모든 사람은 자신의 생명에 대한 책임을 갖고 있다. 어느 누구도 인간의 생명을 빼앗을 수 없으며 빼앗아도 안 된다. 인간은 어떤 목적을 위한 수단으로, 국가에 의해서건 경제에 의해서건, 결코 낮추어질 수 없다. 우리는 인간에 관한 모든 정치적 전능의 요구를 거부한다. 정치 자체가 행복과 충만함을 약속한다면, 그것은 전체주의의 지배로 빠질 수 있다.

민주주의는 인간의 자기책임을 정당화하고 이에 상응하는 정책의 경계를 설정하는 유일한 정치질서이다. 인권과 시민의 권리는 정치와 국가제도에 경계를 설정하는데, 이것 없이는 민주주의도 있을 수 없다. 인간은 그러나 자신의 권리와 책임을 가진 개별존재일 뿐만 아니라, 협력에 바탕을 두고 협력할 의지를 가진 사회적 존재다. 민주주의는 제도로 협력 의지를 뒷받침하며, 다양한 사회적 상태, 세대, 출신을 넘어서서 연대를 조직한다.

세계인권선언의 "자유롭고 동등한 존엄성과 권리를 가지고 있다"라는 것은 모든 사람이 다른 사람과 함께하는 공동체에서 자신의 삶을 결정할 수 있어야 한다는 것이다. 우리는 자유와 평등의 사회를 추구하며, 그 안에서 모든 사람은 다른 사람의 존엄과 자유를 침해하지 않고 자신의 인격을 자유롭게 발전시킬 수 있다. 우리는 모든 형태의 차별에 반대한다. 인간의 존엄은 자신의 성과나 자신의 경제적 효용과 관계없다. 그러므로 사회는 장애인과 노령자에 대하여 요람에서 무덤까지 인간존엄성의 보호를 위해 특별히 배려하는 것이다.

우리의 기본가치

"자유, 평등, 우애," 프랑스혁명의 기본요구는 유럽 민주주의의 기초이다. 그 이후 평등한 자유의 목표는 현대에 정의의 본질로 되었고, 자유, 정의, 연대는 자유롭고 민주주의적인 사회주의의 기본가치가 되었으며, 지금도 그렇다. 이는 정치적 실재의 판단을 위한 우리의 척도가 되었고, 사회의 더 나은 질서를 위한 기준이 되었으며, 사회민주주의자의 행동지침이 되었다.

사민당에게는 그 역사에서, 자유의 법적 물질적 전제 이외에도, 법의 평등이나 참여와 삶의 기회의 평등 이외에도, 또한 사회정의를 위해 싸우는 것이 항상 중요했다.

보수주의자와 자유주의자는 기본가치를 종종 대립적으로 보았다. 자유가 많을수록 그 만큼 정의가 적다는 것이고, 정의가 많을수록 그 만큼 자유가 적다는 것이다. 사회민주주의는 양자를 통일된 것으로 이해한다. 양자는 동일한 가치이고 같은 수준에 있다. 무엇보다 양자는 서로를 조건지우고, 보충하고, 지지하고, 경계짓는다. 우리는 기본가치를, 자유를 시장의 자유에 정의를 법치국가에 연대를 가난한 사람의 배려로 축소하여 이해하지 않는다.

자유는 자결의 삶을 살 수 있는 가능성을 의미한다. 모든 사람에게는 자유를 향한 소명과 이를 실현할 능력이 있다. 이러한 소명에 부합하는 삶을 영위할 수 있는지의 여부는 사회적으로 결정된다. 모든 사람은 비인간적 예속, 궁핍과 공포로부터 자유로워야 하며, 자신의 능력을 개발할 수 있고 사회와 정치에 참여할 수 있는 기회를 가져야 한다. 사람들은 자신들이 충분한 사회적 안전을 보장받고 있다고 인식하고 있을 때만, 자신의 자유를 충분히 활용할 수 있다.

개인의 자유는, 다른 사람의 자유가 침해된다면, 거기서 끝난다. 다른 사람의 부자유를 부당하게 요구하는 사람은, 스스로도 계속 자유로울 수 없다.

정의는 모든 사람의 동등한 존엄성에 기초하고 있다. 정의는 각자의 출신과 성별에 관계없이 모두에게 평등한 자유와 삶의 기회가 있다는 의미이다. 따라서 모든 공공재에 동등하게 접근할 수 있어야 하며 교육, 노동, 사회보장, 문화, 민주주의에도 동등하게 참여할 수 있어야 한다. 소득과 재산의 불평등한 분배가 사회를 지시하는 자와 지시받는 자로 분리시킨다면, 이는 동등한 자유를 침해하는 것이며 불공정한 것이다. 그러므로 정의는 소득과 재산, 권력의 동등한 분배를 요구한다. 그것의 분배에서 커다란 불평등은 삶의 기회의 평등을 위협하기 때문이다. 그러므로 사회민주주의가 반드시 필요하다.

동등한 삶의 기회는 획일주의를 의미하지 않는다. 그 반대이다. 평등한 삶의 기회는 개인적 성향과 능력을 발전시키기 위한 공간을 제공한다. 인간은 다양하고, 앞으로도 다양할 것이다. 그러나 태생적 불평등과 사회적 출신이 사회적 운명으로 되어서는 안 된다. 삶의 길이 미리부터 규정되어서는 안 된다. 우리는 출신이나 신분, 피부색, 성별, 성적 지향, 종교에 근거한 어떤 형태의 특권이나 차별에 반대한다.

성취는 반드시 인정받고 존중받아야 한다. 따라서 성과에 따른 소득과 재산 분배는 정당하다. 아울러 소유권에는 책임이 따른다. 평균 이상의 소득을 얻거나 다른 사람들보다 재산을 더 많이 소유한 사람들은 사회의 복지에 더 많이 기여해야 한다.

연대는 상호 연대감, 소속감, 도움을 의미한다. 연대는 서로를 위하고 서로 도와주려는 사람들의 의지다. 연대는 강자와 약자 간에, 세대 간에, 민족 간에도 해당된다. 연대는 변화를 위한 힘을 창출하는데, 이것은 노동운동의 경험이 증명한다. 연대는 우리 사회를 하나로 묶어내는 강력한 힘이다 – 이는 자발적이고 개인적인 헌신각오 속에서, 공동의 규율과 조직 속에서, 그리고 정치적으로 보장되고 조직화된 연대로서 사회보장국가 속에서 그렇다.

민주사회주의

우리의 역사는 민주사회주의 사상과 자유롭고 평등한 사람들의 사회에 의해 규정되었으며, 우리의 기본가치 속에서 실현된다. 이것은 시민적, 정치적, 사회적, 경제적 기본권리가 모든 사람에게 보장되고, 모든 사람이 사회적, 인간적 안전 속에서 착취, 억압, 폭력이 없는 생활을 영위할 수 있는 경제, 국가, 사회의 질서를 요구한다.

소비에트 유형의 국가사회주의의 종말은 민주사회주의의 이념을 부정하는 게 아니라, 오히려 기본가치에 대한 사회민주주의의 지향을 인상적으로 확인한 것이다. 민주사회주의는 여전히 우리에게 자유롭고 정의로우며 연대하는 사회에 대한 비전으로, 이의 실현은 우리의 지속적인 과제이다. 우리 행동의 원칙은 사회민주주의이다.

정치의 우선과 지속가능성의 원칙

우리는 이러한 목표를 확신하기 때문에, 민주정치의 우선을 지지하고 정치적인 것을 경제적인 것에 복속시키는 것에 반대한다. 그래서 우리는 국가로 환원될 수 없고, 오히려 시민사회의 동맹과 네트워크는 물론 또한 인간의 자유롭고 자결의 행동을 포함하는 정치의 넓은 개념을 갖게 된다. 정치는 단순한 상품으로 되지 않고 상품으로 되어서는 안 되는 것에 주의를 기울여야 한다. 즉 권리, 안전, 교육, 건강 문화, 자연환경 등.

민주주의는 미래에 공공복리에 대한 정치적 책임을 주장하고, 삶의 기회의 공정한 분배를 가능하게 만들어주는 이들 공공재에 대한 접근을 보장함으로써 스스로를 입증하여야 할 것이다. 이것은 자원이 줄어들고 있는 세계에서는 더욱 더 필요하며, 따라서 시장에 맡겨서는 안 된다.

우리에게 시장은 필수적이고 다른 수단들보다 뛰어난 경제적 조정 형식이다. 그러나 시장 자체에 모든 것을 맡기는 것은 사회적, 환경적으로 맹목적인 것이다. 시장은 스스로 적절한 규모의 공공재를 제공할 수 없다. 시장이 긍정적인 효율성을 발휘하려면, 규제와 제재 능력을 가진 국가, 실효적 법률과 공정한 가격형성 등이 필요할 것이다.

21세기의 도전과 관련하여, 세계화 및 생태적 위기와 관련하여, 우리는 지속가능성을 정치적 경제적 행동의 유일하게 책임질 수 있는 원칙으로서 본다. 지속가능성의 원칙은 다음을 의미한다: 미래의 관점에서 생각하고, 단기적인 것의 우위에 대해 저항하고 또 나아가 경제적인 것의 우세나 순수한 경제적 논리에 저항하며, 사회의 이념으로부터 정치를 개념화하고, 민주적 다양성, 생태적 지속성, 사회통합과 문화적 참여를 사회민주주의 정치의 지도이념으로 이해하는 것이다.

우리의 21세기의 진보 개념에는 사회적 경제적 생태적 책임의 결합이 요구된다. 이는 기술과 과학적 진보, 그리고 제한된 자연자원과 무제한의 인간 창조성의 가능성을 고려하는 책임 있는 변화를 통해 질적 성장과 삶의 질의 개선, 생활가능성과 개인적 자유의 확대를 목표로 한다.

사회민주주의의 정치

사회민주주의는 동등한 존엄과 동등한 존중의 인간 가치를 지향하는 인간관과 경제적인 것으로 축소시킨 사회 개념을 대비시킨다. 인간은 서로 경쟁할 뿐만 아니라, 동시에 서로를 필요로 한다. 인간 생활의 의미는 시장에서 구매할 수 있는 상품을 통하여 얻어지는 것이 아니다. 인간은 소비자와 생산자 이상의 존재이고, 따라서 우리는 모든 생활영역의 경제화에 반대한다.

삶의 질은 물질적 복지 추구 이상이다. 인간은 평화롭고 연대적으로 다가가고, 동등한 기회와 권리가 보장되는, 남녀 사이에도 마땅히 보장되는, 온전한 공동체를 요구한다. 인간은 인정받기를 추구하고, 정서를 필요로 한다. 이것은 직업에서 뿐만이 아니다. 인간은 가족, 배우자, 자식, 친구와의 관계 속에서 살고, 또 그 관계에 의해 산다. 이를 위해 인간은 시간을 필요로 한다. 인간에게 더 많은 자기결정과 자유로운 시간을 주는 사회에서만 인간은 실제로 풍요로울 수 있다. 오직 안도의 한숨을 향한 생활은, 휴식 없이 다루어지는 리듬 속에서 사는 생활은, 풍요로운 생활과는 모순적이다.

우리는 역동성과 혁신이 진보를 창출하는 사회를 원한다. 그러나 이 때 우리는 인간적 결합의 토대를 유지하고 강화하기를 원한다. 다양한 생활 설계 기회와 개별성은 높은 가치를 갖지만, 그러나 이것은 또한 유대감의 상실과 새로운 갈등을 초래할 수 있다. 혼란이 다양성과 사회변동의 이면이고, 혼란은 지원과 방향설정 소망을 강화한다. 그래서 우리는 사람들에게 인정받고 있다는 느낌, 소속감 그리고 안전하다는 느낌을 가지는데 도움을 주고자 한다.

사회민주주의는 모든 사람의 시민적, 정치적, 문화적 기본권뿐만 아니라, 이에 상응하는 사회적, 경제적 권리도 보장할 것이다. 이것은 사회민주화, 특별히 공동결정(노동자 경영 참여)을 통해, 그리고 시민권에 의해 뒷받침되는 예방적 사회보장국가를 통해, 시장에 앞서 민주주의의 우선권을 보장하는 조절된 시장경제를 통해, 모든 사람들의 동등한 사회참여를 보장하는 것이다.

3. 우리의 목표, 우리의 정책

3.1 평화롭고 공정한 세계

사민당의 국제정책은 갈등을 막고 평화를 창출하는 목표에 기여하는 것이다. 이를 위한 우리의 원칙은 이해, 국제연대, 협력을 통한 공동안보다. 우리는 권력이 권리에 종속되어야 한다고 확신한다.

인류는 역사에서 처음으로 실존의 문제를 공동으로 해결할 수 있게 되었다. 포괄적인 안전은 공동의 노력으로만 달성될 수 있다. 이를 위해 강력한 국제연합과 함께 세계내부정책(Weltinnenpolitik)의 개발과, 공정한 세계경제질서 창출이 필요하게 되었다. 두 가지 목표의 실현에서 유럽은 결정적 역할을 수행해야 한다. 유럽연합은 세계화에 대한 우리의 대응이 되어야 한다.

사민당은 모든 나라와 민족 그리고 사람들이 평화와 복지를 통해 번영하기를 원한다. 이를 위해 사민당은 협력이 새로운 세기의 핵심단어가 되기를 지지한다.

사민당은 세계의 평화에 대한 독일의 책임 증대를 인식하고 있다. 우리는 이러한 국제적 역할을 적극적으로 받아들인다. 사민당은 독일과 유럽에서 평화세력이다. 우리는 모든 형태의 침략과 예방 전쟁에 반대한다.

인권의 불가분성과 보편성은 우리에게는 토론할 필요가 없는 것이다. 기본법과 유럽 인권헌장, 국제연합 헌장, 세계인권선언, 국제인권규약, 밀레니엄발전목표 등은 우리의 국제정책을 결정한다. 사형제는 세계적으로 폐지되어야 한다.

강자의 권리가 아니라 권리의 강화가 국제적 안정을 창출한다. 세계화 시대에는 장기적으로 어떤 국가도 자신의 이해를 독단적으로 관철하려는 시도를 성공시킬 수 없다. 우리는 다극주의와 국가 간의 조직적 협력을 인정한다. 우리는 공동안보 개념, 신뢰구축의 진전, 경제적 시민적 협력을 중요한 요소로 하는 빌리 브란트의 성공적인 유럽에서의 긴장완화정책을 계승한다. 우리는 타협을 가능하게 하고, 군비확장을 막고, 갈등의 평화적 해결을 가능하게 하는 새로운 긴장완화정책을 옹호한다.

우리는 우리의 국제정책을 포괄적 안보 개념에 기초를 두고 있다. 즉 모든 사람을 위한 안전은 평화, 정의, 자유, 민주주의, 사회적, 경제적 그리고 문화적인 지속적 발전을 전제로 한다. 우리는 우호, 개방 그리고 존중을 가지고 다른 나라 사람들을 대한다. 우리는 많은 문명이 인류의 문화유산에 기여해 왔음을 인정한다. 문화 간 갈등과 투쟁을 모의하는 사람들에게 우리는 분명한 거부의 사를 알린다. 문화 외교는 우리나라에 대한 관심과 이해 그리고 다른 문화와의 대화를 장려하는 훌륭한 외교정책의 일부다.

동서갈등의 종식 이후 세계화 시대의 새로운 안보구상이 전혀 마련되지 않았다. 새로운 세력들이 세계무대를 위협하고 있다. 우리의 외교정책, 안보정책, 개발정책은 아시아와 라틴아메리카 그리고 아프리카 여러 나라와 밀접한 관계에서 발전되어야 한다. 그들은 공정한 세계질서의 건설에서 동반자들이다.

독일은 이스라엘의 생존권에 특별한 책임이 있다. 또한 그렇기 때문에 우리는 국제협약의 기초 위에서 중동 지역의 포괄적 평화를 위해 참여할 것이다. 우리는 팔레스타인 민족의 자결과 생존 가능한 팔레스타인 국가의 창설을 지지한다.

사민당은 대서양 양안의 동반자관계를 새롭게 할 것이다. 독일과 유럽 그리고 미국은 공동의 가치를 공유하고 있다. 이러한 토대 위에서 우리 모두는 또한 나토와 긴밀하게 협력한다. 공산주의의 붕괴 이후 대서양 동맹은 그러나 세계화 시대의 요구에 적합한 새로운 목표설정을 필요로 한다. 평화적인 세계질서는 미국과 함께 할 때만 이룰 수 있으며, 따라서 미국과의 관계는 우리에게 특별한 비중을 가진다.

독일과 프랑스의 우호협력은 유럽 통합의 동력이었고, 지금도 동력이며, 고유한 가치를 가지고 있다. 마찬가지로 우리는 폴란드에 대한 관계를 더욱 발전시키고자 한다. 러시아와의 전략적 동반자관계는 독일과 유럽연합에 필수불가결하다. 러시아의 개방은 우리 대륙의 평화와 안정을 보장해준다.

세계적, 지역적 협력의 강화

세계의 평화를 달성하기 위해서는 공동의 이익과 연대 그리고 조직을 강화해야 한다. 따라서 우리는 이를 위해 세계적 법질서의 최고 권위로서 국제연합을 강화하려고 한다. 우리는 세계적 법을 제정하여 집행하려고 한다. 이를 위해서는 국제사법재판소가 강화되어야 한다. 국제법은 집행 가능할 때만이 구속력을 확보하고 갈등을 해소할 수 있다.

국제연합의 정당성을 높이기 위해서는 기구의 개혁과 민주화가 필요하다. 우리는 유엔-총회의 권한과 유엔-사무총장의 지위를 강화하기를 원한다. 유엔-안전보장이사회의 개혁에서는 모든 대륙의 적절한 참여가 보장되어야 한다. 개별 회원국의 거부권은 없어져야 한다. 독일은 유엔에서 특히 유엔-안전보장이사회 이사국으로서 더 구체적인 책임을 맡아야 한다. 장기적으로는 유럽연합이 상임이사국을 맡아야 한다.

우리는 경제정책과 사회정책 그리고 환경정책을 위한 유엔의 지구위원회를 지지한다. 위원회는 경제적 이해와 사회적 요구 그리고 생태적 필요를 상호 일치시켜야 하고, 통제되지 않은 자본 이동의 위험과 사회적, 경제적 덤핑을 제한하는 데 도움이 되어야 한다. 모든 지역과 국제 무역기구 및 금융기구는 이 위원회에서 우선적으로 대표되어야 한다.

평화와 안전은 세계적 공공재이다. 따라서 재정적, 경제적 안정성, 기후재앙의 회피, 생태계의 안정과 전염병 퇴치는 세계적 정책과제이다. 유엔이 이를 위한 자신의 책임을 다하는 동안, 국가로 이루어진 국제사회는 자체적으로 필요한 자금을 조성하여야 한다.

금융시장에서 통제되지 않은 자본 이동은 전체 국민경제를 위험에 빠뜨릴 수 있다. 우리는 국제적 수준에서 금융시장을 위한 효과적인 질서정책적 기준을 추구한다.

국제통화기금이나 세계은행 그리고 세계무역기구와 같은 국제적 기구와 조직은 경제적, 사회적, 생태적 지속가능성, 인권과 노동자의 권리에 따라 평가되어야 한다. 그들의 결정은 투명해야 한다. 투표권의 배분은 개발도상국, 특히 가난한 국가의 이익을 더 많이 반영해야 한다.

우리는 국제노동기구(ILO)를 강화하고자 한다. 국제통화기금과 세계은행 그리고 세계무역기구와 유엔의 결정에서 국제노동기구의 핵심노동기준이 더욱 굳게 확립되고 강력하게 고려되어야 한다. 노동자의 권리를 강화하기 위해 자유로운 노동조합이 세계적으로 필수불가결하다.

유럽의회와 기구는 유럽의 안정과 협력을 위한 지역적인 국제조직으로서 국가 간의 대립을 극복하기 위한 모범사례다. 독일은 다른 세계지역에서도 비슷한 기구 설립을 지지할 것이다.

시민사회 조직은 여러 국민들의 이해에 큰 의미를 가진다. 우리는 언제나 국제적 갈등에 관심을 갖고 해결방안을 발전시키는 국제노조연맹, 비정부기구, 교회의 동반자다.

우리는 세계의 사회민주주의 정당들의 초국가적이고 정책능력을 가진 동맹으로서 사회주의 인터내셔널(SI)의 더 강력한 역할을 지지한다. 사회주의 인터내셔널은 국제정치의 민주화에, 특히 세계여론 조성에 더 중요한 역할을 해야 한다.

포괄적 안보정책

평화는 우리에게 전쟁의 부재 이상을 의미한다. 평화는 우리 세계사회의 문명화된 발전을 위한 기본 토대이다. 전쟁예방은 가장 효과적인 안보정책이다. 우리는 항구적인 평화가 굶주림과 궁핍, 자원고갈과 같은 구조적인 갈등원인이 극복될 때만 가능하다고 확신한다. 전쟁은 정책 수단이 되어서는 안 된다.

공정한 세계경제질서와 동반자적인 개발협력은 우리에게는 인류애의 계율일 뿐만 아니라 포괄적 안보정책의 초석이다. 궁핍과 저개발 투쟁기금을 우리는 그래서 2015년까지 국내총생산의 0.7%로 증액하려고 한다. 부패와의 투쟁,

좋은 통치구조의 후원, 개발도상국에 대한 체계적인 부채탕감, 에이즈와 투쟁, 전염병과 유행병은 가난의 극복에서 중요한 목표가 된다.

여성은 많은 사회에서 사회적 경제적 발전을 위한 주요 책임을 떠맡고 있다. 전체 세계에 대한 여성의 평등한 참여 없이는, 민주주의와 세계적 정의 그리고 지속가능한 발전은 불가능하다.

우리는 세계무역에서 더 많은 공정을 필요로 한다. 개발도상국은 어떤 자선도 원치 않는다 - 개발도상국은 시장에 대한 공정한 기회를 원한다. 이를 위해 선진국은 세계무역기구의 틀 안에서 자신의 시장을 개방하고, 농산물수출 보조금을 단계적으로 줄이고 궁극적으로는 중단해야 한다.

군축과 핵확산 금지

대량살상무기의 점증하는 확산은 효과적인 군비통제와 군비제한, 군축의 새로운 정책을 요구한다. 우리는 독일 땅에 배치된 전체 핵탄두의 철거를 제안한다. 우리는 핵무기 없는 세계라는 우리 목표를 위해 투쟁하고 우라늄 농축을 국제적 통제 아래 두기 위해 노력한다. 우리는 국제적으로 구속력이 있는 핵무기 사용 금지 이행을 위해 노력한다. 우주공간은 무기로부터 자유로워야 한다. 재래식 무기의 제한과 통제를 위해 우리는 더욱 노력한다. 군축의 경우 우리는 기존의 다자간 조약을 강화하고 발전시키는 데 노력하고자 한다. 지뢰와 집속탄의 생산과 수출은 금지되어야 한다.

우리는 독일이 대량살상무기의 생산과 보유, 사용을 추구하지 않겠다는 확실한 입장을 보장할 것이다. 우리는 엄격한 무기수출정책에 책임을 진다. 군사무기는 정상적인 무역상품이 될 수 없다. 인권 유지, 좋은 통치구조, 분쟁지역에 무기 반입 금지 등이 우리에게는 수출허가의 결정적 기준이다. 개발도상국으로의 무기 수출은 거부되어야 한다. 이것은 한 나라의 지속가능한 발전에 위협이 되기 때문이다.

안보와 평화의 책임

부족해진 자원과 기후재앙은 거대한 갈등잠재력이다. 기후보호와 에너지와 자원 그리고 물에 대한 접근은 세계화 시대에 국제안보의 가장 중요한 문제이다. 재생가능 에너지와 에너지효율성의 제고는 평화적 발전에 대한 열쇠이다.

국가의 붕괴는 무정부상태와 무법천지의 확산으로 이끈다. 독일은 국가와 시민사회 구조를 복원할 책임을 맡을 준비를 해야 한다.

가장 위험한 탈국가적인 폭력 형태가 테러이다. 테러와의 싸움은 전쟁이 아니라 범죄와의 싸움이다. 이것은 경찰과 사법부 그리고 비밀기관의 임무다. 국제적 테러와의 싸움이 지나치게 부담을 주는 경우, 그 마지막 선택은 군사적인 방법이다. 또한 테러와 관련하여 우리는 국제법의 엄격한 적용을 지지한다.

분쟁의 군사적 해결이 결코 최종적인 것은 아니다. 그래서 우리는 평화정책을 추구하고, 분쟁에 대해 우선적으로 예방조치를 취해야 한다.

독일군 파견은 언제나 정치적, 외교적, 경제적, 개발정책적, 문화적 기준의 개념 속에서 고려되어야 한다. 따라서 우리는 내전 방지와 위기 대응 기금을 늘리고 이러한 정책 수단을 강화할 것이다. 군사적 수단의 사용은 우리에게는 마지막 수단이 될 것이다. 또한 평화의 안정화에도 우리는, 다른 수단이 충분하지 않는 경우에만 병력만을 파견할 것이다.

국제법상으로 구속력 있는 유엔의 위임에 의해 정당성이 부여되고, 병력 파견이 세계의 평화와 국가의 복지에 대한 독일의 이익과 모순되지 않으며, 연방의회에서 동의를 얻었을 때만, 독일은 이러한 임무에 참가할 수 있다.

유럽의 분열의 극복과 독일의 재통일로 독일군은 우리의 협력적인 평화정책과 안보정책의 테두리 내에서 더 많은 책임을 맡게 되었다. 그 규율에 의해 장병들은 세계적으로 높은 신뢰와 존경을 향유하고 있다. 독일군의 사회 내 정착과 용인은 계속 유지되어야 한다. 병역의무의 현대화가 이를 보장할 것이다. 따라서 우리는 군복무에서 자원성격의 강화를 위해 노력할 것이다.

모든 사람은 양심을 이유로 전투수행을 거부할 수 있는 권리를 가진다. 이러한 권리는 또한 국제적으로도 관철되어야 한다.

3.2 사회적이고 민주적인 유럽

1925년부터 이미 사민당은 유럽 통합을 위해 유럽합중국 요구를 제시해왔다. 그 당시 실현될 수 없다고 보던 것이 이제는 현실화되었다. 두 번의 세계대전 이후 유럽통합은 우리 대륙의 역사에서 평화로운 시대를 가능하게 했다. 전쟁과 추방, 굶주림은 극복되었다. 유럽연합은 무엇보다 평화사업이며, 우리는 유럽연합을 강화하여 행위능력이 있는 평화세력으로 만들려고 한다. 그러나 유럽은 또한 민주적이고 사회적인 가치공동체이다. 유럽 사회모델은 경제적 진보와 사회적 형평, 개인적 자유를 결합시키고 있다. 이는 남녀평등 기준을 제시하고 소수의 권리를 보장한다. 사민당은 다양한 국가와 지역, 문화와 종교를 자산으로 이해하고 장려하는 관용의 유럽을 지지한다.

국민국가가 더 이상 시장에 대해 사회적 생태적 기초를 제공할 수 없다면, 유럽연합이 이를 수행해야 한다. 유럽연합은 세계화에 대한 우리의 정치적 대응이 되어야 한다.

민주적 유럽

유럽연합은 오늘날 하나의 국가적 성격을 획득하였다. 더 많은 생활영역이 유럽의 결정에 의존하게 되었다. 우리는 시민의 유럽을 창출하기를 원한다. 우리는 더 많은 유럽의 민주주의를 이루고자 한다.

우리의 이상은 모든 유럽의 시민들에게 민주주의적 참여권을 부여하는 정치적 연합이다. 민주주의적 유럽은 하나의 유럽헌법의 토대 위에서 의회에 책임지는 정부를 필요로 한다.

우리는 민족국가가 유럽의회와 함께 입법에 참여하는 연방제의 유럽을 원한다.

한 국가 내의 지역 내 현지 사람들에게만 영향을 주는 문제는 시민친화적으로 결정될 수 있는 각각의 정치 분야에 속해야 한다. 이러한 원칙은 유럽적 규칙을 통해서도 약화되어서는 안 된다.

유럽의회의 권한은 강화되어야 한다. 그럴 때만 유럽연합 집행위원회가 각국 정부와 대등한 자격에서 유럽 입법에 참여할 수 있다. 유럽의회는 유럽 집행위원회에 대한 포괄적인 의회 통제권과 함께 고유한 법안 발의권을 가져야 한다. 유럽 집행위원회 의장은 유럽의회에 의해 선출되어야 한다.

유럽의 민주주의는 유럽 대중을 필요로 한다. 유럽의 미디어, 시민사회 조직, 사회파트너, 그러나 또한 강력한 유럽 정당이 이를 위해 불가결하다. 우리의 목표는 유럽 사민당을 행위능력이 있는 당원정당과 강령정당으로 더욱 발전시키는 것이다. 우리는 유럽 사회민주주의 기본강령의 제정을 위해 노력하고, 유럽의회의 선거에서 전체 유럽의 지도적 후보들을 출마시키고자 한다.

유럽연합을 진정한 민주주의로 더욱 발전시키는 것은 개별 국가나 정부의 불만에 의해서도 좌초되지 않을 것이다. 따라서 이것은 몇몇 회원국가의 강력한 협력의 형태를 취할 수 있다. 이러한 협력은 모든 회원국을 위해 개방되어야 할 것이다.

사회적 유럽

유럽은 세계 속에서 커다란 국내시장을 창출했고 단일통화를 성공적으로 도입했다. 이것은 유럽 시민을 위한 것이었다. 그러나 독일에서도 유럽에서도 우리는 시장경제로부터 시장사회가 탄생한다는 것을 받아들이지 않았다. 화폐 및 통화정책의 통합 이후 우리는 경제정책, 재정정책, 통화정책의 성장 지향적이고 고용 지향적인 조절을 옹호했다. 이를 위해 일반적인 구속력을 가지는 경제법규, 즉 약자에게 유리한 법규가 필요하게 되었다.

경제 및 통화 통합과 더불어 유럽의 사회연합이 그와 동등한 위상으로 승격되어야 한다. 유럽의 사회모델에는 다양한 국가적 특징과 전통이 있다. 그렇지만 유럽의 모든 사회보장국가를 위한 공동의 토대는 지불능력이 있는 국가, 기초적 생활위험으로부터 보호해주는 사회제도, 높은 교육수준, 생활에 대한 공적 배려, 노동자의 참여권과 공동결정권 등 노동조건 법정화 등이다.

유럽의 사회연합은 민족국가적인 전통을 존중하지만, 그러나 동시에 하향될 수 없도록 구속력을 가지는 유럽의 규정과 기준을 제정한다. 우리가 원하는 것은 사회제도를 통일시키는 것이 아니라, 다른 회원국들과 함께 사회적 안정협약에 합의를 이루어내는 것이다. 회원국들 사이의 사회적 안정협약의 합의를 위해서, 우리는 각자의 경제적으로 이행 가능한 국가적인 사회 및 교육규정을 위한 목표와 기준을 제안했다.

경제활동이 국경을 넘나드는 곳에서, 노동자의 권리는 그러한 경계에서 멈춰서는 안 될 것이다. 그러므로 우리는 유럽 기업에서 노동자의 공동결정(경영참여)을 보장하고 실시하기를 원한다. 유럽의 수준에서 자율적인 단체협상을 강화하고 실행하기 위해, 우리는 국경을 넘어서는 단체협상과 단체협약을 위한 유럽의 법적 기초를 제안한다.

우리는 법인세 최저화 경쟁이 국민국가를 파괴하지 않으면서도, 유럽에 적용할 수 있는 최저세율과 통일된 과세기준 도입을 원한다.

고급 공공 서비스에 대한 자유로운 접근은 유럽 사회모델에 속하는 것이다. 각 회원국은 자신의 방식대로 이를 위해 준비해야 하지만, 그 원칙은 유럽연합에 구속력을 가져야 한다.

유럽연합의 국가들은 미래에는 교육, 연구, 혁신에 더 많은 투자를 할 의지를 가지고 있어야 한다. 이러한 중요성이 또한 유럽의 예산에 반영되어야 한다. 우리는 국가예산상 이의 비율을 늘이고 장기적으로 별도의 수입원 개발을 요청한다. 이것은 물론 투명하고 효과적인 그리고 민주적으로 통제되는 유럽연합의 예산정책을 전제로 한다.

젊은이들로 하여금 경험할 수 있도록 하고 또 우리 공동의 유럽정체성을 강화하기 위해, 우리는 모든 젊은이들이 교환프로그램이나 일상에서의 만남을 통해 다른 나라를 알게 될 수 있는 기회를 가질 수 있도록 노력할 것이다.

평화세력 유럽

우리가 추구하는 것은 유럽연합이 행위능력 있는 평화세력으로 발전하는 것이다. 유럽 평화정책은 자신의 힘을 집중해야 한다. 즉 민주주의와 인권에 관한 외교 및 대화 그리고 지지, 분쟁지역의 경제개발 지원.

유럽은 안보에 대하여 이해를 일치하고 있다. 우리는 공동의 외교정책, 안보정책, 국방정책을 추구한다. 이를 위해 회원국의 군은 더욱 긴밀하게 함께 발전하여야 한다. 장기적으로 우리는 그 배치가 의회에서 법적으로 정당화되어야 하는 단일 유럽군을 원한다.

연합의 확대는 평화와 안보 그리고 복지를 창출할 것이다. 우리는 가입을 희망하고 있고 그 기준을 충족한 나라에 대한 가입 약속 이행을 지지한다. 터키가 이에 해당한다. 유럽의 가치에 책임을 느끼고 있는 터키는 또 다른 이슬람 나라를 연결해주는 중요한 다리가 될 수 있다. 이것은 우선적으로 독일과 유럽에 이익이 된다.

단기적으로 연합에 가입할 수 없는 지역의 국가에 대하여 우리는 유럽의 선린정책을 계속 발전시킬 것이다.

3.3 연대의 시민사회와 민주국가

민주주의는 시민 참여를 통해 산다. 그래서 우리는 사람들이 의사표현과 집회 및 결사의 자유를 활용하는 강력하고 살아 있는 시민사회를 원한다. 민주국가는 시민의 정치적 자기조직이다.

살아 있는 시민사회는 국가의 행위를 통제, 수정, 격려, 면제하고, 보충할 수 있으며 그렇게 해야 한다. 시민사회는 국가를 대체할 수 없다. 국가가 자신의 책임을 잘 이행할 때만이, 활력 있는 시민사회가 형성될 수 있다. 성숙한 시민사회가 없이는 민주국가도 언제나 위험해진다. 양자는 서로를 필요로 한다.

강력한 시민사회는 엄청난 변동의 시대에 우리에게 안식처를 제공한다. 사람들이 사람들을 위해 노력할 때, 책임감, 정의감, 상호 인정, 연대와 절제, 합리적인 개인적 자유의 사용을 경험할 수 있게 된다. 민주주의는 그렇게 익히고 경험한 민주적 용기로 증명된다.

시민사회에서 사람들은 자발적으로 다른 사람을 위한 책임을 받아들이고, 공익을 위해 활동한다. 흔히 사람들은 도움을 필요로 하는 곳이 어딘지를 관청보다 먼저 안다. 사람들은 협회나 재단, 시민단체, 비정부기구 등에서 무보수로 일한다. 우리는 그러한 무보수 명예직이 더 많은 인정과 더 나은 안전조치를 받기를 원한다. 공익재단의 문화는 사회를 다면적이고 인간적으로 만들 수 있고 만들 것이 틀림없다.

시민사회를 받치는 또 다른 기둥은 또한 정당, 노동조합, 교회, 종교공동체, 사회 및 환경 단체 등이다. 이들은 인간적이고 미래지향적인 사회로 가는 길에서의 우리의 동반자들이다.

스포츠는 우리 문화의 중요한 부분이다. 스포츠는 건강에 기여하고, 관용과 공정을 배양해 주고, 사람들을 결속시키며, 사회적 대립을 극복하는 데 도움이 된다. 그래서 우리는 대중 체육, 프로스포츠, 장애인 체육과 그들의 협회를 장려한다. 여기에는 도핑 반대도 포함된다.

권위적 지배와 전체주의적 지배는 20세기에 국가의 신뢰를 떨어뜨렸다. 시장급진주의자들은 국가를 소유와 시장조직의 보호에 한정하려는 데 이것을 활용하였다. 기회 있을 때마다 이들은 국가의 과제를 시장에 넘겨주려고 한다. 그러나 시장에 넘겨진 것은 언제나, 일부는 성과를 낼 수 있고 다른 일부는 성과를 낼 수 없는 상품이 될 수밖에 없다. 시민사회를 통해 지지되고 제한되는 민주적 법치국가와 사회보장국가는 상품으로 되어서는 안 되는 것에 책임을 진다.

교육은 상품이 아니라, 국가가 실행할 의무가 있는 인권이다.

범죄로부터 안전은 결코 상품이 될 수 없다. 이는 국가의 폭력 독점의 이면으로 국가가 이행하여야 할 채무다.

문화는 상품 이상의 것이며, 인간사회의 표현이다. 국가는 문화가 무엇인지 미리 규정할 수 없지만, 시장에서 살아남을 수 없는 문화까지도 국가가 살아남을 수 있게 할 수 있다. 국가는 철학적이든 종교적이든 역사적이든 진리에 대한 결정권이 없지만, 아마 진리탐구의 조건을 만들 수 있을 것이다.

사회보장은 결코 상품이 아니라 인간존엄을 책임지는 국가의 과제이다.

국가는 법과 그와 관련된 규칙을 제정하고 관철하기 위해 있다. 그러나 모든 생활상황의 빈틈없는 법제화가 더 많은 정의를 가져오는 것은 아니다. 낡은 규칙이 족쇄가 되는 곳에서는 탈규제도 언제나 필요하다. 원칙으로서 탈규제는 물론 각 나라의 목표에 반한다.

민주적 법치국가는 모든 폭력을 자신의 법 아래 복속시킬 수 있고 복속시켜야 한다. 이것은 자신의 폭력독점을 정당화한다. 이러한 폭력독점을 우리는 지지한다. 왜냐하면 소수만이 안전장치를 살 수 있고 다수는 살 수 없는 사회보다 더 부정의한 사회는 없기 때문이다.

사민당은 공공 책임에서 이행가능하고 시민지향적인 사회보장제도를 지지한다. 국가는 모든 것을 스스로 이룰 필요는 없지만, 그러나 공공재에 대한 접근을 보장해야 할 것이다.

민영화가 합목적적이고 책임을 질 수는 있다. 그러나 우리는 민영화가 공공재에 대한 접근을 방해하고 국가의 권력독점을 문제시한다면, 민영화에 반대한다. 공공업무가 민영화되어야 한다면, 우리는 공공 재정에 대한 단기적 이점뿐만 아니라, 미래의 정치적 변화가능성과 민주적 책임에 대한 영향도 문제 삼아야 한다. 공적 사회보장의 핵심영역을 세계적 자본시장의 이익창출에 내맡길 수는 없을 것이다.

활력 있는 국가와 활력 있는 시민사회의 결합은 또한 국민투표와 주민투표에 의한 시민의 직접적 참여에 기여할 것이다. 이것은 법적 한계 내에서, 지자체와 주민이 아니라 연방에서도 의회민주주의를 보완할 것이 틀림없다. 헌법이 의회 과반수 결정을 제한하는 경우에도 이는 국민투표에 적용될 것이다.

대부분의 시민은 국가를 행정의 형태로 만난다. 따라서 우리는 시민에게 봉사하는 시민친화적 행정을 필요로 한다. 우리는 쓸모없는 관료제를 버릴 것이다. 우리는 어떤 후견적 국가도 원하지 않는다.

민주정당은 정치적 여론형성에서 중요한 기능을 가진다. 민주정당은 시민사회와 국가 사이에 없어서는 안 될 수단이다. 민주정당은 시민들이 운동하는 모든 것을 정치행위의 대상으로 만들어야 한다. 민주정당은 정치토론의 학교이며, 지방의회에서 일할 사람을 유권자들이 선출할 수 있도록 책임을 진다. 민주주의는 강력하고 생생하고 결정능력이 있는 정당과 함께 강력한 의회를 필요로 한다. 의회는 민주적 여론형성의 심장이다.

강력한 지자체

연대적 시민사회는 무엇보다 지자체에서 자신의 자리를 가진다. 지자체는 사회보장을 책임지고 사람들의 일상을 돌보는 기관이다. 지자체에서는 모든 아동이 육아수당을 받는지, 다양한 문화의 사람들이 함께 서로 공존하는지, 젊은이들이 여가를 의미 있게 보내는지, 노령자들이 통합되어 있는지, 사람들이 공공장소에서 안전하다고 느끼는지 이런 문제들이 결정된다. 이것은 지방이나 대도시에서도 마찬가지다. 고향과 공동체, 안전을 제공하는 것은 고유한 역사와 문화를 가진 관리 가능한 지자체의 생활세계이다.

그러므로 우리는 지방자치를 강화하고, 그것의 질을 개선하고 조직의 자율을 증대시켜야 한다. 우리는 필요한 지자체의 재정 관할을 확대할 것이다. 그러나 이에 필요한 재정수단 없이 업무를 맡기지는 않을 것이다.

사회적 도시정책

인구의 절반 이상의 사람들이 오늘날 이미 도시의 인구밀집공간에서 살고 있다. 도시의 미래가 사회의 미래를 결정할 것이다. 다양한 출신과 사회적 상태 그리고 생활지향을 가진 사람들의 공동생활을 구성하는 것은 사회적 도시정책의 과제이다. 우리 정책의 주도이념은 모든 주민을 사회적 경제적 문화적 생활에 구체적으로 참여하도록 하는 연대적 도시이다.

주민이 거주하는 도심의 유지와 강화는, 충분히 지불할 수 있는 주거공간이 있을 때만 가능하다. 주거공간은 투기대상이 되어서는 안 된다. 노령자는 물론 어린이가 있는 가족이 도심에 거주하는 것이 생생한 도시를 위한 전제이다.

사민당의 정책의 목표는 도시와 거주지의 사회적 결합을 개선하는 것이다. 우리는 장벽이 없고 세대를 아우르는 주거형태를 장려한다. 또한 오래된 도시가 살 만한 곳이 되기 위해서, 우리는 적극적인 노령자의 잠재력을 고양하고 시민 특히 노령 시민의 참여를 장려하려고 한다. 낡은 도시구역의 퇴락과 분리 과정은 저지되어야 한다. 더 많은 일자리, 통합과 참여의 강화 그리고 교육과 기술 제고, 접근 기회의 개선을 위하여 종합적인 개념과 합동행동이 요청된다. 사회적 도시가 모든 정치영역의 주된 과제이다.

사회적 연방국가

독일연방공화국은 사회적 연방국가이며 앞으로도 그렇게 존재할 것이다. 연방국가에는 보충성의 원칙이 적용된다. 즉 하위 단위가 지급할 수 없다면, 상위 단위가 이를 인수하여야 한다. 우리는 이러한 연방국가를 지지한다. 왜냐하면 이러한 연방국가는 독일전통에 부합하고, 권력 집중을 막고, 권력남용을 어렵게 하며, 모든 영역에서 민주적 의사결정을 가능하게 하기 때문이다.

우리는 행위능력이 있는 연방에서 행위능력이 있는 주를 원한다. 그래서 누가 어디에 책임이 있는지 언제나 인식해야 한다. 관할권의 유지가 아니라 최선의 업무 수행이 권한 배분의 기준이 되어야 한다.

지역과 주의 경제력과 재정력에서의 차이는 커졌다. 우리의 이상은 생활조건의 형평이다. 그래서 우리는 독일의 모든 지역, 즉 서부와 동부, 남부와 북부 사이의 연대적 의무를 지지한다. 동독은 전체 독일의 연대에 대하여 권한을 갖는다.

결정권을 유럽연합에 모두 위임하는 것이 연방 국민국가를 반드시 약화시키는 것은 아니다. 이것은 또한 조세정책에도 해당한다. 유럽연합에 의해 결정된 법인세 최저율은 오히려 국민국가를 강화시켰다.

자유 안에서 안전

　자유와 법치국가는 사민당의 법치정책과 국내정책의 기준이다. 법치국가는 우리에게 모든 국가권력을 통한 인권 및 시민권에 대한 무조건적인 존중을 의미하고, 독립적인 사법부의 보장과 모든 사람들이 사법부에 접근가능하다는 것을 의미한다. 사람은 안전에 대한 욕구를 가지고 있다. 사람은 또한 스스로 안전하다고 느낄 때 자신의 자유를 비로소 실제로 사용할 수 있다. 법치국가는 안전을 위해 힘써야 한다. 독일에서 이것은 범죄에 의해 위협받고 있으며, 또한 조직화된 그리고 국제적으로 연계된 극단주의와 테러에 의해 위협받고 있다. 우리는 법치국가의 수단을 통해 그것과 싸우고 있다. 경찰과 사법부가 이에 대한 직접적인 책임이 있다. 내정에 연방군 투입을 반대한다. 법치국가의 적에 반대하는 사람은 법치국가의 원칙을 버려서는 안 된다. 정당화가 요구되는 것은 시민권과 자유권의 수호가 아니라, 이에 대한 제한이다. 자의와 고문의 금지는 절대적으로 타당하다. 폭력과 증오 그리고 범죄와의 싸움에서, 우리는 그 원인에 대하여 동일한 결과로서 대응할 때만 승리할 수 있다.

　우리는 개인 정보의 자기결정권을 보장하며, 효과적인 자료보호에 노력한다.

　우리 사민당원은 우익극단주의와 인종주의 그리고 반유태주의를 배척한다. 이들은 독일을 최악의 파국으로 끌고 갔다. 그래서 우리는 우리나라가 다시는 야만으로 이끌려 들어가지 않도록 하기 위해 투쟁한다.

　어떤 동기에 의한 것이든, 모든 형태의 폭력은 연대적 시민사회에 대한 공격이다. 남성들끼리의 폭력이든 여성과 아이들에 대한 가정폭력이든 그것도 마찬가지이다. 강제결혼, 강제매매춘 혹은 이른바 여성에 대한 명예살인도 금지되어야 하고 엄하게 처벌되어야 한다.

　종교에 기초한 극단주의도 우리나라에서는 어떤 자리도 차지할 수 없다. 인권 또한 종교적 규칙이나 전통에 의해 유린될 수 없다. 이것이 다른 문화에 대한 관용의 한계이다.

통합과 이민

독일은 이민국가이다. 이민은 우리나라를 경제적 문화적으로 풍요롭게 만들었다. 이민은 계속될 것이고, 우리는 우리 사회가 그에 관해 준비가 되어 있기를 바란다. 우리는 더 많은 자격 있는 이민자를 필요로 한다.

이민은 통합을 요구한다. 이민은 공동의 노력이다. 이를 위해 양측은 준비가 되어 있어야 한다. 이민자는 통합되어야 하는데, 우리는 이를 위해 이민자에게 우리 사회의 생활에 참여할 수 있는 모든 기회를 제공해야 한다. 그래서 통합은 공정한 기회를, 그러나 또한 분명한 규칙을 요구한다.

우리의 기본법은 문화적 다양성을 위한 여지를 제공하고 있다. 따라서 누구도 자신의 출신을 부정당할 필요가 없다. 그러나 동시에 누구도 전통과 종교를 핑계로 넘지 말아야 할 경계가 있다. 그래서 누구도 여성과 소녀들이 자유롭게 발전하고 자신을 만들어 가는 것을 방해하면 안 된다.

독일에서 동등한 기회를 가지고 활용하려는 사람은 독일어를 배우고 확실히 습득해야 한다. 우리는 교육의 제공을 개선하고자 한다. 우리는 교육의 제공이 잘 활용되기를 희망하고 기대한다. 통합, 언어적인 통합은 어린 나이에 시작한다면 가장 잘 이루어질 것이다. 이민자가 가지고 있는 다중언어능력이 활용되기를 우리는 바란다.

우리는 우리에게 오는 사람들의 귀화를 위해 노력한다. 귀화가 통합의 끝은 아니지만, 완전한 정치적 참여를 가능하게 해준다. 그래서 우리는 2중국적을 배제하지 않는다. 독일국적을 아직 가지지 못한 사람들에게도, 그러나 이미 독일에서 오랜 기간 동안 살았다면, 비록 그들이 유럽연합국가로부터 오지 않았더라도, 우리는 지방선거권을 부여할 것이다.

우리는 정치적 박해로 인한 망명자들도 기본권을 가지고 있다고 본다. 국가에 의한 것이든 아니든 간에, 아니면 성별에 의한 것이든 간에, 박해와 추방의 위험에 처하여 도피한 사람들은, 독일에서 보호와 피난처를 구해야 하며, 궁극적으로는 안전하게 체류할 수 있어야 한다. 우리는 공동의 유럽 난민정책을 지지하며, 또한 망명과 추방의 원인에 반대하여 투쟁한다.

장애인

연대의 시민사회는 장애인도 기회평등과 동등한 참여가 가능하다는 사실에 의해 특징지어진다. 이의 실행에는 제거해야 할 많은 장벽이 있다. 장애인도 최고의 교육을 받고 생존을 보장해 줄 수 있는 취업이 가능하고, 그리고 정치적 문화적 사회적 생활에 제한 없이 참여할 수 있어야 할 것이다. 우리는 장애인의 요구에 정당하게 대하고, 그들에게 포괄적인 사회참여가 가능하게 되기를 바란다.

여론과 미디어

민주주의는 여론을 필요로 한다. 자유로운 미디어는 계몽과 여론형성, 정치참여와 권력통제를 가능하게 만든다.

신문과 서적, 라디오와 텔레비전 외에도, 인터넷과 이동통신과 같은 더 많은 새로운 미디어가 등장한다. 미디어부문은 융합하고 있고, 더욱 강력하게 우리의 일상의 특징이 되고 있다. 미디어와의 만남은 학습이다. 미디어능력이 교육의 중점으로 될 것을 바란다.

우리는 국가의 간섭이나 경제 권력으로부터 미디어의 독립을 옹호한다. 미디어의 효과적인 자기통제와 언론-윤리기준을 우리는 부정하지 않는다. 공영방송은 우리에게 필수적인 민주적 매체다. 왜냐하면 미디어 부문에서 늘어나는 상업화의 교정수단이기 때문이다. 우리는 조작과 정치적 편향성, 청소년에 대한 위해성에 반대한다. 우리는 선정적, 인종적, 폭력적 내용에 반대해 투쟁한다.

민주사회의 문화

사회민주주의는 처음부터 문화운동이었다. 우리는 언제나 넓은 문화개념을 갖고 있었다. 넓은 문화개념은 예술을 넘어 교육과 역사적 유산 그리고 공동생활의 형태를 포괄한다. 그래서 우리는 우리의 민주주의를 지지하는 정치문화를 필요로 한다. 문화는 사회가 그 가치관념과 목표관념을 알게 되는 특별한 경험의 장이고 과정이다. 문화는 사람을 강화하고, 소속감과 뿌리의식 그리고 사회적 결합을 창출한다.

우리는 문화 간 대화를 지지한다. 대화는 내적 및 외적 평화에 기여하고, 또한 통합에 기여한다. 평화적인 세계화가 성공하려면, 우리는 소수자를 배제하고 평등사회의 구현을 방해하는 데 반작용하는 인정의 문화를 필요로 할 것이다. 우리는 근본주의의 편협과 종교적 문화적 차이의 정치화 대신에, 그러나 또한 세계적으로 일률적인 문화 대신에, 문화적 다양성을 원한다. 활력 있는 인정의 문화만이 걱정 없는 인간으로서 우리가 다양화될 수 있는 사회를 가져다 줄 것이다.

평화적인 다양성은 우리가 우리의 정신적 뿌리가 유대-기독교 전통과 - 또한 그리스철학과 로마법, 아라비아문화의 영향을 받은 - 인본주의와 계몽주의에 있다는 것을 확신할 때만, 가능할 것이다. 관용 같은 가치에 기초한 문화만이 문화와 종교를 배제의 수단으로 이용하려는 유혹을 이겨낼 수 있다. 독일에서 종교와 평화적 공존의 대화에는 여기에 살고 있는 무슬림의 기여가 반드시 필요하다.

문화는 공공재이다. 문화를 장려하는 것은 시민사회와 국가의 과제이다. 우리는 사적, 시민적 참여를 환영하고 장려한다. 그러나 국가는 위임할 수 없는 책임을 가진다. 우리는 독일을 문화국가라고 믿는다. 문화국가는 문화경관의 다양성, 문화교육, 문화유산과 기억문화의 보전 등을 보장한다. 문화국가는 예술을 후원하고, 자유직업인인 예술가의 복지를 책임져야 한다. 문화국가는 우리 문화를 외국에 알린다. 문화의 후원은 보조금 지원이 아니라 우리 민주적 공동체의 미래에 대한 투자이다.

교회, 종교 및 이념공동체

우리는 유럽의 유대-기독교 및 인본주의 유산과 신앙문제에서의 관용을 인정한다. 우리는 사상과 양심, 신앙과 전도의 자유를 옹호한다. 이의 근거와 기초와 기준은 우리의 헌법이다. 우리에게 교회와 종교 및 이념공동체의 영향은 무엇을 통해서도 대체할 수 없으며, 타인과 공동선에 대한 책임을 북돋우고 민주주의를 살리는 용기와 가치를 전달한 것에 대해서는 특히 그러하다.

우리는 그들과의 대화를 추구하며, 공동의 과제를 발견한다면 자유로운 동반자관계로서 협력을 추구할 것이다. 우리는 일반적으로 적용되는 법률의 테두리 안에서 이들의 내부 문제를 자율적으로 규율하는 권리를 존중한다.

3.4 양성 평등

우리 사민당원은 여성과 남성이 동등한 권리와 기회를 가지기를 - 문서상에 서뿐만 아니라 일상생활에서도 - 원한다. 우리는 여성과 남성이 동등하고 자유롭고 연대적으로 서로 함께 살아갈 수 있도록 분투한다.

우리는 여성과 남성이 자신의 길을 - 함께 혹은 따로, 가족과 함께 혹은 가족이 없이 - 스스로 결정할 수 있기를 원한다.

19세기의 자유운동으로부터 유래한 사민당과 여성운동 양자는 남녀평등 이념에서 결합하였다. 여성을 위한 많은 권리가 사민당원에 의해 쟁취되었다. 여성선거권, 결혼과 가족에서 동등한 권리, 교육에 대한 동등한 접근.

여성은 오늘날 자의식적이고, 자신의 인생을 자신의 관념에 따라 설계하기를 원한다. 남성과 여성의 관계는 변화되었다. 더 많은 여성과 남성이 직업을 원하며, 가족의 일에 동반자 관계로 참여한다.

법적 평등이 여전히 현실에서의 평등을 의미하지는 않는다. 따라서 우리는 여성과 남성 그리고 남녀 청소년의 생활에 영향을 미치는 모든 정치적 결정을 검증하고 필요하다면 변화시키는 여성의 주류사회 편입 등 적극적인 여성 지원을 필요로 한다.

특히 직업세계와 노동세계에서는 낡은 불평등이 계속되고 있다. 경제와 사회에서 중요한 지위는 주로 남성에 의해 장악되어 있다. 여성은 동등한 자격을 가진 남성보다 훨씬 적은 임금을 받고 있다.

노동세계에서의 유연성과 가용성 요구는 가족 및 자녀와 조화되기가 어렵다. 바로 여성에게는 일상에서 직업과 가정의 부담이 추가된다. 여성과 남성 사이에 일에 대한 동반자관계의 배분은 아직 규칙화되지 않았다. 가정사의 대부분은 오늘날에도 여전히 여성의 몫이다. 종종 여기에 더해 여성에게는 생계노동까지 추가되지만 직업생활에서 사실상 평등은 어렵다. 너무 자주 여성은 선택에 직면한다. 자녀를 포기할 것인가 아니면 직업을 포기할 것인가.

수요에 따른 보육시설 확충과 양육의 보장 등을 통해 일과 가족의 양립이 개선되어야 한다. 생애주기에서 여성과 남성은 서로 다른 요구에 직면한다. 직업의 길을 계속 갈 것인가, 양육을 할 것인가, 가족원을 돌볼 것인가, 자격을 위해 재교육을 받을 것인가, 정치적 혹은 시민적 참여와 실천을 할 것인가 - 이를 위해 여성과 남성은 시간을 가져야 한다. 우리는 노동세계가 유연한 노동시간을 통해 직업과 사생활에서 균형에 도달하기를 원한다. 우리는 여성과 남성을 위해 더 많은 시간주권을 원한다. 시간주권은 전반적으로 선택의 자유를 가능하게 해줄 것이다.

우리는 여성과 남성이 생계를 위한 노동에서 동등하고 공평하게 참여하기를 희망한다. 여성이 주로 종사하는 일자리는 임금이 매우 낮다. 동일한 노동에는 반드시 동일한 임금이 지불되어야 한다. 우리는 여성의 직업과 남성의 직업이라는 전형적인 분리를 극복하기를 원한다. 기업과 행정기관, 학문과 연구직, 감독위원회 등의 지도적 위치에 여성의 동등한 참여를 위한 법적 조치가 필요하다.

우리는 세법을 바꾸어 여성의 영리활동에 어떤 장애도 없도록 할 것이고, 여성의 직업적 해방이 진척될 수 있도록 할 것이다.

우리가 여성과 남성을 위해 동등한 참여를 실현하기를 원한다면, 우리는 모든 생활영역을 바꾸어야 한다. 즉 인간적 사회를 원한다면 남성적인 것을 극복해야 한다.

3.5 지속가능한 진보와 질적 성장

모두의 번영과 높은 삶의 질은 사민당의 경제정책의 목표였고 계속 목표가 될 것이다. 과거에 진보는 무엇보다 양적 성장으로 이해되었다. 오늘날 급격한 기후변화와 생태계의 과부하, 세계인구의 증가는 우리에게 새롭고 미래지향적인 방향을 제시하도록 강제하고 있다. 이것에 의해 발전에서 진보로 바뀔 수 있을지가 달려 있다. 우리는 지속가능한 진보, 경제적 역동성, 사회정의와 생태적 책임을 하나로 조화시키기를 원한다. 이것을 위해 줄어들고 있는 자원의 소비와 함께 질적 성장이 필요하다. 사람은 좋은 일자리를 통해 착취와 걱정으로부터 자유로운 자신의 삶을 살아갈 수 있어야 한다. 누구나 창출된 부로부터 공평한 몫을 받아야 한다. 우리는 또한 다음 세대를 위해 자연적 생활토대 보전을 원한다.

우리는 지속가능한 발전을 가능하게 만들기 위해 과학적 기술적 진보, 교육과 자격 향상을 지지한다. 질적 성장은 높은 생산성과 가치창조를 가진 경쟁력 있는 국민경제를 전제한다. 경쟁력 있는 국민경제는 궁핍과 착취, 자연 자원의 고갈을 끝장낼 수 있는 토대를 창출한다.

우리는 세계화를 새로운 일자리와 복지의 세계적 발전을 위한 기회로서 파악한다. 시장의 역동성을 우리는 인간에 대한 기여로 자리매김한다. 이를 위해 우리는 장기적으로는 성장으로 나가고 단기적 이윤 추구를 극복하는 경쟁질서를 필요로 한다.

21세기의 사회적 시장경제

20세기에 사회적 시장경제로 뛰어난 성공모델이 창출되었다. 이는 경제적 강점을 광범한 계층의 복지와 결합시켰다. 결정적으로 사민당과 노동조합에 의해 창안된 사회적 시장경제는, 남녀 노동자의 참여와 공동결정으로부터 생산력을 만들고 사회적 평화를 요구했다.

그러나 더 이상 경계를 알지 못하는 세계화된 금융시장과 자본시장은 이렇게 검증된 질서에 도전하고 있다. 단기적이고 과도한 수익만의 추구는 사회적 결속을 위협하고 생태적 필요를 외면하고 있다. 이것은 동시에 우리 기업과 우리 국민경제의 장기적인 경제적 성공을 추락시키고 있다.

시장은 정치에 의해 규정될 필요가 있다 - 세계화 시대에도, 그리고 국경을 넘어서도 우리에게 타당한 기준은 바로 다음과 같다. 최대한의 경쟁과 필요한 만큼의 국가규제. 사회적 시장경제의 미래를 위해 유럽연합의 공동 행동이 결정적 의미를 가질 것이다.

경제민주주의는 기본법의 요구를 충족하기 위해서 필수불가결하다. "재산권에는 책임이 뒤따른다. 재산권의 행사는 동시에 공공복리에 기여해야 한다."

기업과 사업체에서의 공동결정, 단체협상 자율과 파업권은 사회적 시장경제에 기본적인 것이다. 기업 내 민주주의는 결정과 소유에 대한 참여를 의미한다. 그것은 기업의 성공을 지원한다. 우리는 대기업의 감사이사회에서 대등한 공동결정을 위해 노력한다. 증대된 유럽경제에서 우리의 목표는 유럽의 수준에서 종업원의 권리와 공동결정을 건설하는 것이다.

강력한 노동조합은 우리에게 반드시 필요하다. 노동조건의 구성에서 우리는 입법자와 단체협상 당사자, 기업이사회와 직원대표 간에 검증된 업무분담을 보장한다. 단체협상 자율에 제한이 있어서는 안 된다. 우리는 단체협약을 강화하고자 한다. 우리는 종업원의 권리를 보장한다. 여기에는 해고보호도 포함된다.

독일에서 소득과 자산 분배는 공정하지 못하다. 사민당의 조세정책은 불평등을 줄이고 기회의 평등을 장려하는 것이다. 우리는 생산성 증가와 인플레에 따른 임금인상을 지지한다. 우리는 더 많은 자산이 노동자의 손에 들어가기를 원한다. 종업원이 기업의 자본에 참여하는 것은 추가 소득원이 보장되고, 이들이 기업의 성과 분배에 정당하게 참여하는 것을 보장한다. 이것은 혁신과 생산성을 향상시킨다. 초기업적 기금은 기업의 위험이 노동자에게 전가되지 않도록 하는 것을 보장할 수 있다.

일자리 추가는 창의적인 사람이 자신의 생각을 발전시켜 시장에 가져갈 때 주로 창출된다. 우리는 창업과 중소기업, 수공업자와 자영업자 등을 위한 조건을 개선하고자 한다. 강력한 중소기업이 부가가치 창출을 제고할 것이다. 비영리기업과 협동조합은 사회적 시장경제의 중요한 부분이다.

기업의 자유와 사회적 책임은 우리에게 같은 동전의 양 면이다. 사민당의 정책은 공정한 경쟁을 통해 책임을 지는 기업가 정신을 장려한다. 우리는 독일에서 자영업 문화를 원한다. 적게 버는 자유직업인이나 소상인을 위하여 우리는 더 나은 사회보장을 창출할 것이다.

현대적 서비스 산업 정책

독일의 모든 일자리가 국제경쟁력에서 동등한 수준에 있는 것이 아니다. 그러나 교육과 건강, 지역 수공업, 사적 가사나 사회서비스 등에서 사람을 위한 높은 수준의 서비스와 단순한 서비스가 거대한 고용잠재력을 감추고 있다. 이것을 개발하기 위해 우리는 이러한 서비스에 대한 더 많은 공적 및 사적 수요를 필요로 한다. 여성과 남성의 높은 경제활동참가율 또한 서비스에 대한 수요를 높일 것이다.

전략적 생태적 산업정책

인류는 거대한 사회적 생태적 요구 앞에 서 있다. 이것을 완수하기 위해 우리는 혁신적이고 높은 가치의 제품과 서비스를 필요로 한다. 우리는 더 나은 이념과 새로운 기술과 방식, 전문화와 질을 내세운다. 이에 의해 우리는 자원을 절약하고 에너지 소비를 줄이고, 기후변화와 싸우며, 질병을 치료하고, 이동성을 개선하고 소통을 쉽게 할 수 있다.

국가가 시장을 대체할 수 없고 대체해서도 안 된다. 그러나 국가는 주도시장에 자극을 줄 수 있다. 국가는 산업정책에서 우선순위를 정하고, 경제 및 과학과 협력하여 전략적 분야에 집중해야 한다. 국가는 국가의 자금과 정책 수단을 결합해야 한다 – 목표를 설정한 연구에서 특정 제품 조달에 이르기까지.

산업은 여전히 독일 국민경제를 위해 중요한 의미를 가진다. 질 높은 서비스든 단순한 서비스든 이것 역시 대부분 산업에 직접 의존한다. 산업 제품은 더욱더 지식과 서비스에 기반을 두게 된다. 전략적 산업정책은 우리 산업입지 우위 강화에 두어야 한다. 이것은 산업 중심지와 지역적 경제력을 강화한다. 새로운 연방주(구 동독지역)의 성장 중심지는 어떻게 지식으로부터 새로운 경제력이 나오는가를 보여주고 있다. 동부에서의 이러한 발전을 우리는, 전체 독일의 지역적 경제 진흥과 지역화된 구조조정정책으로서 유럽연합과 협력하여 강화할 것이다.

전략적 산업정책은 생태적 산업정책이어야 한다. 생태적 시장 유인정책은 질적 성장의 원동력이다. 우리의 기회는 세계적으로 활용되는 문제해결 방식의 개발에 있다. 그래서 새로운 아이디어를 새로운 제품과 새로운 일자리에 빠르게 활용함으로써, 우리는 연구와 제품개발 그리고 기업의 투자를 서로 밀접히 연계하는 정책을 추구한다.

행위능력 있는 국가와 적극적인 성장정책

사회민주주의는 행위능력 있는 국가를 요구한다. 부유한 사람만이 가난한 국가를 먹여 살릴 수 있다. 정책계획 수립을 위하여 국가는 풍부하고 확실한 수입을 필요로 한다.

우리에게 건전한 재정정책은 미래 세대의 희생을 대가로 오늘을 살지 않겠다는 것을 의미한다. 물론 공공재정의 안정이 다음 세대에게 황폐한 기반시설을 물려주는 것이 되어서는 안 된다. 다음 세대에 대한 우리의 의무는 다음을 의미한다. 우리는 재정상의 부채를 줄이는 동시에 더 많은 자금을 교육과 연구, 기반시설에 투자해야 한다.

기업과 가계는 그들의 지불능력에 맞게 국가 지출 재원을 분담해야 한다. 이것은 우리가 이미 그 효과가 입증된 소득세 누진제를 지지한다는 의미이다. 우리는 대자산과 유산상속에 대한 공정한 과세를 원한다.

우리는 부담금은 줄이고 모든 종류의 소득에 대한 과세를 강화하여 사회보장 재원을 조달할 것이다.

높은 국내수요는 더 많은 고용을 창출한다. 따라서 임금을 최소한 생산성과 인플레에 따라 올리는 것은 정당할 뿐만 아니라 경제적으로 필요하기도 하다. 착취를 제한하고 공정한 경쟁을 보장하기 위해 우리는 최저임금을 필요로 한다.

독일과 유럽에서 우리의 재정 및 통화정책은 경기를 안정시키고 지속적이고 강력한 성장을 촉진시키는데 목표를 둔다. 국가는 국내 및 국제 안정정책을 통해 경기위기를 극복하는 데 기여해야 한다. 공공 부문은 경기를 부양하여 사회 전체가 혜택을 받을 수 있도록 자금을 지출하여야 한다. 지속가능한 성장 발전은 교육과 연구, 기반시설에 대한 계속적인 공공투자 증대를 필요로 한다.

자본시장과 금융시장: 기회 활용과 위험 통제

세계적으로 연결된 현대의 국민경제는 적절하게 기능하는 금융 및 자본 시장을 필요로 한다. 우리는 질적인 성장을 위해 자본시장의 잠재력을 활용하고자 한다. 우리의 정책은 특별히 젊고 혁신적인 기업의 위험자본(벤처캐피탈) 접근을 보장할 것이다.

금융시장이 단기수익만을 추구하려고 한다면, 기업의 장기적인 성장전략을 위협할 것이며, 결과적으로 일자리를 소멸시킬 것이다. 우리는 또한 세법과 주식 관련법의 도움으로 단기수익 대신 장기적으로 투자하고자 하는 투자자들을 육성하고자 한다. 우리는 기업의 장기적 실제 수익을 위해 편향된 수익지향을 제한하는 투자와 기금을 위한 경기규칙을 필요로 한다. 상품과 금융시장 간의 국제적 연계가 증가하고 있기 때문에, 이에 대한 국제적인 규제가 더욱 중요하게 되었다. 투명한 금융시장만이 효과적인 금융시장이다. 안정적인 국내 및 국제적인 금융시장은 중요한 공공재다. 법적 안정과 신뢰를 개선하기 위해 우리는 다른 국가 및 국제기구와 공동으로 대처하기를 원한다. 분명한 규칙과 효과적인 감독을 통해 안전성을 위협하는 위험과 국민경제에 해로운 잘못된 발전을 막을 수 있다. 가능하면 우리는 이것을 세법과 주식 관련법을 통해 뒷받침하고자 한다.

중소기업을 위해 소형 은행과 저축은행이 중요한 역할을 한다. 따라서 우리는 그들의 특별한 역할을 보장하고자 한다. 독일의 수많은 은행, 무엇보다 저축은행과 조합은행은 장기적인 기업금융지원을 특징으로 한다. 신용금고는 게다가 공공복리 지향으로 중요한 사회적 과제를 이행하고 있는데, 따라서 저축은행은 미래에도 공법 관할 하에 있어야 한다. 우리의 경쟁력 있는 이러한 가치 있는 지주는 더 강화되어야 할 것이다.

생산력으로서 지식과 아이디어

풍부한 상상력과 그로부터 생기는 훌륭한 아이디어와 혁신은 우리나라의 가장 중요한 생산력이다. 이를 개발하고 질 높은 전문인력을 공급하는 것을 우리는 기업과 노동조합 그리고 정치의 공동 과제로 본다.

제품과 시장에 대한 해적행위는 경제와 이의 혁신능력을 훼손할 뿐만 아니라 저질상품을 통해 소비자를 위협하기도 한다. 따라서 우리는 지적소유권을 보호하고 저작권을 보장하려고 한다. 이것은 자신의 지적소유권을 공중에게 마음대로 사용할 수 있게 해주는 자유를 포함한다.

창의적 기업은 더욱 중요해지고 있다. 우리는 기술과 재능 그리고 끈기의 올바른 결합에 더 많은 혁신과 창조 그리고 가치창조를 위한 성공처방이 있다고 본다. 우리는 독일에서 새로운 사고와 특수한 아이디어의 영향에 대하여 개방적인 분위기를 창출해야 한다. 창의를 장려하는 것은 우리에게는 가능한 한 모든 사람이 새로운 기술에 접근할 수 있도록 하는 것을 의미한다.

모든 발명이 진보에 기여하는 것은 아니다. 그래서 우리는 새로운 발명이 인간의 자유로운 발전, 존엄, 안전, 공동생활에 활용될 수 있는지 검증해야 한다. 이것은 또한 생물 및 유전공학과 의학의 새로운 가능성에도 해당된다. 이로 인해 몇몇 분야에서 우리는 윤리적 경계에까지 도달했다. 이의 연구와 활용에는 따라서 윤리적 성찰과 넓은 토론이 필요하다. 우리는 이에 관해 과학과의, 그리고 교회와 신앙공동체와의 대화를 추구한다. 인간생명의 존엄은 모든 인간 국면에서 침해되어서는 안 된다. 인간배아에 대한 유전자 조작 금지를 우리는 견지한다.

에너지 정책 전환과 환경보호

에너지는 공기와 물과 같이 우리 문명의 삶의 토대이다. 현재의 에너지와 자원 소비 방식에는 더 이상 미래가 없다. 따라서 우리가 도입하려는 에너지 정책 전환은 우리에게는 21세기를 위한 핵심적인 과제이다. 우리는 고갈되는 자원에서 고갈되지 않는 자원으로, 유해물질을 가진 자원에서 유해물질이 없는 자원으로의 전환을 일관되게 추진하려고 한다. 우리의 목표는 태양에너지시대이다.

지구온난화와 싸우기 위해 우리는 2050년까지 세계적 온실가스 배출을 절반으로 줄여야 한다. 우리는 온실가스의 감축을 위하여 더욱 더 야심찬 협약을 촉구한다.

핵분열은 많은 사람들에게 영구적으로 사용할 수 있는 에너지에 대한 거대한 희망으로 나타났다. 그러나 핵분열은 이러한 희망을 충족시킬 수 없다. 원자력사고는 수백만의 사람을 위협한다. 원전폐기물은 수만 년이나 가는 위험덩어리다. 새로운 테러위험과 관련하여 핵 경제는 위험의 원천이다. 우리는 탈원전을 실현할 것이다.

재생가능 에너지는 영구적으로 사용할 수 있는 지역 내의 에너지잠재력이다. 효율성 제고, 자원절약, 재생가능 에너지로의 전환은 다양한 새로운 기술과 저장매체를 요구한다. 이것은 수많은 새로운 일자리를 산업에서, 수공업과 서비스에서, 그리고 농업과 임업에서 창출한다.

우리는 우리가 수입에 의존하는 석유와 다른 고갈되는 에너지에서 벗어나고자 한다. 태양에너지시대로 가는 가교로서 우리는 고효율의 현대적 열병합 석탄발전소와 가스발전소를 제안한다.

또한 산업에서 우리는 고갈되는 원자재를 재생가능 원자재로 대체할 것이다. 이것은 특히 화학 원료의 경우 가능하다. 재활용 방식은 물질을 절약하고, 쓰레기와 환경훼손을 줄인다. 그래서 중소기업에 지속가능한 기회를 주는 현대적 순환경제가 발생할 수 있다.

우리는 필요하고 바람직한 이동성을 장려한다. 우리는 과도한 교통을 개선된 물류운송과 지능적 거주구조를 통해 피하고자 한다.

우리의 교통기반시설에 대대적으로 투자해야 한다. 그래서 우리는 생태적으로 유익한 교통수단, 그리고 결합된 교통수단에 우선권을 부여한다. 우리는 현대적이고 효율적인 철도교통을 원한다. 철도교통은 유럽의 공동성장에 큰 의미를 가진다. 철도교통은 도시와 지역의 삶의 질을 보장한다. 인간 친화적 공공교통은 우리에게 공공과제로 남아 있다. 버스와 전철은 경제적(절약적)으로 되어야 한다.

기술 혁신은 환경과 개별적 동력 교통수단 사이의 대립을 줄여준다. 우리는 기술 혁신을 가속화하고 하이브리드, 수소, 연료전지의 기회를 결연하게 사용하기를 원한다.

우리는 자연에서 종의 다양성과 풍부함의 보존을 원하며, 휴양과 여가의 공간 보전을 위해 대지 사용을 대폭 줄이기를 바란다. 우리는 바다와 연안지역의 효과적인 보호를 원한다. 우리에게 자연은 고유한 가치를 가지며, 우리는 자연으로부터 배우고 자연의 힘을 더 나은 삶을 위해 사용하기를 원한다. 우리는 국가 자연유산을 보호하고자 한다.

인간에게 직접적인 혜택이 없을지라도, 동물 보호는 우리에게 윤리적 의무다. 동물실험은 가능한 한 피해야 한다. 정의에 맞는 동물사육이 실행되어야 한다. 우리는 동물학대에 반대한다.

지속가능한 농업과 농촌지역

농산물시장의 국제화는 더욱 가속화되고 있다. 우리는 미래에도 독일의 강력한 농업을 원한다. 농업은 반드시 문화경관을 유지하고, 자연적 생활토대를 보전하며, 전원지역의 지속가능한 발전에 기여한다. 우리는 자연자원을 보호하는 동시에 유기적 생산으로 건강하고 고품질의 식품에 대한 증가된 수요를 우선 충족할 수 있는 농업을 장려한다. 농민과 소비자는 유전기술이 적용되지 않은 경작을 요구한다.

우리는 환경친화적이고 동물친화적인 생산에 유리한 농업을 원한다. 고도로 집중화된 식료품 판매 기업에 대한 농업의 입장을 강화하기 위하여, 농민은 전통적인 조직 외에 새로운 형태의 협력을 필요로 한다.

농촌지역은 지속가능한 농업경영과 관련될 수밖에 없는 고유한 발전기회를 가진다. 여기에는 관광과 재생가능한 원자재도 포함된다. 인구변화를 통해 가속화되는 농촌지역의 구조변동은 기반시설의 정비를 요구한다. 우리는 농촌지역이 갖는 고유한 강점이 더욱 발전되기를 원한다.

책임과 소비자의 힘

소비자의 책임의식은 지속가능한 진보의 선도자이다. 누구나 물품 구매 시마다 영향을 받을 수 있다. 이때 개인들은 약할 수 있지만, 그러나 소비자의 힘은 커지고 있으며, 조직된 소비자의 힘은 경제발전에 바람직하고 지속가능한 방향을 제시하는 효과적인 수단이다. 고품질 상품을 기꺼이 구매하려는 해방된 소비자는 혁신적 제품의 새로운 시장을 창출한다. 따라서 우리는 어떤 조건 하에서 제품이 생산되고 서비스가 제공되는지, 특히 세계적 시장에서 알 수 있는 투명한 시장을 원한다. 정보권 확대와 함께 적극적 소비자정책은, 저질상품을 공급하고 종업원의 권리를 무시하는 기업에 반대하는 소비자를 강화시킨다. 우리는 커지는 금융서비스 시장에서 더 많은 투명성을 필요로 한다. 독립적인 소비자위원회, 신뢰할 만한 품질기준, 포괄적인 소비자교육 등은 반드시 필요하다. 공공기관이 조달과 투자결정을 통하여 본보기가 되어야 한다.

3.6 모두를 위한 좋은 일자리

모든 사람은 노동에 대한 권리를 가진다. 노동은 사회적 생활에 참여하기 위한 열쇠이다. 노동은 삶의 의미와 인정을 제공한다. 노동은 사회적 배제를 막고, 스스로 특정한 생활을 가능하게 해준다. 그에 비해 실업은 대부분 빚을 지게하고, 인간 존엄을 침해하고, 소외시키고 병들게 할 수 있다.

모든 좋은 노동은 존경을 받게 하지만, 그렇다고 모든 노동이 좋은 노동은 아니다. 노동은 인간다운 생활에 속하지만, 그러나 노동 역시 인간다워야 한다.

우리는 정당한 임금을 주고, 사회보장제도에 완전하게 참여하게 해주며, 인정받을 수 있으며, 병들게 하지 않고, 습득한 자격을 활용하고 제고할 수 있게 해주며, 민주적 참여를 보장하고, 직업과 가족의 결합을 가능하게 해주는 그런 노동을 원한다. 좋은 일자리는 자영업도 포함한다. 또한 생계노동 저편의 무보수명예직과 사회적으로 가치 있는 노동도 장려되어야 한다.

모두를 위한 일자리

우리는 좋은 노동이 모두에게 가능하기를 원한다.

우리는 독일에서 장기간 높은 실업이 있었지만, 완전고용의 목표를 포기하지 않는다. 우리는 이러한 목표가 쉽게 달성되지 않을 것이란 사실을 알고 있다. 세계화는 노동시장을 변화시켰다. 모국 밖에서 일자리를 찾는 노동력의 공급이 늘어난 한편, 지역 - 한 기업 집단 내에서도 - 이 서로 경쟁하고 있다. 임금과 노동조건이 압박을 받고 있다. 단기적 기업전략이 흔해졌다. 항구적인 취업 압박은 불안정한 노동조건과 연결되고 있다. 단기고용, 외주, 계약노동, 저임금 노동자 대량고용 증가로 인해 노동은 많은 사람들에게 더 이상 안전한 생활토대가 결코 아니다. 증가하는 경제적 역동성은 사람들로부터 일터와 직업의 전환 그리고 무엇보다 부단한 학습을 요구한다.

그러므로 완전고용은 오늘날 우리에게 누구나 평생 동안 동일한 직장에서 동일한 일자리를 가지는 무언의 보증을 의미하지 않는다. 완전고용은 오늘날 우리에게 다음을 의미한다. 모든 사람은 좋은 일자리에 대한 기회와 그에 필요한 자격을 언제나 새롭게 가져야 한다. 자격취득과 평생교육, 육아와 가족노동, 무보수명예직과 정치적 노동 등을 위해 필요하고 요망되는 시간은 그에 상응하여 인정받아야 하고, 따라서 사회적 연대 안에서 사회적으로 보장되어야 한다.

독일은 노동으로부터 벗어날 수 없다. 기존의 그리고 새로운 잠재력을 개발하는 것이 중요하다.

완전고용을 위한 사민당의 정책은 네 가지 지주에 기초하고 있다. 첫째, 가능한 한 질적인 고성장, 혁신적 제품에서의 우위, 상당히 많은 일자리를 공급해줄 서비스분야에서의 고용역동성이다. 둘째, 예방적 사회보장국가는 조정된 노동시장 및 교육, 양성평등 및 가족정책을 통해 사람들이 직업 전환이나 중단을 극복하고, 취업 능력을 유지할 수 있게 뒷받침한다. 셋째, 최초 노동시장에서 전혀 가망이 없는 사람들에게는 공공자금에 의한 그리고 공공복리에 기초한 일자리의 특별한 공급이 필요하다. 넷째, 현대적 노동시간정책은 노동시간 단축으로 더 많은 사람들을 취업할 수 있게 하는 자기결정과 유연성을 장려할 것을 요구하고 있다.

소유와 결정에 참여

노동조합과 함께 우리는 사회적 노동의 소득에 대한 종업원의 정당한 몫의 분배와 경제적 사회적 생활에서 공동결정권을 옹호한다. 단체협상 자율은 아주 좋은 것이다. 독일에서 사용자와 근로자는 임금과 노동조건을 자체적으로 결정한다. 이것은 침해받지 않는다. 우리는 근로자의 대부분을 대표하고 파업할 수 있는 강력하고 행동할 수 있는 노동조합을 원한다.

금융시장의 영향력 증가와 관련하여 기업의 결정에서 노동자의 민주적인 공동결정권이 강화되어야 한다. 노동세계의 변화와 관련하여 기업의 공동결정이 더욱 발전되어야 한다. 공동결정권은 유럽 수준에서 안착되어야 한다.

수익의 정당한 분배는 사회정의와 경제적 이성의 명령이다. 우리는 생산성과 인플레이션에 연동한 임금인상을 원한다. 취업에서 얻는 소득과 자본이득 간의 격차가 벌어지기 때문에, 우리는 근로자의 재산 형성이 더 이루어지기를 바란다.

정규직 노동자는 임금으로 생활을 영위할 수 있어야 한다. 우리는 독일과 유럽에서 생계를 보장할 수 있는 최저임금을 위해 투쟁한다. 이것은 임금협약과 법으로 관철되어야 한다.

우리의 목표는 다음과 같다. 여성과 남성에 대한 동일노동, 동일임금.

변화하는 사회보장

자신의 생활에서 믿을 수 있는 희망을 가진 사람만이 온전히 자신의 재능과 능력을 펼칠 수 있다. 좋은 노동은 유연성과 안정성의 조화이다.

과학적-기술적 진보의 속도, 그리고 더욱 급격한 노동세계의 변화와 심화되는 경쟁은 더 많은 유연성을 요구한다. 동시에 이것은 개인의 삶의 설계에 더 많은 기회를 제공한다. 언제나 새로운 경험이 습득된다. 새로운 직업적 경험이 풍부하게 된다. 사람은 자신의 고유한 재능을 발전시키기를 원한다. 자신의 시간에 대해 더 많은 주권을 가지는 것은 대부분의 사람에게 추구할 만한 가치가 있다. 사람은 여가시간에 대한 권리를 가진다.

안정성과 유연성을 조화시키고 변화의 과정에서 안정성을 보장하기 위해 우리는 현대적인 노동시간정책을 개발하고 실업보험을 고용보험으로 바꾸려고 한다.

현대적인 노동시간정책은 다양한 형태가 가능하다: 초과노동시간의 폐지를 통해, 노동시간 계좌와 유연한 형태의 노동시간단축 확보. 또 여기에 자녀 양육, 재교육, 가족 돌봄, 휴가 등의 시간을 갖는, 사회적으로 바람직하고 개인적으로 선택된 기간이 포함될 수 있다. 사회적으로 요구되는 것은 또한 연대적으로 장려되어야 한다. 따라서 우리의 사회제도는 또한 취업 상황 변화에 더 잘 적응하여야 한다. 고용보험은 직업 전환과 취업 단속에 안전을 제공하고, 모든 생애과정에서 재교육과 평생교육을 보장해야 한다. 이를 위해 우리는 재교육에 대한 권리를 관철해야 한다. 이것은 분명히 선택가능성을 확대하고 고용능력을 유지해줄 것이다.

노동세계의 인간화는 지속적인 과제이다. 열악한 노동조건과 높은 실적 압력은 노동의 질을 위협할 뿐 아니라 또한 노동자의 건강을 위협한다. 노동과 건강의 보호는 더욱 발전되어야 한다. 노동조건은 고령화하고 있는 노동력의 요구에 따라야 한다.

노동자의 필연적 이주와 이동성 증가가 사회적 덤핑이나 임금덤핑으로 귀결되어서는 안 된다. 노동시장에 대한 법과 질서는 좋은 일자리를 보장한다. 우리는 불법고용에 반대한다.

그러나 유연성이 필수적이고 바람직하다 할지라도, 그것은 결코 남용되어서는 안 된다. 우리는 항구적이고 사회적으로 보장되는 노동관계를 강화하고자 한다. 우리는 불안정한 고용을 극복하고, 노동자들이 무방비 상태로 노출되지 않도록 하고자 한다.

좋은 일자리는 안정된 노동자권리를 포함한다. 즉 공동결정, 기업 내 규칙, 단체협상 자율, 최저임금, 노동보호와 해고보호 등은 필수적이다.

3.7 예방적 사회보장국가

사회보장국가는 20세기의 위대한 문명의 성과이다. 사회보장국가는 사회적 시민권을 통해 시민의 자유권을 보충한다. 그래서 우리에게 민주주의와 사회보장국가는 하나의 전체를 이룬다. 사회보장국가는 수백만의 사람들을 출신의 속박으로부터 해방시켰고, 시장의 비정함으로부터 보호하고, 자결의 삶에 대한 기회를 열어주었다. 사회보장국가는 우리의 복지를 창출하는 경제적 역동성을 위한 결정적 토대이다.

사회보장국가는 강자와 약자, 젊은이와 노령자, 건강한 사람과 병자, 취업자와 실업자, 비장애인과 장애인 사이의 조직화된 연대이다. 국가가 보장하는 사회보장과 참여, 법에 의해 보장되는 복지급여의 청구권과 노동권은 미래에도 사회보장국가의 토대를 형성한다.

세계화된 자본주의는 부유한 나라와 가난한 나라 사이의 간격을 심화시킨다. 또한 우리 사회에서도 사회적 적대를 심화시킨다. 몇몇 나라는 이것을 숙명으로 받아들인다. 이에 대해 성공한 사회보장국가는 가난으로부터 국민을 보호하고 사회적 상승을 가능하게 한다.

취업 방식이 유연해지고 흔히 불안정해지는 경우, 사회보장국가의 중심기능, 즉 변화 속에서 안정을 보장하는 것은 더욱 중요해진다. 추락에 대한 불안은 활력을 빼앗는다. 안정이 보장되는 것을 아는 사람만이 위험을 감수할 수 있다. 기회를 가진 사람만이 노력할 수 있다.

이러한 안전과 상승의 약속을 우리 시대에 혁신하기 위해서 우리는 사회보장국가를 예방적 사회보장국가로 더욱 발전시킨다. 예방적 사회보장국가는 궁핍과 싸우고 사람을 활력 있게 하고, 자신의 생활을 스스로 결정할 수 있게 만든다. 예방적 사회정책은 생존을 보장하는 노동을 장려하고, 교육을 도와주고, 보건을 지지한다. 그것은 인구변화를 조절하고 여성과 노령자의 더 높은 노동참여를 장려한다. 그것은 배제를 막고 재취업을 쉽게 해준다. 그것은 자신의 생활에 대한 책임으로부터 아무도 배제하지 않는다. 예방적 사회보장국가는 교육을 사회정책의 중심요소로서 파악한다.

예방적 사회보장국가가 우위에 두는 과제는 사회에서 모든 사람의 통합이다. 따라서 예방적 사회보장국가는 경제정책과 재정정책, 노동시장정책과 교육정책, 보건정책, 가족정책과 동등한 지위에 관한 정책, 혹은 이민자의 통합과 같은 다양한 임무를 서로 결합시킨다.

예방적 사회보장국가의 중심목표는 안전, 참여, 해방이다.

안전은 생존의 위기, 착취와 차별, 실업과 질병 그리고 보호 등 기초적 생활 위험으로부터 사람들을 보호하는 것을 의미한다. 동시에 안전 일반은 비로소 자결의 삶을 위한 전제를 창출한다.

모든 사람이 경제적, 문화적, 사회적, 정치적 발전에 참여하는 것은 사민당 정책의 목표이다. 좋은 교육, 생존을 보장하는 노동과 건강, 그리고 복지의 공정한 분배가 이것의 핵심이다. 사회보장국가의 질은 복지혜택의 크기에 의해서만 결정되는 것이 아니라, 처음부터 그리고 계속 새로운 것에 개방되어 있는 실질적인 삶의 기회를 모든 사람들에게 보장해주는 것에 의해 결정된다.

해방은 안전과 참여를 전제한다. 사람은 자신의 생활에서 자유롭고 자결할 수 있기를 원한다. 어느 누구도 자신의 출신 때문에 불이익을 받아서는 안 된다.

예방적 사회정책은 모두를 위해 안전과 참여 그리고 해방을 실현할 것이다 – 사회적 출신, 성별, 나이 혹은 장애유무에 관계없이.

예방의 원리가 더 일찍, 더 개인적으로, 더 효과적으로 실행된다면, 그 만큼 더 사회보장국가는 거대한 삶의 위기를 연대적으로 안정화할 수 있을 것이다. 이미 사민당 베를린 강령에서 다음과 같이 정식화했다: "사회정책은 복구하고, 위급한 상황에서 도움을 줄 뿐만 아니라, 미리 준비하고자 한다."

어린이와 젊은이, 가족, 노령자와 장애인에 대한 더 많고 더 좋은 사회서비스는 누구도 배제하지 않는 사회로 가는 열쇠이다. 우리의 유치원, 학교와 대학, 병원과 요양원에서 우리는 이를 위한 장래의 진로를 미리 확정할 것이다. 복지기관에서 일하는 사람은 최고의 자격과 지원을 요구해야 한다. 다른 사람을 위해 그 곳에서 사회적 직업에 종사하는 사람은 인정과 존경 그리고 공정한 임금을 받아야 한다. 사회서비스가 국가에 의해 제공되어야만 하는 것은 아니다.

무료 복지단체는 우리에게 중요한 동반자이고, 우리는 노동자복지단(Arbeiterwohlfahrt)과 노동자-사마리아인 연맹(Arbeiter-Samariter-Bund)에게 특별한 책임이 있다. 그러나 국가는 질과 모두에게 동등한 접근을 보장할 책임을 가진다.

정의와 연대는 또한 우리 사회보장국가의 재정에도 해당되어야 한다. 근로자와 사용자가 동등하게 부담하는 기여금은 미래의 우리 사회보장제도의 기반이다. 우리는 모두가 자신의 부담능력에 따라 분담하는 더 높고 안정된 세금에 의해 사회보장제도를 보완하고자 한다. 또한 경제적 이유에서 노동자의 부담 완화를 위하여 사회보장국가의 재정 기반이 확대되어야 한다. 예방적 사회보장국가는 따라서 고용 상황보다는 시민의 상황에 더 초점을 맞추어야 한다.

보건

예방적이고 사회민주주의적인 보건정책은 질병을 퇴치하고, 건강을 유지하고, 보건정책에서 차별을 없애는 것이다. 우리는 모든 사람을 위해 건강한 생활관계를 추구하고, 건강의식적 행동을 장려한다. 우리는 처음부터 유치원과 학교에서 건강교육을 장려하고 의무적인 건강검진을 실시할 것이다. 모든 어린이는 건강하게 자랄 권리가 있다.

동시에 의학적 진보를 병을 치료하고 치료할 수 없는 환자를 인간존엄에 맞게 돌보는 데 활용해야 한다. 환자는 출신, 연령, 성별에 관계없이 의료서비스와 의학적 진보에 대한 동등한 참여를 요구할 수 있다. 우리는 두 계급의료를 원하지 않는다. 따라서 우리는 모든 사람을 포괄하는 연대적 시민보험을 원한다.

연대적 시민보험의 원칙을 우리는 또한 요양보험에 적용하려고 한다. 인간존엄에 맞는 요양은, 가족과 사적 분야, 외래 및 입원 시설이 효과적으로 서로 보완되는 것이 중요하다. 사람은 생의 마지막에 특별한 연대를 필요로 한다. 모든 사람은 존엄 속에 죽을 권리를 보유하고 있다.

안정되고 활기찬 노령기

미래의 사회는 매우 오래 사는 사회가 될 것이다. 사람은 또한 오래 건강을 유지하게 될 것이므로, 노동생활도 길어져, 제삼의 연장된 인생국면을 맞이하게 될 것이다. 우리는 은퇴로의 이행을 더 유연하게 설계해야 한다. 모든 사람은 노년에도 적극적이고 창의적으로 사회생활과 노동세계에 참여할 수 있어야 한다. 노령자의 참여와 경험은 우리나라를 경제적 정치적 문화적으로 풍요롭게 만들 것이다.

법정 연금보험은 빈곤을 막는 노령보험을 떠받치는 기둥이다. 노령기에도 생활수준을 유지할 수 있도록, 연금보험은 물론 기업연금이나 공적으로 장려되는 사적보험에 의해 보충되어야 한다.

우리는 법정 연금보험을 장기적으로 모든 취업자에게 확대하려고 한다. 동시에 근로소득과 취업기간을 연금급여 결정 기준으로 유지할 것이다.

연금은 앞으로도 기여금과 연동되어야 한다. 우리는 단일연금을 거부한다. 우리는 노령자의 빈곤을 없앨 것이다. 노령자 기초보험 도입은 이를 위한 중요한 진전이다. 여기에 더해 여성의 독립적인 노령보험이 도입되어야 한다.

지자체의 예방적 사회정책

좋은 예방적 사회정책은 무엇보다 지자체에서 생명력을 얻을 것이다 - 높은 수준의 유치원과 학교, 그리고 이민자 통합을 위해, 고용과 노동의 질 제고를 위해, 스포츠와 휴식 그리고 건강을 위해 다양한 서비스가 제공되는 살만한 주거환경에서. 우리는 도시와 지방을 이렇게 발전시키는 사회적 지자체를 위한 정책을 지지한다. 이때 중요한 것은 연대와 자조 그리고 책임을 떠맡을 수 있는 시민들의 자세를 격려하는 것이다.

지자체는 특별한 위기에 처한 사람을 특유의 부조로 대처하여야 한다.

우리는 지불 가능한 주거공간을 준비하는 지자체의 노력을 지지한다. 우리는 세입자의 권리를 보장한다.

3.8 더 좋은 교육, 아동친화적인 사회, 튼튼한 가족

사회적 참여와 교육은 19세기 노동운동의 첫 번째 목표였다. 사회민주주의도 19세기의 노동운동에서 나왔다. "우리의 어린이들은 언젠가 더 좋은 것을 가지게 될 것이다"라는 선언이 더 나은 미래를 위한 많은 사람들의 투쟁에서 중요한 동기였다. 이러한 목표는 현재의 변화된 조건 아래에서 다시 정치적 실천의 중심으로 들어와야 한다.

우리는 모두를 위한 기회의 평등을 원한다. 기회의 평등에 관해서는 우선 그리고 무엇보다 교육과 가족이 결정한다. 따라서 우리는 모든 사람을 위한 더 나은 교육을 실행하고 가족을 튼튼히 해야 한다. 우리의 목표는 아동친화적인 사회이다.

교육은 우리의 미래를 결정하며, 교육은 우리 시대의 거대한 사회문제이다. 교육은 자결의 목표를 세워주고 꿈을 실현할 수 있게 해준다. 교육은 변화하는 세계에 접근할 수 있게 해준다. 교육은 사람에게 민주주의와 사회적 책임을 가능하게 해준다. 교육은 노동에 대한 기회를 열어주고, 참여와 사회적 상승전망을 새롭게 가져다준다. 교육은 빠르게 성장하는 의미를 가지는 경제적 생산력이다. 우리는 고급 취업자 비율을 높이기를 원한다. 개방적이고, 사회적으로 융통성이 있는, 그리고 높이 발전된 교육제도를 가진 사회만이 세계화된 지식사회에서 번영할 수 있다. 교육은 직업에 유용한 지식의 전달 이상이다. 우리는 인식과 지식에서 균형 잡힌, 즉 사회적 능력과 창의력, 미적 경험, 윤리적 성찰, 가치에 대한 감수성 등을 포괄하는 전체성의 교육을 원한다. 방향은 지식에서 필연적으로 주어지지 않으며, 따라서 우리는 정치교육과 민주주의교육의 재평가를 필요로 한다. 교육은 인격을 강화하고 인내할 수 있게 해준다.

지식은 숨이 멎을 만큼 증가하고, 이미 획득한 지식은 빠르게 시대에 뒤쳐진다. 이미 사람은 생활을 위해 언제나 배워왔고, 오늘도 역시 평생 배우고 있다. 우리는 배움의 즐거움을 심어주고, 연구결과의 공개를 목표로 삼으려고 한다.

모두를 위한 교육

국가는 모든 사람이 출신과 관계없이 교육에 대해 동등하게 접근할 수 있도록 배려해야 한다. 모든 사람은 요람과 유치원에서 대학까지 무상으로 교육받을 권리가 있다. 우리는 그것을 실현하고자 한다. 교육기회 부족으로 인한 사회적 배제는 부정의이다.

더 나은 교육은 높은 과제를 요구한다. 이것은 인간에 대한 투자로서 우선권을 가진다.

우리는 두 번째 세 번째 기회의 문화를 필요로 한다. 자신의 생애에서 곤경에 처한 사람은, 늦게라도 무상으로 학교를 졸업하고 직업에 필요한 자격을 얻을 수 있는 기회를 가져야 한다.

우리의 교육제도는 처음부터 남녀 청소년의 평등과 역할 구분 관행 극복에 집중해야 한다. 또한 이민자의 통합을 위해서 교육은 필수적이다. 통합교육은 사회통합을 촉진한다. 이는 장애인에게도 해당된다.

교육이 모든 사람에게 도달할 수 있도록 우리는 무지(문맹)와 투쟁한다. 우리는 또한 컴퓨터, 인터넷, 여타 매체에 대한 경쟁력 있고 의식적이고 비판적인 관계를 장려한다.

그러나 교육은 언제나 사람에 의해 매개되는 것임을 일깨워 주어야 한다. 유치원에서든 학교나 대학에서든 사람은 모두, 사회 속에서 이해와 인정 그리고 지지를 찾을수록 그 만큼 더 효과적인 성과를 낼 수 있다. 우리는 직업교육을 개선하고 평생교육을 장려할 것이다. 우리는 유치원에서 대학까지 교육자의 적절한 남녀 균형 유지에 주의를 기울여야 한다. 그럴 때만이 남녀 청소년은 역할 모델을 찾을 수 있을 것이다.

부모는 그 자식에 대한 책임을 버릴 수 없다. 우리는 교육 및 보호 제공을 통해 부모의 책임을 정당화하도록 도울 것이다.

교육은 첫걸음부터

첫 주 혹은 첫 달이나 첫 해가 인생을 결정할 수 있기 때문에, 부모, 조산원, 의사, 간호사 등은 자신의 임무에 잘 대비해야 한다.

보육시설은 보호만이 아니라 교육에도 기여한다. 우리는 보육시설을 부모-어린아-센터로 발전시키고, 여기서 부모는 가족상담과 재교육 그리고 필요한 도움을 일상적으로 얻을 수 있을 것이다. 또한 여기서는 무엇보다 언어 지원을 통해 출신으로 인한 불이익을 해소할 수도 있을 것이다.

사민당은 보육료 폐지를 위해 싸운다. 이제 우리는 모든 어린이를 위해 처음부터 등록금 없는 종일보육을 요구한다. 우리는 생애의 두 번째 국면(요람이 첫 번째, 보육시설은 두 번째)에 대해 좋은 보육을 위한 법적 권리를 실현하고자 한다.

함께 배운다

교육과정과 교육기회에서 우리의 교육제도는 너무 일찍 결정하도록 되어 있다. 그래서 우리는 학생들이 가능하면 오래도록 함께 서로 배우는 학교제도를 위해 노력한다. 이것은 가장 좋게는 10학년까지 통합학교에서 이루어져야 한다. 우리는 장기간의 통합학습과 더 나은 개인적 필요를 결합시키고자 한다. 다른 나라의 경험을 보면, 이것이 학습에서 뒤떨어진 학생뿐 아니라 우수한 학생에게도 좋다는 사실이 밝혀졌다. 이럴 때만이 교육기회가 사회적 출신에 의존하는 일이 없어질 것이다. 독일은 교육제도에서 더 많은 사회적 융통성이 필요하다.

우리는 종일학교를 만들고자 한다 - 배움과 사회적 교류의 장소로서. 종일학교는 가족과 함께 어린이들과 청소년의 생활의 중심이 될 것이다. 부모는 어린이들이 자신의 장점을 발견하고 발전시킬 수 있도록 부담을 덜어주어야 할 것이다. 종일학교는 사회적 주변환경으로 편입되는데, 거기에는 기업과 스포츠협회, 음악학교, 초등학교, 자유로운 청소년선도와 교회도 포함된다.

우리는 학교가 자율적으로 일하기를 바란다. 학교는 의무적인 기준을 유지하고, 학교의 성과는 정기적으로 검증된다. 이때 학교는 그러나 훨씬 더 많은 자체적 창의력과 능력을 발전시킬 수 있어야 한다. 우리의 이상은 민주적인 학교로, 교사와 학생 그리고 부모가 결정에 모두 참여하여야 한다.

현대적 직업교육

최초의 직업교육은 직업 생활의 중요한 기초다. 넓은 기초교육은 평생의 직업학습을 위한 전제를 창출한다. 기초교육은 직업을 포괄하는 능력을 전달해야 한다. 모든 청소년은 직업교육을 받을 권리가 있다.

우리는 2중체계를 더욱 발전시키고자 한다. 이중체계는 잘 현대화되어, 노동세계에서의 엄청난 발전과 보조를 맞추어야 한다. 직업교육을 할 수 있는 기업에 유리한 분담금 등 연대적인 재정지원모델이 여기서 도움을 주어야 한다. 모든 청소년에게 최초의 직업교육을 보장하기 위해, 이중체계가 더 이상 충분한 직업교육자리를 제공하지 않는다면, 우리는 질적으로 높은 수준의 공공 직업교육이 필요하다. 일반교육도 직업교육과 강하게 연계되어야 하고, 그래서 청소년들이 직업선택과 직업적 필요에 더 잘 준비할 수 있도록 해야 한다.

이중체계에서 기업은 전문능력향상의 직업교육에 힘써야 할 책임이 있다. 기업은 직업교육의 비용에 대해 연대적으로 동참해야 한다. 우리는 직업교육장을 늘리고 자가 수요를 넘는 공간을 제공하는 기업의 시설을 장려하는, 재정지원모델을 지지한다.

학습과 연구의 질을 강화

우리는 우리 대학에서 교수와 연구의 질을 개선하고 연구를 위한 더 많은 공간을 만들기를 원한다. 국가는 대학에 책임이 있으며, 대학 재정을 보장해야 한다. 여기에는 또한 연방주들 사이의 재정적 균형이 필요하다. 그렇지만 대학은 가능한 최대한 자율적이어야 한다. 대학생활에 참여하는 모든 사람들은 공동결정권을 가진다.

연구와 교수는 같은 것에 속하는 짝이며, 이의 통일과 자유는 대학의 심장이다. 대학은 전체적으로 교수와 연구의 넓은 전망을 제시해야 한다. 사회과학과 정신과학은 자연과학과 기술과학과 마찬가지로 장려되어야 한다.

대학 외 연구기관은 지난 세기에 우리 과학체계의 강력한 지주가 되었다. 우리는 대학 외 연구와 대학 사이의 강력한 협력을 요구한다.

우리는 학습에 대한 접근 개방을 원하며, 교육에서 소외된 가족 출신의 학생의 비율이 높아지기를 원한다. 또한 이미 직업에서 자격을 갖춘 사람들도 대학의 학습에 참여할 수 있도록 재정적으로 지원되어야 한다. 우리는 최초의 교육이 무상으로 이루어져야 한다고 약속한다. 국가의 직업교육 장려는 필요에 부합하는 것으로 더욱 발전되어야 한다.

더 많은 학생들이 국제적 경험을 쌓을 수 있는 지원책이 마련되어야 한다. 동시에 외국으로부터 학생들이 들어올 수 있도록 우리나라를 개방해야 한다.

배우는 사회에서의 평생교육

배우는 사회를 위해 우리는 평생교육을 우리 교육제도의 네 번째 기둥으로 만들고자 한다. 평생교육제도 역시 공공의 책임이 요구된다. 우리는 재정 지원과 유급 교육휴가제도에 의해 평생교육을 보장하려고 한다. 이를 위해 우리는 단체협상 당사자와 기업을 참여시킬 것이다. 실업보험을 노동보험으로 전환시키는 것이 이의 재정에 도움이 되어야 한다.

우리는 또한 일반적, 문화적, 정치적 평생교육을 장려한다. 이것은 또한 노령자에게도 유용할 것이다. 평생교육을 통해 노령자들도 직업과 사회에서 적극적으로 활동할 수 있다. 교육은 노령자들이 시대에 따라갈 수 있게 해준다.

어린이와 가족을 강화

어린이는 미래의 기쁨을 구현한다. 어린이는 모든 사회의 기초이다. 우리는 어린이를 가진 가족에게 최고의 조건을 제공하는 사회를 원하고, 어린이들의 욕구에 대해 편견 없이 열린 분위기를 원한다. 성공적인 아동정책과 가족정책은 우리나라의 미래역량을 위한 핵심문제이다.

우리의 이상은 부모가 동등하게 생계와 육아를 책임지는 가정이다. 이것은 대다수의 젊은 사람들에게 해당될 것이다. 이것은 부모에 대한 어린이의 욕구에 상응하고, 가족의 경제적 독립성을 보장한다.

가정에서 사람은 사랑, 보호와 의지, 전망과 상호 지지를 경험하고, 안전을 느끼고, 서로를 위한 책임을 배울 수 있다. 우리는 우리의 가족 모델을 사회적 현실에 맞게 가져가려고 한다. 우리는 사람이 어떤 인생의 모델도 미리 설정하지 않기를 바란다. 대부분의 사람은 결혼을 원하며, 우리는 그것을 지지한다. 동시에 우리는 또 다른 공동의 생활, 결혼하지 않은 생활공동체, 동성애 생활동반자관계, 한부모 가정 등도 동등하게 보호한다. 한 부모 어머니와 한 부모 아버지는 우리의 특별한 지원을 필요로 한다. 가족은 자녀가 있는 곳이고, 생활동반자 혹은 세대가 서로를 위해 존재하는 곳이다. 우리는 자녀를 가진 가족에 대한 조건이 개선되기를 원한다. 그래서 자녀를 위한 열린 마음과 이해를 일깨우고, 비록 내가 낳은 자식이 아닐지라도 부담이 아니라 기쁨과 용기를 느끼게 해주는 분위기를 만들기를 원한다.

우리는 젊은 부부가 직업적으로 방해받지 않고 자녀를 원하도록 부담을 줄여주어야 한다. 이것은 특히 더 많은 자녀를 갖기로 결심하는 부모에게 해당된다. 셋 이상의 자녀를 원하는 부부는 재정적인 이유로 그러한 결심을 버려서는 안 된다. 젊은 가족은 가족을 형성했을 때 그리고 생애의 각 단계에서 목표로 한 지원을 필요로 한다. 이것을 우리는 더 나은 그리고 꼭 필요한 지원과 가족친화적 노동시간 그리고 재정적 지원을 통해 보장하고자 한다.

　기업 역시 가족에 대한 책임에 기여한다. 취업의 불안정은 자녀를 위한 결심을 어렵게 만든다. 항상 노동력을 가동할 수 있다는 것이 이상이라면, 이것은 가족에게 부담이 된다. 부모의 필요에 맞추는 노동시간은 결국 기업에게도 유용하다. 우리는 가족친화적인 노동세계를 원하며, 그것에 의해 부모가 직업과 가족을 결합하고 자녀를 위한 시간을 더 많이 가질 수 있기를 원한다. 이것은 또한 기업의 이해에도 맞을 것이다.

　부모의 이혼이 자녀에게 궁핍의 위험이 되지 않도록 해야 한다. 한 부모는 – 보통 어머니 – 보육시설이 없다면 직장에 다니기가 어렵다. 그래서 보육시설은 시급하다.

　부모의 권리는, 자녀의 권리가 침해되지 않는 데 그 경계가 있다. 아동은 자신의 권리, 무엇보다 폭력이 없는 교육에 대한 권리를 가진다. 우리는 이러한 권리가 헌법에 고정되기를 원한다. 아동의 권리가 침해된다면, 국가와 사회는 개입해야 한다.

4. 우리의 길

　미래는 열려 있다. 우리는 우리가 완전한 갈등과 모순의 세계를 천상의 낙원으로 바꿀 수 있다고 누구에게도 약속하지 않는다. 우리는 현실을 인정하지만, 그러나 현실의 관계를 그대로 받아들이지는 않는다. 우리는 살만한 가치가 있는 미래로 길을 나서려고 한다. 우리는 우리나라를 미래지향의 능력이 있는 나라로 만들려고 한다.

　우리는 평화롭고 정의로운 세계를 원한다.

　우리는 사회적이고 민주적인 유럽을 원한다.

　우리는 연대의 시민사회, 존중과 인정의 문화, 행위능력이 있는 민주국가를 원한다.

우리는 남녀평등이 실현되기를 원한다.

우리는 질적 성장을 통해 모두를 위한 복지와 삶의 질을 가능하게 하고 우리의 자연적 토대를 보호하려고 한다.

우리는 모든 사람을 위해 좋은 일자리와 정당한 임금을 원한다.

우리는 안전, 참여, 기회평등이 보장되는 예방적 사회보장국가를 원한다.

함부르크강령 최종안 작성을 주도한 좌파 지도자 안드레아 날레스(Andrea Nahles). 2018년 4월 28일 비스바덴 임시당대회에서 당수로 선출되었다.
출처: www.spd.de

우리는 아동친화적이고 가족친화적인 사회에서 모두를 위한 더 나은 교육을 원한다.

역사는 우리에게 가르친다. 체제가 아니라 사람이 관계를 바꾼다. 더 나은 미래는 저절로 오는 게 아니라, 생각해내고 싸워 쟁취해야 한다. 하나의 정당은, 그 가치를 공유하고 그 목표를 지지하는 사람들만큼만 강할 수 있다.

많은 사람들은 노동조합, 협회, 단체, 교회, 사회운동, 각종 네트워크에 참여한다. 많은 사람들은 더 개선되고 정의로운 사회를 원한다. 다수는 연대의 독일을 원한다.

우리는 우리의 정책을 위해 이러한 연대적 과반수를 획득하기를 원한다. 우리는 지지를 얻기 위해 노력하고 협력을 바란다.

사민당은 21세기의 지속가능한 진보와 사회정의를 위해 싸운다.

제 2 부

독일 사회민주당 선거강령

1. 독일사회민주당 선거강령(1969년)

성공, 안정, 개혁

서 론

이 정부강령(선거강령)에서 사민당은 다음 4년간의 사민당의 우리 연방공화국 정책이 어떻게 설계되어야 할 것인가를 설명할 것이다.

강령은 "성공 - 안정 - 개혁"을 표제로 하였다. 이에 의해 우리의 향후 정부운영과 여당의 정치적 책임 노선이 확정되었다. 미래를 위한 안전은 내일의 과제를 오늘 이미 제기하는 것을 의미한다.

사회민주당은 현재의 정부에서 많은 저항과 장애에도 불구하고 성공적인 정책을 추진하였다. 우리의 경제적 사회적 질서의 안정을 보장하고 필요한 변화를 가속화하는 개혁정책은 그러나, 연방의회에 더 많은 사민당 의원이 선출될 때만, 사민당이 연방공화국의 여당의 위상을 확보할 때만, 유지될 수 있다.

경험은 보여준다. 사민당이 정부의 정책을 공동 결정하면, 경제적 번영이 안정되고, 세계에서의 우리의 이해가 이성적으로 대표되고, 탄탄한 개혁정책을 위한 전제가 창출된다.

우리나라의 시민들이 사민당에게 안정과 평화 그리고 개혁을 일관되고 성공적으로 계속 추진하도록 신뢰를 보내고 위임해준다면, 훌륭한 조언이 될 것이다.

빌리 브란트(서명)

1969년 4월 17일

---

* 사민당 임시 당대회(1969. 4. 17. 고데스베르크) 결의

여당(연정 참여) 사민당

- 사민당은 자신의 정책이 성공적이고 올바른 것임을 정부 참여로 증명하였다.

연방공화국은 1966년 가을에 심각한 위기에 빠졌었다; 그 당시의 기민련/기사연-자민당 연방정부에게 상황은 탈출구가 없었다. 국민과 국가를 더 이상의 위험 앞에서 구하기 위해, 사민당은 1966년 12월에 정부에 참여하기로 결정하였다.

새로운 정책의 성공은:

◇ 위기가 극복되었다.
◇ 외교적 고립의 위험을 피하였다.
◇ 우리 경제를 다시 번영하게 하였다.
◇ 우리 무역을 세계의 국가들과 함께 꽃피웠다.
◇ 독일 마르크화가 세계에서 가장 강력한 통화 중 하나다.
◇ 일자리에 대한 걱정을 더 이상 아무도 하지 않는다.
◇ 사회보장이 다시 안정되었다.
◇ 국가재정이 제자리를 잡았다.

이는 사민당 없이는 하강하고, 사민당과 함께 하면 상승한다는 것을 증명하고 있다.

평화정책: 안전과 긴장완화

- 우리의 국가 이익은 요구한다: 서방과는 친선, 동방과는 이해

우리의 안전은 연방공화국이 적극적인 평화정책을 추구할 때만 보장된다. 따라서 우리는 사민당에 의해 도입된 새로운 외교정책을 일관되고 환상 없이 계속 추진할 것이다. 새로운 외교정책은 우리나라의 위상을 높이고, 정치적 비중을 올리고, 세계에서 새로운 친구를 얻게 할 것이다.

우리 외교정책의 목표는 유럽에서 지속적인 평화질서를 위한 길을 닦는 것이다.

여기에는 다음과 같은 사안들이 포함된다:

우리는 북대서양동맹을 더욱 강화할 것이다. 이는 우리 평화정책의 기반이다. 나토-동맹은 두 가지 과제를 가지고 있다: 회원국의 안전과 유럽에서의 긴장완화.

동맹국들과 함께 우리는 동유럽과 서유럽에서 동시적이고 균형 있는 군축을 위해 노력할 것이다. 우리는 핵무기의 생산과 보유를 계속 거부할 것이다. 핵확산금지조약을 우리는 분명히 찬성한다.

우리는 유럽공동체의 정치적 경제적 강화와 공동체의 민주화 및 효과적인 의회의 통제를 위해 노력할 것이다. 안정된 유럽공동체는 우리 경제성장에도 중요하다. 유럽공동체는 우리의 평화정책에 힘을 주고 뒷받침을 해 줄 것이고, 미래의 유럽합중국의 토대가 될 것이다. 따라서 우리는 영국과 가입을 결정한 다른 나라들이 가능한 한 빨리 공동체에 받아들여질 수 있도록 노력할 것이다.

우리가 책임지는 연방공화국은 동유럽과 남동유럽 국가에 대한 정치적 경제적 관계를 개선할 것이다. 우리는 이러한 노력을 일관되게 계속 추진할 것이다. 이러한 노력은 우리 평화정책의 중심적 구성부분이다.

우리의 국가적 이해는 서방과 동방 사이에 서는 것을 허락하지 않는다. 우리나라는 서방과의 협력과 지지를 요구하고, 동방과는 이해를 요구한다.

우리는 제3세계의 긴급한 문제의 해결에 무관심할 수 없다. 선진국과 개발도상국 사이의 사회적 격차는 평화를 위협한다. 개발도상국 사람들의 상태가 개선되지 않는다면, 우리 사회와 복지 역시 위험해진다.

세계에서 두 번째로 큰 무역국가인 연방공화국은 유럽의 경계를 넘어 협력을 통해 제3세계의 급속한 경제적 사회적 발전에 기여하고, 그럼으로써 평화에 기여하는 것을 우리 시대의 과제로 삼는다. 이를 위해 연방공화국은 자신의 경제적, 과학적, 윤리적 힘을 동원해야 할 것이다. 개발 지원은 양 측 모두에게 혜택을 준다. 제3세계 국가는 내일의 우리의 동반자가 될 것이다.

독일정책(통일정책): 이해와 상호관계의 규범화

- 평화는 독일의 두 부분의 이해를 요구한다.

베를린의 생존능력과 통행의 자유는 더욱 안전하게 보장되어야 한다. 서베를린은 독일의 두 부분의 정치적, 경제적, 문화적 관계 개선 가능성에 기여해야 한다.

지속적인 유럽의 평화질서와 독일 두 부분에 살고 있는 사람들의 이해는, 연방공화국과 독일민주공화국(DDR) 사이의 관계 개선을 요구한다.

독일사회주의통일당(SED)과 독일민주공화국 지도부가 독일관계의 정상화에 관한 구체적인 행동을 아직 한 번도 시도하지 않은 사실과 관련하여, 독일민주공화국 정부의 인정요구는 규범화된 양독관계에 어떤 건설적인 기여도 할 수 없을 것이다.

우리는 독일 양 부분 사이의 관계를 긴장완화하기 위해 모든 것을 계속 하려고 한다.

연방공화국과 독일민주공화국 사이의 경제관계는 강화되고 확대되어야 할 것이다.

우리는 서로 외국이 아닌 독일 양 부분의 규범화된 교류를 보장하는 포괄적인 협약을 추구한다. 인적 및 물적 교류는 서로의 이익이 되어야 하고, 그래서 기존의 제한으로부터 점진적으로 빠져나와야 한다.

모든 종류의 양 독일관계는 - 특히 문화 및 스포츠 행사 - 각각의 분야에 타당하게 적용되는 규범에 따라 발전되어야 한다.

우리는 양측의 이해에 기초한 협력의 형태로 이끌 정부 수준의 제한 없는 모든 행동을 독일민주공화국에 요청한다.

경제와 재정: 안정과 성장

- 2년 안에 우리는 안정된 일자리, 마르크화의 안정, 소득 증가, 시장경제 질서의 강화를 달성할 것이다.

사민당의 현대적 경제정책은 적합한 것으로 인정되었다. 우리는 이를 일관되게 추진해 나갈 것이다. 우리 경제정책의 강령의 중점은 다음과 같다:

우리는 미래에도 노동자들에게는 완전고용을, 자영업자들에게는 경제적 생존을 보장할 것이다. 누구도 일자리를 둘러싸고 걱정하지 않도록 할 것이다. 실질소득은 더욱 증가할 것이다.

우리는 합리화와 기술적 진보가 개인들에게 부담이 되지 않도록 노력할 것이다.

사민당은 적정 성장을 보장할 것이다.

우리는 우리가 입법화한 경제안정 및 성장촉진법의 수단을 합목적적으로 사용할 것이다.

물가 안정은 내외의 위험에 대한 가용 수단을 모두 활용하여 방어할 것이다. 시장 주도의 물가 인하를 위하여, 이제까지 기민련/기사연의 반대로 없애지 못했던 협정가격제도가 폐지될 것이다. 공정거래법 개정은 시장권력의 남용 제거에 기여할 것이다(합병, 지속적인 기업집중의 보고, 경쟁제한계약의 금지).

이러한 정책은 소비자에게 도움이 될 것이다. 우리는 나아가 상품의 질과 가격 비교가 가능하도록 신경 쓸 것이다. 할부판매법의 개정으로 구매자 보호가 개선될 것이다.

성장과 안정을 유지하기 위해서는 지속적인 구조변화가 필요하다. 우리는 이러한 변화를 추진하여야 한다.

우리가 실현한 탄광업과 광산지역의 성공적인 혁신정책으로, 루르와 자르지역의 사람들에게 그들의 일자리를 다시 안정적으로 제공하였다. 이러한 노력은 자르란트와 초넨란트 지역, 바이에른의 국경지대, 그리고 구조적으로 취약한 다른 모든 지역에 대한 우리의 투자 정책에 선도 사례가 되었다.

문제가 있는 농업 분야에 대한 특별한 행동프로그램이 개발될 것이다. 이에 의해 농업구조를 개선하고 진정한 대안으로서 새로운 일자리가 창출될 것이다. 농업정책에서 우리는 독일농업에 새로운 방향을 제시하였다. 우리의 목표는 시장 지향적이고, 사회의식적이며, 소득 지향적인 농업정책이다. 우리는 노동조건과 생활수준에서 다른 경제분야와 대등한 경쟁능력이 있는 농업을 추구한다.

우리는 현대적 생산방식의 발전과 적용을 촉진하고, 많은 분야에서 필요한 적응과 개선을 목적의식적으로 촉진할 것이다. 지역적 장려정책이 연방개발계획 속에서 종합될 것이다. 연방개발계획은 지역에 장기적인 개발목표를 제시할 것이다. 경제번영과 기술변화는 사람들의 생활수준을 분명히 개선할 것이다. 따라서 공공 투자와 서비스는 서로 조정되어 사안과 지역에 따른 근본적인 정책이 다음 10년 동안 시기별 계획으로 확정될 것이다.

우리는 중요 선진국으로서 우리나라의 위상을 그대로 유지할 것이다.

사민당의 경제정책은 나아가 예측과 이성의 정책이 될 것이다. 고도로 산업화된 독일 국민경제는 현실적인 목표설정을 가지고 과학에 기초한 기획을 요구한다. 지금까지와 같이 우리는 방법과 목표를 노사협상당사자들과 합의할 것이다. 조화로운 행동(Konzertirte Aktion)은 앞으로도 유지될 것이다.

경제에서도 민주주의

노동자는 경제적 재건의 주요 책임을 지고 있다. 노동자는 낡은 경제의 재건이 아니라 새로운 경제의 건설을 원해왔고 원한다. 동등한 경제시민에 속하는 것은 민주주의에서는 국가시민에 속하는 것이다. 따라서 우리는 노동자의 노사공동결정권과 경영참여-노동자대표협의회의 과제 및 권리의 강화를 요구한다; 이를 위해 우리는 이미 법률안 초안을 제출하였다. 우리는 주식회사 감사의 보수를 제한할 것이다.

건강한 재정: 사회정치적 개혁의 토대

- 재정정책은 정치적 구성의 수단이고 사회정치적 목표설정의 실현에 기여한다.

사민당의 요구로 실현된 중장기적인 재정계획으로 우리는 질서정연하고, 통제 아래 유지되는 공공 재정경제를 이룩하였다. 중장기적인 재정계획은 더욱 발전되어, 정책 우선순위 설정이 개선되고 명확해질 수 있게 되었다.

우리의 요구에서 시작된 재정개혁은 국가 정책에서 우선순위를 차지하고 있다. 이에 의해 공공기관의 과거보다 더 개선된 현재와 미래의 수요 업무 수행이 보장되며, 이와 동시에 연방과 주, 기초단체 사이의 세금배분 체계가 더 안정되고 효율적으로 될 것이다.

내년에는 공정하고, 단순하고, 한 눈에 들어오는 조세제도가 도입될 것이다.

시작될 종합적인 조세개혁은 성과와 부담능력에 따른 과세 원칙에 의해 결정될 것이다.

근로소득세 공제는 근로자에 유리하게 두 배로 늘어날 것이다. 노동자를 위한 특별지출과 광고비용에 대한 세금공제액은 확대될 것이다.

대자산에 대한 상속세율은 인상될 것이다. 상속세법 상의 납부 방법 선택은 대자산에게만 한정될 것이다. 소득세 최고세율은 검토를 요한다.

재산세 개혁은 소규모 자산 소유자의 최대한의 부담 완화를 위하여 특별지출로서 소득세 공제를 제한하여야 한다.

세법안에서 가족부담의 형평성은 아동수당과 교육지원수당을 통해 개선되고, 통일적이고 공정한 체계로 종합되어야 한다.

모든 사람이 경제성장에 참여하고 재산을 형성할 수 있도록 하기 위해서는, 적극적인 노조의 임금정책과 대중구매력의 향상 정책 이외에도, 추가적인 법규가 필요하다. 국가적 저축 장려와 조세경감은 노사협상당사자에게 재산정책으로서 임금 및 소득정책을 추진할 수 있는 커다란 기회를 조성하였다. 유리한 저축기회를 저소득자들도 이용할 수 있어야 한다. 자발적이든 혹은 노사협상당사자들 사이에서 합의한 것이든 기업의 재산을 근로자에게 이전하는 것은 조세정책에 의해 촉진되어야 할 것이다.

건강한 재정은 건강한 국가의 기초이다. 우리는 이것을 더욱 안정화할 것이다.

교통질서

교통질서는 효율적인 경제와 미래 사회발전을 위한 중요한 전제이다.

기민련의 극심한 반대에도 불구하고 우리는 교통개혁정책을 시행하였다. 이에 의해 사민당의 교통정책의 근본적인 요소가 실현될 것이다..

우리는 장거리화물교통에서의 합리적인 분업을 가능하게 만들었다. 국철과 장거리화물운송의 협력을 도입함으로써, 도로망의 부담 완화와 국철의 운송능력 활용 개선이 더욱 촉진될 것이다.

우리는 국철 합리화 정책을 계속 추진하고 운송능력을 더욱 개선할 것이다.

우리는 종합적인 고속도로 건설계획을 수립할 것이다. 지자체의 교통문제 해결은 특별히 우선순위에 있다. 연방은 이를 위해 더 많은 재정적 지원을 해야 할 것이다.

우리는 도로교통과 도로 위에서 달리는 자동차의 안전을 강화할 것이다. 시작된 교통개혁은 계속 추진되어야 한다.

사회적 주거정책 - 현대적 도시건설

부담할 수 있는 비용으로 풍부한 주거공간을 창출하는 것은 결정적인 사회정책 과제에 속한다.

기민련/기사연과 자민당에 의해서 일찍이 도입된 임대료 통제제도의 폐지는 무엇보다 대도시에서 계속되는 임대료 상승을 가져왔다. 이는 충분한 양의 주택의 공급, 땅 투기 반대 정책, 건설비 인하를 위한 건설업계의 합리화에 의해서만 막을 수 있다. 땅 투기와의 싸움은 현대적인 토지 관련법을 전제한다. 일반적인 정책이 원인인 토지가격 상승은 가격상승을 유발한 정책의 재원으로 활용되어야 한다. 정당하지 못한 투기이득은 세금으로 환수되어야 한다. 이에 의해 비로소 현대적인 도시건설이 가능하게 되고, 이에 의해 비로소 토지상의 재산권에 대한 사회적 구속이 실현될 수 있다.

모든 가족은 가족에게 적합한 주택에 대한 권리를 보유하고 있다. 이것은 단지 그들의 소득수준에 의존하게 해서는 안 된다. 사민당이 새로운 임대차법으로 수백 만 세입자들을 효과적으로 보호하고 사회적 주택건설을 새롭게 추진하는 것을 성사시킨 후에, 종합적인 주택 및 도시건설 개혁이 도입되었다.

우리는 젊은 부부들, 아이를 가진 가족 그리고 노인을 위한 주택의 건설을 강력하게 지원할 것이다. 주택건설 지원에서 소득 상한선과 주택수당법에서 임대료 상한선은 변화된 상황에 맞추어 알맞게 조정되어야 할 것이다.

사회정책: 사회보장과 정의

- 모든 시민의 사회보장에 대한 권리는 국가가 책임진다.

사민당은 무엇보다 연금생활자와 저소득 노동자와 같은 사회적 약자에게 불경기의 부담이 일방적으로 전가되는 것에 반대한다. 사민당은 임금총액과 급여총액에 맞추는 연금을 성공적으로 지켜왔다. 따라서 연금이 3년 동안 약 24% 인상되었다.

우리는 장기적으로 재정을 기초로, 충분한 연방보조금을 통해, 그리고 적절한 분담금을 통해 역동적인 연금을 궁극적으로 보장할 것이다. 아무도 자신의 연금에 대해 걱정할 필요가 없다.

사민당이 이끌 연방정부는 국민연금보험을 관철할 것이다. 모든 근로자들을 연금보험에 가입시킨 후 자영업자와 주부(주부연금)도 연금보험에 가입할 수 있게 될 것이다. 사민당은 점진적으로 노령 시점을 자유롭게 선택하도록 하는 제도를 도입할 것이다.

모든 시민은 그가 어떤 사회적 급부에 대한 권리를 가지고 있는지 분명히 알 수 있어야 한다. 우리는 일정 시점 이후의 연금 산정에 의해 모든 사람에게 자신의 연금을 계산할 수 있는 기회를 제공할 것이다.

사민당 연방의회 의원단은 이번 회기에 질병에 걸린 노동자에게 임금을 계속 지급하도록 하는 법률안과 사무노동자에 대한 보험책임한계의 단계적 폐지를 위한 법률안을 제출하였다. 우리는 이들 법안을 실현시킬 것이다.

사민당은 전쟁희생자연금의 인상을 둘러싼 투쟁을 종결지었다. 전쟁희생자 연금은 미래에는 경제발전에 맞추어 균등하게 될 것이다(역동화).

사민당은 중장기적인 경제정책과 수년간의 재정계획을 사회예산을 통해 보완하였다. 사회예산은 우리의 사회적 성과를 경제적, 재정적, 사회정치적 연관에서 표현해야 한다. 우리는 이러한 미래지향적 사회정책을 더욱 발전시켜 나갈 것이다.

사회보장과 보건

기술진보의 성장가능성은 사람들의 건강보호에 진력하여야 한다.

예방을 목표로 한 검진에 의해 우리는 예방적 건강보호와 질병의 조기진단을 강력하게 발전시킬 것이다. 현대적 노동의학 지식은 전면적으로 노동자를 위해 활용되어야 한다.

암이나 심장-순환 질병, 신진대사질병과 같은 우리 시대에 널리 퍼져 있는 질병을 퇴치하기 위해, 우리는 의료과학의 모든 가능성을 동원할 것이다.

수요에 따른 단계적이고 효율적인 병원체계는, 오늘날 주어진 건강과 기능 회복가능성에 상응하는, 의료서비스제공에 대한 모든 시민의 정당한 권리를 보장해야 한다. 이러한 보장을 위해 재정이 확보되어야 할 것이다.

우리는 스포츠 활동을 강력하게 장려하고 독일올림픽위원회를 지원할 것이다. 모든 새로운 스포츠시설은 건강과 휴식에 기여한다. 1972년의 올림픽경기에 대한 지원 이외에 이제까지의 스포츠 지원이 위축되어서는 안 된다. 협회와 기초단체의 기존 사업은 계속 보호받아야 한다. 우리는 스포츠를 모든 종류의 정치와 분리할 것이다.

국가질서의 개혁

- 향후 시기는 우리의 국가질서의 개혁에 유리하여야 한다.

사민당 연방의회 의원단은 의회개혁을 위한 법률안을 제출하였다. 독일연방의회의 일은 효과적이고 명료해야 한다. 의회는 시민권을 개선하고 보호할 수 있어야 한다.

정부와 행정은 현대적 실적사회의 입장에서 이루어져야 한다. 연구와 기술의 결과는 - 특히 현대적 정보처리 방식 - 공공 행정에서 이용할 수 있도록 해야 한다.

공공 서비스 분야의 공무원과 사무노동자, 노동자를 위하여 현대적 근무 관련법을 만들어야 한다. 승진 관련법은 완화되어야 한다. 특히 상위직에 관해서는 민간기업에서 일하다가 공공 분야로의 전환이 매력적으로 되어야 한다.

그 사회적 사명이 인정되는 경우에만, 독일군은 민주국가의 군대로서 방위 임무를 수행할 수 있다. 우리는 장병들이 우리 사회의 일부라는 것을 보장할 것이다. 급여와 승진에 대한 권리는 기술적으로 높은 수준의 군대가 되어야 한다는 요구에 상응해야 한다.

우리가 시작한 사법개혁은 계속될 것이다. 법원 조직은 유연화되고 명료해져야 하고, 재판절차가 단축되고 이에 의해 시민의 권리보호가 강화되어야 한다. 판사의 독립성이 강화되어야 한다. 이제까지보다 더 많이 법조계 밖에서 직업경험을 축적한 법률가들이 판사로 임명되어야 한다. 사민당이 추진한 형법과 행형법 개정은 완결되었다.

증가하는 범죄에 대한 성공적인 투쟁은 독일 내정의 중요한 과제다. 이를 위하여 경찰은 더 좋은 장비를 갖추고, 교육받고, 조직되고, 강화되어야 한다. 연방과 주 사이의 협력은 강화되어야 한다. 사민당이 이끄는 연방정부는 특히 정보 처리, 무선영상물 전송 등 현대 기술을 더욱 주도적으로 도입하였다. 독일 경찰 고위직에 대한 재교육을 위한 효율적인 대학이 연방과 주에 의해 설치되었다.

민주국가의 토대로서 자유와 질서

자유와 질서는 전혀 대립적이지 않다. 양자는 긴장관계에 있다. 이는 민주적으로 구성되어야 한다.

언론매체 집중의 증가로 인한 위험에 대해서는 효과적으로 맞서야 한다. 사민당 정부는 언론제도의 발전에 관한 연차보고서를 발간하였고, 출판사의 소유관계를 공개하고 합병 통제제도를 도입하였다. 경제 및 재정정책에 의해 언론의 다양성을 보장해야 한다. 편집의 독립성은 강화되어야 한다.

우리는 제한 없는 자유로운 의사표현 권리와 기존 상황에 대한 비판의 권리를 지지한다. 이러한 권리는 다른 사람의 권리를 침해할 수 있는 지점이 바로 그 한계다. 그러나 우리는 민주적 질서를 부정하고 결정적으로 저항하려는 모든 시도에 반대한다.

좌파와 우파의 정치적 극단주의에 대해 우리는 반대한다. 우리는 극단주의자들에 대해서는 정치적으로 끝까지 대결할 것이다. 조직화된 집단이나 정당이 민주주의를 파괴하기 위해 헌법상 권리를 남용할 때, 우리는 모든 법적 기회를 이용하여 이에 대하여 투쟁할 것이다.

교육정책: 사회보장과 진보

- 교육과 연구는 70년대의 결정적인 과제이다

사민당은 시작된 교육개혁을 가속화할 것이다.

우리가 올 해 제출한 "민주적 교육제도의 모델"은 이러한 개혁의 토대이다. 사민당이 집권한 모든 연방 주의 교육정책은 부모의 소득과 관계없이 모든 젊은 이들에게 동등한 출발기회와 직업교육기회를 보장하고 있다. 우리의 교육제도는 유치원에서부터 종합학교를 지나 대학의 단계에까지 각 개인의 능력과 이해를 발전시켜줄 것이다. 이것은 교육과정에서 잘못된 결정을 막아줄 것이다.

보편적이고 종합적인 직업교육진흥법률은 1970년부터 도입된다. 사민당은 이를 위해 지금까지 제공된 정책수단을 강화하여, 모든 직업교육과정에 대한 지원을 가능한 한 조기에 보장할 것이다.

통일적이고 현대적인 직업교육은 모든 노동자로 하여금 급속한 경제적 구조변동의 요구에 잘 적응할 수 있도록 보장할 것이다. 계속 변화하는 직업생활을 위한 재교육을 포함한 성인교육은 "평생교육" 수요를 충족시킬 것이다.

사민당은 여성이 생계활동에 다시 진입할 수 있는 재교육시설의 개선과 확대를 위해 노력할 것이다. 그래서 여성들로 하여금 과거 직업으로 되돌아갈 수 있을 뿐만 아니라, 재교육과 높은 자격 취득을 가능하도록 해줄 것이다.

종합적인 계획과 법령, 특히 교육휴가는 노동자들로 하여금 직업적, 정책적으로 재교육을 받고 또 사회적으로 상승 이동할 수 있도록 보장해줄 것이다.

그 구조와 교육 조직에서 우리의 단과대학 및 종합대학은 낡았다. 대학개혁은 오랫동안 무시되었다. 사민당의 대학개혁안은 대학의 성과능력을 높이고, 대학의 민주화를 이끌며, 연구와 교수의 자유를 보장할 것이다.

과학과 연구의 성과 수준이 연방공화국이 다음 10년 동안 최선진국으로 남을 것인지 아니면 의미 없는 나라로 주저앉을 것인지 여부를 결정한다. 완전고용과 생활수준은 연구의 수준에 달려 있다. 우리는 과학과 연구를 대대적으로 지원할 것이다.

검토와 결정

우리가 계속적이고 역동적인 개혁정책을 실현할 때만이 우리나라의 미래는 보장된다. 연방공화국의 유권자는 독일의 정책에서 요구되는 보수적인 세력과 진보적인 세력을 분명하게 구분할 수 있다. 사민당은 집권하여야 한다. 우리의 성공과 우리의 정치적 경험은 우리로 하여금 독일연방공화국의 혁신을 위해 필요한 철저한 개혁을 할 수 있도록 해준다.

중요한 것은 어제의 힘만이 아니다. 이 시대의 불안으로부터 다음과 같은 문제가 전면에 등장하였다.:

우리 사회는 미래에 어떤 모습을 띠게 될 것인가?

우리 국민과 자라나는 세대의 운명을 결정할 이러한 문제에 대해 사민당은 확고한 대답을 제시하고 있다. 사민당의 성과와 목표설정은 우리나라 시민들의 신뢰에 기여할 것이다.

1969년 총선 선거포스터: 빌리 브란트와 함께하는 평화를 내세우고 있다.
출처: www.bild.bundesarchiv.de

2 독일사회민주당 선거강령(1980년)

독일을 위한 안정

I. 서 론

이번 10월 5일 독일에서 선거가 있다.

가장 중요한 것은 평화다. 우리의 과제는 80년대에도 독일의 안전을 유지하는 것이다. 이를 위해 지금은 이전보다 더욱 더 신중함과 선견지명이 필요하다. 이것이 헬무트 슈미트 총리와 함께 가는 사민당의 길이다.

사민당은 1966년 이래 정부에 참여하였고, 1969년 이후에는 사민당-자민당 연립정부를 주도하면서 훌륭한 성과를 이루어냈다.

우리는 세계에서 새로운 친구들을 얻었다. 우리의 위상은 높아졌다. 우리는 동방의 이웃들과 정상화를 위한 중요한 진전을 이루면서 서방 국민들과의 친선을 강화하였다. 우리는 야당의 거센 저항을 물리치고 독일의 양쪽 부분의 사람들의 안정을 가져다주었다.

우리는 우리나라의 사회적 평화를 확고히 했다. 그리고 우리는 국제적으로 인정받은 우리의 경제정책을 통해 기존의 일자리를 안정화하고 새로운 일자리를 창출했다. 따라서 우리는 1973년 이후의 경제위기에도 불구하고 이전보다

* 사민당 임시 당대회(1980. 6. 9/10, 에센) 결의

더욱 안정되었다.

최근에도 우리는 사회안전망을 더욱 두텁게 했다. 수백만의 사람들이 예를 들어 연금 수령개시 유연화 제도(flexible Altersgrenze)를 이용한다.[1] 병이 들었을 때 누구도 더 이상 자신의 물질적 안정을 두려워할 필요가 없다.

우리는 노동자와 노조의 공동결정제도를 확대하였다. 우리는 단체협상 상대 – 동시에 노조 – 를 마음대로 조종하려는 모든 시도에 반대한다. 직장폐쇄는 어떤 도덕적 토대도 갖지 못한다. 따라서 가지고 있는 모든 수단으로 이를 폐지하겠다는 목표를 위해 투쟁해야 할 것이다.

우리의 도이치마르크는 세계에서 가장 강한 통화 중 하나다. 70년대 초부터 모든 석유가격이 15배나 올랐지만, 우리는 국제적인 인플레이션을 성공적으로 막아냈다. 물가에서는 비교할 수 있는 다른 모든 나라보다 우리가 안정적이다.

세계경제적인 부담에도 불구하고 최근 2년간 50만 개의 일자리가 추가로 창출되었다. 광범위한 계층의 생활수준도 상당히 상승하였다. 노동자와 사무직 근로자의 총소득은 1969년부터 1979년까지, 물가인상을 제외하더라도, 실질적으로 35% 상승하였다. 같은 시기에 연금도 실질적으로 약 45% 증가하였다.

사민-자민 연립정부는 환경보호를 진지하게 받아들이고 있다. 많은 법률이 좋은 공기와 깨끗한 물, 더 적은 소음 관련 조항을 두고 있다. 우리는 환경보호조치를 위해 1970년 이래 1억 2천만 마르크가 넘는 돈을 공공부분과 경제계가 지출하도록 하였다. 그러나 우리의 목표는 더 나갈 것이다.

우리는 우리나라의 가족의 상태를 개선하고 더 많은 정의를 위해 노력해왔다. 예를 들어 소득에 관계없는 아동수당이 비로소 최근 10년 안에 도입되었다는 사실을 많은 사람들이 이제는 모를 정도이다.

우리는 정신적, 문화적, 다양성을 위한 공간을 확대하고, 또한 오류를 극복하

---

[1] 1972년의 연금법 개정으로 연금 수령 시기를 수급자 스스로 결정할 수 있게 되었다. 1916년 이래 유지되었던 엄격한 연령제한이 해소되고, 개인들이 미래의 노령연금수급의 개시에 관한 결정을 기본적으로 63세가 되면(중증장애인의 경우는 62세에) 스스로 결정하는 것이다

면서 불관용과 도덕적 소극성, 정신적 편협성에 맞서서 이를 지켜냈다.

사민당은 교회와 종교공동체를 존중하며, 이들의 특별한 대표성과 고유성을 존중한다. 사민당은 사람들이 종교적 연대로부터 사회적 행동에 대한 의무와 사회 안에서의 책임을 긍정하는 것에 대해 환영한다.

모든 시민들은 모든 이러한 성공을 스스로를 위해 검증할 수 있다. 많은 시민들이 이를 함께 만들었다. 사민당은 빌리 브란트 및 헬무트 슈미트의 총리 집권시에 가능했던 이런 성과에 대해 자랑스러워한다. 이와 함께 우리는 80년대의 요구를 위해 충분히 준비하였다.

그러나 세계의 상황과 세계경제가 다음 시기에 어떻게 변할지 아무도 예측할 수 없다. 따라서 우리의 모든 정책 계획이 각각의 경제적 전체상태 - 특히 국가재정의 상태에 맞추어야 한다는 것은 당연하다.

이를 전제로 하면서 우리 정책을 제시해야 할 것이다.

우리는 한 가지를 보장한다. 우리는 사회의 해체를 허용할 수 없다. 반대로 우리는 사회보장을 미래에도 재정적 안정의 토대 위에서 더욱 강화하고 더욱 공정하게 만들 것이다. 예방적인 정책상 조치가 사후의 수정보다는 미래에도 더 중요할 것이라는 점은 분명하다.

대립과 양극화와 예측불가능의 세력이 집권한다면, 많은 사람들은 독일이 감당해야 하는 변화를 걱정할 것이다. 통제되지 않고 자제력이 없는 사람은, 대외 평화에 기여할 수 없고 내부의 평화를 위협할 것이다.

언제나 아니라고 말하는 모든 부정의 주장과 싸워야 한다면 이는 우리나라에게는 계산할 수 없는 위험이 될 것이다. 즉, 이는 유럽의 평화와 베를린의 평화를 더욱 안전하게 만드는 무력 사용포기 협약에 대한 부정이며, 근로자의 더 많은 권리와 기회에 대한 부정이다.

이 땅의 사람들은 내일도 평화 속에서 안전하게 살기를 원한다. 우리는 불안과 궁핍으로부터 자유롭기를 원한다.

10월 5일 우리나라 시민들은 우리의 미래를 결정한다. 헬무트 슈미트 총리와 함께 사민당이 결정한 믿음직한 길을 위한 거대한 전환을 향해.

> 사민당에게 투표하여야 하는 최소한 10가지 좋은 이유

1. 사민당은 평화의 당이다:

    평화 저편에는 어떤 의미 있는 인간적 실존도 없다. 따라서 사민당은 117년의 역사에서 사람들을 대결과 전쟁, 파괴로 몰고 가는 평화의 저편에 서 본 적이 없다. 독일 땅에서 다시는 전쟁이 일어나서는 안 된다.

2. 사민당은 적극적인 평화정책으로 안전을 창출한다:

    적극적 평화정책은 세력균형의 토대 위에서 안전과 긴장완화, 군비축소를 의미한다. 우리나라의 사람들의 안전은 대결과 냉전으로의 회귀가 아니라, 아무리 어려운 조건 하에서라도 오직 동맹에 대한 우리의 확고한 기여와 긴장완화정책 및 협력을 지속할 수 있는 노력에 의해서만 가능하다.

3. 사민당은 독일 민족의 단결을 강화한다:

    우리의 독일정책은 두 개의 독일국가의 사람들에게 기여한다.

    어제의 공식 안에 머물러 있는 경직된 야당의 정책에 맞서서, 베를린의 인간적인 안전함, 경제교류, 생활의 안정은 단결을 강화할 것이다 -

4. 사민당은 남과 북의 공정한 균형을 통해 평화를 보장한다.:

    세계의 가난한 나라와 부유한 나라 사이의 대립을 무너뜨리는 데, 우리 모두가 노력하는 것은 도덕뿐만 아니라 이성의 명제다.

    수백만이 굶주리는 문제는 세계정치적 폭탄이다. 따라서 우리는 제삼세계와 더 많은 균형과 더 나은 협력을 모색할 것이다.

5. 사민당은 노동하는 사람들의 당이다:

    사민당은 오래 전부터 노동조합과 함께 노동하는 사람들의 이익을 대표해왔다. 따라서 완전고용은 우리 경제정책의 최고의 목표이다. 기술변화는 노동자의 부담이 되지 않는다. 따라서 우리는 노동자를 보호하고 공동결정권을 확대할 것이다. 더 나은 직업교육 및 재교육으로 노동자들

이 기술변화에 대비하도록 하여야 한다. 우리는 수공업자, 상인, 소공장주, 자유직업인, 농민으로서 자신의 생존을 노동능력에 의존하는 자영업자를 지지한다. 우리는 적극적 구조정책을 위한 정치에 책임을 진다.

안전한 에너지공급은 우리의 경제적 존립의 전제다. 귀중한 원자재의 조심스런 취급과 자연환경의 보호는 더욱 중요하게 될 것이다.

6. 사민당은 사회정의를 통해 내부의 평화를 보장한다:

이 땅의 사람들의 안전은 사회정의의 축소가 아니라 사회적 네트워크의 강화, 더 많은 참여와 평등에 의해서만 가능하다.

우리는 노령연금을 미래지향적으로 더욱 발전시키고, 노인의 안전, 특히 여성의 안전을 배려할 것이다. 사민당은 여성의 선거권이 박탈당해 있을 때도 이미 여성과 남성의 사실상의 평등 위에서 활동하였다.

7. 내일 안전하게 살려고 하는 사람은 오늘 미래를 구상해야 한다:

우리 모두는 인간적인 주거환경 조성을 시작하였다. 따라서 우리는 새로운 교통정책을 만들려고 한다. 따라서 젊은 세대는 우리의 연대를 기대할 수 있다. 그래서 우리는 모든 기술적 가능성이 사회적으로도 바람직한가를 묻는다; 이것은 특히 새로운 미디어와 관련된다.

8. 사민당은 자유와 관용의 당이다:

독일사회민주당은 긴급한 위험과 걱정으로부터의 자유를 위해 투쟁해 왔다. 우리의 기본법과 함께 우리는 독일에 사는 모든 사람들에게 적용되는 헌법을 가지고 있다. 이러한 자유 속에서 우리는 거듭 자신을 입증하여야 한다.

사민당은 결정과 합의를 위해 생생하게 토론하는 당이다. 우리는 다양한 의견차이가 있지만 위로부터 결정되어 내려오는 획일성이 없다는 것을 자랑스러워한다.

우리는 다른 생각을 가지는 자유를 위해 투쟁하고 비판정신을 제한하려는 모든 시도에 대해 반대한다.

9. 그래서 우리 사회는 인간화되어야 한다: 연대와 자기책임

"우리는 모든 사람이 자신의 인격을 자유롭게 발전시키고, 공동체에 기여하는 구성원으로서 인간의 정치적, 경제적, 문화적 생활에 책임을 지고 협력할 수 있는 사회를 추구한다." 우리는 이러한 고데스베르크 강령이 규정한 과제를 신중하게 받아들인다. 따라서 우리는 숨 가쁜 경쟁사회에 반대한다. 바로 이 어려운 시기에 우리는 연대가 필요하기 때문이다.

우리나라의 미래는 오직 국가가 시민들에게 해주는 것에 달려 있지 않고, 오히려 서로를 위해 그리고 공동체를 위해 무엇인가를 이루어낼 수 있는 시민들의 준비자세에 달려 있다.

1980년 총선 선거포스터: 중거리 핵미사일 배치와 관련된 안보 문제가 총선의 이슈였다.
출처: www.bild.bundesarchiv.de

10. 총리가 헬무트 슈미트이기 때문이다.

II. 우리의 주요 과제는 대외적 평화를 확보하는 것이다

안보 및 긴장완화정책은 유럽에서 전쟁이 일어날 가능성이 없게 만드는데 근본적으로 기여한다. 유럽은 오늘날 정치적으로, 안보정책적으로 안정되어 있는 세계의 지역이다. 그러나 유럽 외부의 지역분쟁과 패권정책적 변화가 우리 대륙을 위협할 수 있다. 그래서 소련의 아프카니스탄 침공 이후에 동서관계에서 강대국 사이의 기류가 악화되었다. 유럽은 이로부터 영향을 받지 않을 수 없다. 남북관계에서는 사회적 폭탄이 놓여 있다. 중동문제는 여전히 열려 있다. 세계의 많은 부분에서 상상할 수 없는 망명자의 불행이 만연해 있다. 아프리카와 남아메리카에서는 분쟁이 격화되고 있다. 우리는 세계경제에서는 물론이고 세계의 수많은 걱정거리에서도 어려운 문제에 직면해 있다.

평화를 위해서는 따라서 해야 할 일이 많다. 걱정은 여기서 별로 도움이 되지 않는다. 걱정을 부채질하는 사람은 위험 앞에서 애원한다 – 한편으로는 당황하고 마비되는 위험이고, 다른 한편으로는 세계적 재앙의 위험에 과잉 반응하는 위험이다. 신중함과 선견지명으로 우리는 위기를 극복할 수 있다. 또한 후퇴가 지속적인 평화질서를 위해 진력하고 있는 우리를 멈추게 하지는 못할 것이다.

우리는 평화연구와 평화를 위한 교육을 지금보다 더욱 장려할 것이다.

적극적 평화정책은 사민당에게는 (1) 동맹 내에서의 안보정책, (2) 긴장완화정책, (3) 분단된 독일의 사람들을 위한 정책, (4) 군비제한, (5) 남과 북의 균형, (6) 더 많은 유럽의 통합으로 이루어진다.

1. 적극적 평화정책은 동맹 내에서의 안보다

독일연방공화국의 대외적 안전은 대서양 동맹 속에서만 실현될 수 있다. 동맹정책은 근본적으로 사민당이 공동으로 참여하여 만든 것이다. 나토가 평화보장의 수단임은 입증되었다. 미국의 지도 아래 북대서양 연합의 정치적 전략적 통합은 유지되고 강화되어야 한다. 서유럽이 미국의 군사적 보호 위에서 유지될 수 있다는 사실은 불변이다.

동서의 군사적 균형은 동맹 내에서의 안보정책의 중심 과제이다. 그러한 균형 없이 긴장완화정책은 가능할 수 없다. 우리는 이러한 균형이 가능한 한 낮은 군비수준에서 안정화되기를 추구한다.

사민당은 비핵국가로서의 독일연방공화국의 지위를 흔들지 않을 것이다. 사민당은 조약상의 지역 밖으로 나토의 방위임무 확대에 반대한다.

동맹 안에서 독일연방공화국은 모든 측면에서 인정되는 범위에서 자신의 의무를 이행할 것이다. 1969년 이래 우리는 사민당 국방장관 하에서 우리의 기여를 강화했고, 독일군을 신중하게 지휘하면서, 현대화된 장비를 갖춘 잘 훈련된 타격군으로 발전시켰다. 나토의 믿음직한 능력에 대한 우리의 기여는 필요한 방위에 한정되며, 미래에도 군사적 세력관계와 정치적 중요성이 동맹 속에서 변하지 않도록 정해져야 한다. 나토 동맹국 중 우리는 미국에 이어 가장 큰 기여를 하였다. 독일군의 일방적 감축은 고려하지 않는다. 이로 인해 동맹 내에서의 군사적 세력관계와 정치적 중요성을 바꿀 것이기 때문이다.

사민당은 연방헌법재판소에 의해 판결된 범위 안에서 무기를 들고 전투참여를 거부하고 민간의 공익근무를 할 수 있는 권리에 관한 새로운 법질서 마련을 계속 추구할 것이다(양심적 병역거부).

사민당은 여성의 병역의무나 관련 복무의무에 반대한다.

군 내부의 지휘와 정치교육은 독일군 내에서 더욱 발전되어야 한다. 장병들과 민간 협력자들은 사회발전에 참여하고 있다.

시민 보호 임무는 폐지되어야 한다.

2. 적극적 평화정책은 긴장완화다

이제까지의 긴장완화정책의 성공은 독일, 특히 베를린의 사람들에게 도움이 되었다. 유럽에서의 평화는 더욱 보장되었다. 불신은 사라졌고, 더 많은 접촉과 정보 교류 기회가 만들어졌다. 이러한 정책에 대한 어떤 책임 있는 대안도 없다.

우리는 긴장완화정책을 지속하기 위해 더욱 노력하지만, 그러나 참여하는 모든 국가가 그에 관해 확언할 것이라고 주장하지 않는다. 바로 이러한 어려운 시기에 우리는 더 많이 서로 대화해야 한다. 우리는 미래에 지속되는 이해차이가 있는 경우에도 더 넓은 영역에서의 합의를 통해 대립을 지양하고, 협력적 행동을 통해 갈등을 완화하고 세계적인 차원의 협력을 구성할 것이다.

우리는 혼란과 퇴행이 일어나서 내외의 정치적 저항이 있다면 이에도 불구하고 신뢰구축 과정을 지속할 것이다. 이런 맥락에서 우리는 기민련/기사연이 완강하게 반대했던 일련의 동방조약(Ostverträge)의 토대 위에서 동독과의 기본조약, 베를린에 관한 4강국 조약, 헬싱키 협약을 구축할 것이다. 이미 오늘에도 분명한 것은, 긴장완화정책과 그 성공이 없이는 전쟁을 제한하고 막을 가능성도 적어질 것이다.[2] 유럽은 엘베강으로 끝나지 않는다. 중부 및 동부 유럽의 국가는 역사와 전통에서 유럽의 부분이다. 그들과 함께 효과적인 협력형태가 발전되어야 한다. 유럽안보협력회의(KSZE) 후속회의가 전체 유럽의 협력에 자극을 줄 것이고, 신뢰구축의 테두리, 즉 인적 관계와 경제협력, 에너지와 환경보호 등의 영역에서 협력할 것이다.

3. 적극적 평화정책은 독일 사람들을 위한 정책이다

우리의 평화정책은, 독일 분단 양 지역 간의 만남을 촉진함으로써, 민족의 통일에 기여한다.

우리는 기본법의 통일 과제가 장구한 평화 속에서 그리고 우리의 모든 이웃 나라의 동의에 의해서만 달성할 수 있음을 알고 있다. 우리는 독일 민족이 자신

---

[2] KSZE-후속회의 - 헬싱키 결정: 1975년 8월 1일 헬싱키에서 35개국이 "유럽 안보 협력 회의"(KSZE)의 협정에 서명하였다. 유럽 이외의 나라인 미국과 캐나다도 서명하였다. 유럽 국가 중에서는 알바니아가 유일하게 빠졌다. 독일의 제안으로 동과 서의 동맹과 관련하여 군사분야에서 일련의 "신뢰할 만한 조치"가 합의되었다. 여기에는 기동훈련의 고지와 참관, 군사행동에 대한 조사 등이 포함되었다. 장기적으로는 이를 통해 사전경고의 장기화와 돌발공격의 금지도 이루어져야 할 것이다.

이른바 헬싱키 결정에서의 "세 가지 패키지"가 유명해졌다. 이것은 회원국가의 인권 실현, 인적 교류, 정보교류, 문화와 교육 분야에서의 협력 등에 관계된다.

의 통일을 자유로운 자기결정 속에서 이루어낼 수 있도록 하면서, 유럽에서의 평화상태가 이루어지도록 노력한다.

오늘날의 현실은 두 국가로의 분할이다. 이것을 완화하는 것이 동독과의 조약정책에서 우리의 목표이다.

우리는 두 방향에서의 더 나은 교통개선과 여행완화, 하천 보호의 개선, 환경보호와 에너지 분야의 더 많은 협력, 경제협력의 구축 등을 실행할 것이다.

베를린에 관한 4강국 조약은 도시의 안전을 확보하고 베를린 시민들의 생활 조건을 지속가능하도록 개선한다. 조약의 엄격한 유지와 완전한 적용은 베를린의 생존과 생활능력을 위해 결정적이다.

4. 적극적 평화정책은 군비확장을 제한하는 것이다

동서 사이의 군비경쟁과 제3세계의 군비확산을 막지 못하면, 인류는 멸망할 수밖에 없다. 사민당은 따라서 군비제한과 군비통제, 군축의 과정을 계속 추진한다.

이는 균형정책과 모든 참여자의 정당한 안전욕구의 인정을 전제한다. 이런 정책은 모든 참여자의 이익에 기여하여야 한다.

사민당은 유럽 군축 회의를 제안한 프랑스를 지지한다. 또한 폴란드의 유럽 군축회의 제안도 진지하게 검토하고 있다.

중부유럽의 병력과 무기 상호감축과 이에 수반되는 조치(MBFR)에 관한 비인협약에서[3], 우리는 병력 감축에 관한 첫 번째 협약의 즉각 결정을 추구한다. 이러한 목표에 관해서 사민당은 독일이 대서양동맹에서 주도할 수 있도록 지원할 것이다.

제네바협정에서 화학무기와 기타 특별한 대량살상무기의 금지가 합의되었다. 이는 화학무기의 배치와 운반 금지에 관한 지역적 합의가 결정될 수 있는지가 검증되어야 한다.

---

[3] 영어로 Mutual Balanced Force Reduction(상호 균형 있는 군사력 축소) = 비인협약.

사민당은 모든 나라가 핵확산금지조약에 가입하고, 핵에너지의 평화적 사용 관련 모든 활동이 국제원자력기구의 효과적인 통제 하에 놓여야 한다는 목표를 위해 국제적 안전정책이 강화되는 것을 지지한다.

사민당은 전략무기제한협정-II(SALT-II)의 즉각 비준동의를 위해 노력한다. 이 협정이 난파한다면, 중거리 핵 미사일 부문의 군비확장에 의해 새로운 군비확장경쟁의 위험이 커지는 위태로운 상황이 초래될 것이다. 중거리 핵미사일도 협상에 포함시킨다는 목표에 대해서는, 유럽의 나토 회원국의 참여 하에 우리는 즉각적인 전략무기제한협정-III(SALT-III) 협상을 위해 노력한다.

사민당은 베를린 당대회의 결의와 나토의 중거리 핵미사일 전력 현대화에 관한 결정과 관련하여 나토가 소련에 제안한 협상의 우선순위에 대해 동의한다. 협상의 목표는 소련의 중거리 핵미사일 축소로 서유럽의 중거리 핵미사일 추가 배치를 불필요하게 만들고 전체적으로 동서 유럽의 중거리 핵미사일에 대한 공동의 한계를 설정하는 것이다.

계속적인 협상과정에서 검증 가능한 새로운 핵무기의 생산 및 배치 금지 협약(동결 Moratorien)이 나토와 바르샤바조약 사이의 협상 성공전망을 높일 수 수 있는지 검토되어야 할 것이다.

협상에서는 다양한 핵무기의 전체 균형점을 최대한 낮추고, 새로운 무기 생산 전에 자문 의무에 합의하여, 정책의 신뢰를 높이려는 노력이 있어야 한다.

우리는 나아가 군수물자 수출의 제한과 무기거래의 제한을 위한 국제적 노력을 지지한다.

5. 적극적 평화정책은 남과 북의 균형이다

무력 사용 포기 정책은, 세력 간 균형을 통해서 달성되고, 조약을 통해 확보되며, 헬싱키 최종협약에 의해 더 발전되었는데, 유럽에서 안정된 평화지대 탄생을 가능하게 만들었다. 이러한 경험을 통해 용기를 얻은 우리는 따라서 무력 사용 포기를 중요한 세계적 원칙으로서 본다. 남과 북의 균형은 금세기의 사회적 과제이다.

모든 노력에도 불구하고 선진국과 제3세계 사이의 경제적 격차는 더 커졌다. 2천년이 되면 60억이 넘는 사람들 중 약 50억이 제3세계에 살게 된다. 8억 명이 넘는 사람들이 상상할 수 없는 굶주림과 빈곤에, 거의 두 명의 경제활동인구 중 한 명이 실업에 처해 있으며, 이는 세계정치적으로 폭탄이다.

이러한 상황에서 평화와 또 우리의 안전은 금세기 말까지 주민들 사이의 감당할 수 없는 불평등을 얼마나 줄이느냐에 달려 있다. 따라서 사민당에게는 약자와의 연대가 우리의 역사 속에 각인되어 있으며, 이는 오늘날 남북문제의 해결에서 결정적 방향이다. 또한 제3세계의 나라 중에서도 기름부자와 기름빈자 사이의 연대가 중요하다.

도덕과 이상은 제3세계 나라의 경제적, 정치적 독립성을 강화하는 동반자적인 정책을 제공한다. 동시에 협력을 강화하고 세계경제 구조를 공정하게 만드는 것이, 선진국과 제3세계 나라의 공통 이해다.

우리는 제3세계에 대한 외부세력의 영향과 어떤 측면에서든 모든 후견정책에 반대한다. 우리는 정치적 문제의 해결에서, 또한 에너지 및 원자재 문제의 해결에서 무력 사용 포기를 요구한다.

분명히 우선시 되어야 할 것은 심각한 곳에서의 빈곤과의 싸움이다. 사민당은 국가의 개발지원금을 이러한 목표에 집중하고, 가난한 나라를 위한 지원비율을 높이는 데 찬성한다. 제3세계에 – 그리고 결국 우리에게 – 국민총생산의 0.7%를 지출한다는 목표는 1985년까지 점진적으로 달성될 것이다.

장기적으로는 개발도상국가와의 개방적 무역정책과 원자재수출 소득의 안정 그리고 기술적 협력이 국가적인 도움보다 더 중요하다. 사민당은 세계무역에서의 보호주의를 반대한다. 우리는 이러한 문제에 관해 세계적 규모의 협의를 지지한다.

빌리 브란트에 의해 추진된 독립적이고 국제적인 남북위원회는 이런 논의에 새로운 자극을 주었다. 사민당은 위원회의 제안을 실현하기 위해 노력한다.

정치제도, 이데올로기, 종교, 전승된 문화의 차이를 우리는 개인이든, 인종적이나 종교적 집단이든, 전체 민족이든 공포와 궁핍으로부터의 자유라는 근본적인 인권이 거부되는 근거로서 인정한 적이 없다.

6. 적극적 평화정책은 더 많은 유럽통합이다

첫 번째로 직접 선출된 유럽의회는, 유럽통합을 위해 우리가 이용하게 될 새로운 기회이다.

우리 사민당은 유럽의회에, 더 많은 정치적 통제의 기회와 유럽공동체의 집행부에 더 많은 권한을 보장하기 위해 모든 노력을 아끼지 않을 것이다.

그리스, 스페인, 포르투갈로 확대됨에 따라 공동체는 유럽에서의 민주주의 강화와 정치적 안정을 위해 기여할 것이다.

많은 정책분야에서 유럽공동체는 확대된 규모에서 공통성을 발전시키는 길 위에 서 있다. 이것은 경제 및 무역정책에 대해서만이 아니라, 외교 및 교통, 발전 및 통화정책에 대해서도 마찬가지이다.

우리 사민당은 에너지 및 원자재 확보와 구조적응의 분야에서 그리고 이와 함께 일자리 확보와 소비자보호 및 보건 분야에서 공통된 유럽정책을 추구하는 것을 강력히 지원할 것이다.

유럽연합 - 농업정책은 농민의 사회적 지위를 위협하지 않고 공동체 내의 과잉 생산을 종결시킨다는 목표 하에 개혁되어야 한다. 이런 목표를 달성하기 위한 첫 번째 조치는 유럽의 납세자들의 초과분의 저장과 활용 비용 부담을 완화시켜주는 것이다.

우리는 장기적으로 유럽의 지역정책을 넘어 공동체의 경제적으로 강한 나라와 약한 나라 사이의 대립을 없앰으로써 이주노동자의 문제를 없앨 수 있음을 알고 있다.

유럽 - 이는 공동체 회원국뿐만 아니라, 유럽평의회에 가입하여 특히 효과적인 인권보호제도를 만들어낸 21개의 국가들이다. 우리는 또한 유럽공동체가 이러한 제도에 기여하기를 원한다.

유럽 - 이는 우리 대륙의 동쪽 국가들이기도 하다. 우리는 이들 유럽의 국가들과 평화적인 접촉을 심화시키고 특히 상호 인적 관계를 용이하게 만들려는 노력을 뒷받침할 것이다. 헬싱키 협정의 완전한 적용과 이를 더욱 발전시키는 것이 우리의 목표이다.

평화는 우리 생존의 기본조건이다. 평화를 유지하는 것은 힘든 과제이고, 이를 위해 정책에서의 책임 있는 꾸준한 작업을 요구한다. 많은 독일인에게 평화를 위한 일상적인 노력은 당연히 사민당 지도자들의 활동과 밀접하게 결합되어 있다. 이들은 최근 위기를 극복하는 과정에서 신중함과 선견지명 그리고 전술적 역량의 모범을 보여주었다.

이러한 외교정책적으로 어려운 시기에 중요한 것은, 우리 사민당이 연방 총리 헬무트 슈미트와 함께 우리의 작업을 계속 해나가는 것이다.

III. 주도면밀한 경제는 삶에 중요하다

세계경제는 어려운 문제에 봉착해 있다. 가장 어려운 것은 80년의 에너지공급인데, 이것을 해결하기 위해서는 무엇보다 에너지 낭비를 멈추어야 할 것이다.

동시에 원자재가 부족하고 비싸지는 시대에는 조심스럽게 이를 취급하는 것이 아주 중요하다.

모든 시민은 분명히 알고 있어야 한다. 우리는 섬에 홀로 사는 게 아니다. 부족하고 비싼 원자재와 에너지원의 세계적인 문제 앞에서 우리는 외면할 수 없다. 통찰력과 창의력만이 이 문제를 해결할 수 있다.

기술적으로 가능한 모든 것이 사회적 진보에 의미 있는 것은 아니다. 우리는 기술적으로 할 수 있는 모든 것을 해야 하는 것은 아니다.

1. 안전한 에너지공급이 우리의 경제적 존립의 전제다

이를 위해 우리는 좋은 국제관계가 필요하다. 원자재를 둘러싸고 군사적인 갈등이라는 위협을 야기한다면 이것은 무책임한 것이다. 석유를 둘러싼 투쟁에서 전 세계는 패자가 될 것이다. 다국적 석유 대기업은 중동에서 이러한 상황을 가격인상에 이용하고 있다. 따라서 부족한 원자재와 적당한 가격으로의 공정한 분배에 관한 협의가 있어야 한다.

모든 나라는 자신의 지하자원의 보호와 활용에 대해 책임지고 결정할 수 있는데, 이때 자원이 부족한 나라의 이해도 고려하여야 한다. 따라서 우리 사민당은 산유국과 제3세계 그리고 선진국 간 항상적인 경제 및 에너지정책적 대화를 위해 노력할 것이다.

연방공화국에서 우리는 70년대 초부터 추구한 "석유의 길"과 개선된 에너지 활용 및 에너지절약의 정책을 지속적으로 추구할 것이다. 보장된 미래를 위해 필요한 에너지를 준비하는 것이 중요하다.

이것은 많은 영역에서 국가, 경제, 시민의 지금까지와는 다른 사고를 요구한다:

- 에너지절약과 에너지의 활용 개선에서 커다란 노력. 사민당은 이에 대한 종합정책안을 제시하였다.[4]

- 국내 석탄의 우선. 석탄 가공 노력은 계속될 것이다. 이때 환경 친화적인 방식의 개발에 특별히 가치가 주어질 것이다.

- 대체 에너지의 발전. 연구 및 기술정책의 테두리 안에서 특히 태양에너지, 풍력에너지, 지열, 해양에너지, 생화학에너지 등의 활용을 위한 새로운 기술이 연구되고 장려될 것이다. 이런 종류의 에너지원의 연구와 개발은 동시에 개발도상국가의 공급에 큰 의미가 있을 것이다.

- 핵에너지의 활용. 핵에너지 선택은 열려 있어야 한다. 미래에 핵에너지를 폐지할 수 있는지의 선택도 열려 있어야 할 것이다. 사민당은 공급 상황과 관련하여 볼 때 현재 핵에너지 사용을 폐지하는 것은 받아들이기 어렵고, 또 여전히 논쟁적인 안전 및 폐기물처리문제와 관련해서는 핵발전소의 신규 건립을 강행할 수 없다. 폐기물처리의 문제는 우선 현실적으로 해결되어야 한다.

---

[4] 상세한 내용은 "정책Politik" 제16호에 실린 에너지정책에 대한 사민당 안에 관한 보고서 참조.

폐기물처리의 최종 형태는 재평가와 함께 혹은 재평가 없이 대안을 검증한 이후에 결정될 수 있다.

2. 풍부하고 미래가 보장된 일자리가 사민당 정책의 우선적인 목표다

세계경제의 변화와 국내 경제구조의 변동은 적극적이고 예측적인 경제 및 구조정책을 요구한다. 우리는 위기의 궁지를 벗어나는 데 머물러서는 안 된다. 가령 실업이나 에너지공급, 환경보호, 증가하는 보호주의와 같은 긴급한 문제들을 해결하기 위해서는 장기적인 행동전략이 필요하다. 경제는 시장조절의 기본적인 유지의 측면에서 지금까지보다 더 심각하게 사회의 요구를 고려해야 한다.

노동에 대한 권리로부터 출발한 사민당은 모든 힘을 다해 완전고용을 위해 노력한다. 일하려고 하는 모든 남녀는 일할 기회를 가져야 한다.

사민당은 국가의 일자리에 대한 책임을 면제해주려는 야당 정치인들의 모든 시도에 반대한다. 고용정책은 우리 경제정책의 본질적 부분이다.

사민당은 미래에도 적극적인 노동시장정책을 추진하려고 한다. 우리는 연방 노동청의 일자리지원업무를 더욱 강화하고, 이것을 통해 노동자의 기술 수준을 제고하고 특히 여성의 재취업을 도울 것이다.

고용정책에서의 이제까지의 성공은 무엇보다 적극적인 안정지향적 경기정책과 부문별 약점을 극복하고 지역적 불균형을 제거한 구조 및 노동시장정책의 성과이다.

또한 미래에도 우리는, 필요하다면, 경기정책적으로 적기에 그리고 사전에 행동을 취할 것이다. 독일 경제의 상태는 80년대 초에는 좋다. 생산성과 고용상태 그리고 물가 안정에서 우리는 비교 가능한 다른 나라보다 우수하다. 그렇지만 1980년대에 유리한 경기 상황과 고용 그리고 국제적으로 좋은 경쟁력이 앞으로 더 크고 깊은 도전이 올 수도 있다는 것을 가릴 수 있게 해서는 안 된다.

경제는 또한 계속 심각한 구조변동에 직면하게 될 것이다. 이는 국제적으로 제3세계와의 필연적이고 지속적인 분업 속에서 나타날 것이다.

새로운 기술적 방식, 특히 극소전자공학기술은 우리나라에서 변화를 이끌고 있다. 연구 및 기술정책은, 인간적이고 미래지향적인 일자리를 위한 특별한 기회, 따라서 인간적 성장을 위한 특별한 기회가 어디에 있는지를 보여줄 수 있다. 새로운 기술은 인간적 기술이어야 하고, 일자리와 가정에 도움이 되는 기술이어야 한다.

우리 국민경제의 현대화에 의해서만, 임금정책을 통해 노동시간단축이 보충되어야 하는 적극적인 국가의 구조정책 시행 능력에 의해서만, 우리는 확실한 일자리와 비교적 안정적인 물가 그리고 우리의 양호한 생활수준을 유지할 수 있다.

구조변동의 극복은 적극적 구조정책의 테두리 내에서 기업 자체의 우선적 과제이다.

사민당은 기업가적 혁신을 긍정하고 강화할 것이다. 이것은 특히 수공업자와 상인, 자유직업인과 같은 자영업자, 그리고 중소기업에게 해당된다.

우리는 따라서 일관된 경쟁정책을 계속 추진한다. 경쟁은 구조변동을 위한 필수적인 동력이고, 우리가 결정적으로 투쟁해야 하는 경제적 집중과 독점화에 반대하는 수단이다. 이제까지 다른 정당은 경쟁에 관해 실제로 말만 했을 뿐이고, 근본적인 실현은 사민당 덕분이다. 다국적 거대기업은 계속 국가적 통제를 벗어나기 때문에, 국제적 협약이 절박하다.

특히 중소기업은 새로운 이상을 통해 세계경쟁기회를 가질 수 있어야 한다. 사민당은 따라서 중소기업을 위한 금융지원은 물론 재투자된 수익에 대한 제한된 세금우대를 통해 자기 자본확충의 개선을 지원할 것이다.

사민당은 농민에 의한 농업을 인정하고 이를 보호한다. 여기서 특히 중요한 것은, 이미 과거에 상당한 공공자금 지출로 성공적으로 추진되었듯이, 농민과 농업에 고용된 사람들의 사회보장이다.

사민당은 소비자정보와 소비자보호를 부당한 경쟁에 맞서 강화할 것이다. 우리는 기호품 광고를 더욱 제한할 것이고, 특히 광고의 경우에도 어린이들에게 해가 되지 않도록 주의할 것이다.

경제를 위한 국가적 지원은 물뿌리개로 분배하는 게 아니라, 계획과 조건에 따라 작업해야 하는 적극적 구조정책의 일부가 되어야 한다. 따라서 일자리와 교육기회의 보장이 우선시되어야 한다. 예를 들어 연안구조조정정책과 같은 구조조정 자금지원 결과가 적극적 구조조정정책의 기초가 되어야 한다. 따라서 예를 들어 지역경제 지원과 같이, 성과통제 없는 왜곡된 생계비보조를 폐지하고, 보조금남용을 제한하기 위해 경제 지원자금은 개혁되어야 한다. 기업은 물론 노동자나 조합은 구조조정정책 결정과 보조금정책 결정에 참여해야 한다.

연구 및 기술정책은, 인간적인 기술에 대한 지향 말고도, 세계경제의 변화와 관련해서 필요한 구조조정을 위하여 지원 없이는 시장에서 어렵게 실행될 수밖에 없는 새로운 기술분야를 지원하여야 한다.

연구 및 기술정책은 그러한 의미에서 적극적 구조정책 이다.

3. 자연적 생활토대의 보전이 더욱 중요하다

10년 전부터 우리는 더 좋은 공기, 깨끗한 물, 더 적은 소음, 더 적은 유해물질을 위한 법적 근거를 마련하면서 우리의 환경보호정책을 시작하였다. 계속 위협이 되는 환경악화는 줄어들지 않고 있다.

그래서 예를 들면 지자체의 65%가 생물학적 폐수처리를 도입했는데, 1969년에는 10%에 불과했다.

쓰레기는 오늘날 약 5천 곳의 분류쓰레기처리장에서 처리되고, 5만 곳이 넘는 비분류쓰레기처리장은 폐쇄되었다.

공기 중 납함유량은 우리 도시의 중심에는 크게 줄어들어, 많게는 약 70%가 줄었다. 공기 중 먼지는 예를 들어 루르지역에는 거의 절반으로 줄어들었다. 하늘은 다시 맑아졌다. 우리의 물은 다시 깨끗해졌다. 예를 들어 라인강과 보덴호수에는 특별정책으로 거의 10억 마르크가 지출되었다.

환경오염은 더 이상 비신사적 행동이 아니다. 환경오염은 미래에는 마치 방화범이나 사기꾼 그리고 절도범과 같이 처리될 것이다.

미래 환경정책의 토대는 1979년 베를린 당대회에서 채택된 환경-경제적 전체구상이다.5) 그에 따라 사민당은 예방적 환경보호를 위해 노력한다. 따라서 다가오는 시대에 환경보호의 중점은 예방적으로 환경오염의 제한에 두어질 것이다.

사민당은 환경 친화적인 방식과 일자리 안정을 서로 결합하는 기술과 경제 분야 지원을 강화할 것이다.

4. 재정 및 조세정책은 완전고용, 물가안정, 성장, 분배정의를 떠받치는 전체 경제적 목표여야 한다

사민당은 정책의 안정을 지지한다. 따라서 우리는 연방정부의 경제정책으로부터 독립성이 보장되는 연방은행을 인정한다. 따라서 우리는 연방은행의 조정능력에서 시민과 경제에 부담을 주지 않고, 과도한 국가부채의 위험을 피하고, 경기정책적 발전을 강화하는 국가재정의 건전성을 보장한다. 공공재정의 건전성은 우리 정책 운영의 기본이다.

그 결과 국민총생산 대비 국가지출(Staatsquote)의 7분의 1을 삭감하라는 기민련/기사연의 요구는 결국 복지국가의 해체 요구며 아동수당, 주택수당, 직업훈련 및 직업전환교육지원과 같이 높은 수준의 생활 유지에 기여해온 공공서비스를 대대적으로 축소하라는 요구다.

사민당은 국가가 국가의 과제를 포기하는 것을 거부한다. 연방과 주 그리고 지자체는 재정적으로 행위능력을 유지해야 한다.

사민당은 미래에도 일자리 안정을 위한 재정정책을 추진하려고 한다. 따라서 재정적자는 계속 필요하다. 그러나 우리는 국민경제적으로 주어진 현실을 고려해야 한다. 우리는 완전고용의 달성을 위해 필요한 재정적자 이상으로는 빚을 지지 않을 것이다.

연방은 주와 지자체에 대한 관계에서 최근에 고용안정과 경제성장을 위해 더

---

5) 상세한 내용은 "정책Politik" 1980년 제2호, 환경정책의 문제에 대한 사민당 안 참조.

많은 비율의 재정을 부담하고 있다. 게다가 증가된 국제적 책임부담도 있었다.

이러한 발전은 국내적인 조세수입분배의 변화를 통해 조정하지 않았기 때문에, 연방은 이미 얼마 전부터 연방 전체의 경제적 책임으로 인해 주와 지자체보다 약 두 배가 높은 비율로 사업의 재정을 부채로 조달할 수밖에 없었다. 앞으로 연방과 주 사이의 조세수입분배가 고려되어야 할 것이다.

사민당의 조세정책은 미래에도 더 많은 정의를 실현하는 데 주안점이 맞추어질 것이다. 여기에는 1981년과 1982년으로 예정된 조세감면정책이 기여할 것이다. 세법은 조세부담의 공정한 분배의 원칙이 허용하는 한, 더욱 전향적으로 간소화될 것이다.

IV. 어려운 시기일수록 사회적 평화와 더 많은 연대를 요구한다

사민당은 1969년 이래 달성된 사회적 진보를 계속 유지하기로 결정하였다; 예를 들어 정년유연성, 아픈 노동자에 대한 임금 계속 지불, 건강보험과 실업보험 개선.

우리는 국제적 도전을 근거로 사회적 서비스를 폐지하고 광범위한 인구층에 미치는 사회적 소유를 진정 축소하려는 기민련/기사연의 모든 시도에 반대한다. 우리는 이런 어려운 시기야말로 사회보장의 강화, 더 많은 사회정의, 노동자의 더 많은 참여와 협력이 필요하다고 본다.

1. 사민당은 일자리에 대한 더 많은 권리와 스스로가 책임지는 여가시간의 조성을 위해 노력한다

사민당은 노동자의 공동결정을 개선해왔다; 우리의 목표는 완전한 평등이다. 우리는 기업위원회와 이익대표기관의 공동결정권을 강화할 것이다. 우리는 그러나 노동자층의 통일된 참여를 방해하려는 모든 노력에 저항할 것이다. 특히 우리는, 예를 들어 법적 권한을 가진 대표위원회 형태로, 간부직의 특별권리를 도입하려는 것에 결정적으로 반대한다. 우리는 개혁된 노동관계법을 통일된 노동법전으로 구현하고자 한다. 해고된 노동자는 법원의 결정이 있을 때까지 계속 고용되어야 한다.

사민당은 1938년부터 유래된, 낡고 노동자에게 불리한 노동시간 법령을 현대화된 노동시간법으로 대체할 것이다; 즉 법정 노동시간은 40시간을 초과할 수 없다. 우리는 협약상의 노동시간을 주당 35시간의 도입, 연차휴가의 연장, 생애노동시간의 단축에 의해 점진적으로 추진하려는 노조의 목표를 지지한다.

사민당은 모든 노동자를 위한 인간적인 노동조건을 추진한다. 새로운 노동보호법은 작업장에 대한 안전을 개선해야 한다. 교대제작업은 완화되어야 한다. 교대제작업은 피할 수 없는 경우로 제한되어야 하고, 더 많은 자유시간을 통해 보충되어야 한다.

파견노동은 더욱 제한되어야 하고, 더욱 공적으로 통제되어야 한다.

노동조건은 노령자의 변화된 생활환경에 적합하도록 해야 한다. 모든 사람은 이미 직업에서 노령을 준비해야 하고 노령의 조건에 적응할 수 있도록 해야 한다. 노동생활로부터 연금생활로 유연하고 인간적으로 이행하는 것은 80년대의 커다란 사회적 과제에 속한다.

우리는 도처에서 여전히 매우 강하게 규정되어 있는 노동일상에서의 더 많은 유연성을 요구한다. 노동자는 자신의 노동시간의 설계에서 훨씬 더 많은 개인적 재량을 가져야 한다.

연구 및 기술정책은 작업장을 인간적으로 만드는 데 더 많은 기여를 해야 한다.

노동세계의 인간화는 여가시간을 자신의 책임 하에 설계하는 데서 그 대안을 찾는다. 우리는 이제까지 휴가와 여가시간, 휴양을 전혀 가져보지 못한 사람들을 특별히 주목한다. 무엇보다 아이가 많은 가족, 노령세대, 청소년과 장애인을 위해 더 많은 지원이 있어야 한다.

2. 체육정책은 이제 무엇보다 생활체육, 여가체육, 휴양체육을 지향해야 한다

사민당은 생활체육, 여가체육, 휴양체육의 종합적인 발전을 위해 노력한다. 미래의 발전을 위해서는 이제까지 불이익을 받아왔던 주민계층이 우선적으로 배려되어야 한다.

최근, 무엇보다 사민당이 집권한 연방주에서, 목표 지향적인 학교 및 대학 체육의 개선은 분명하고 더욱 발전될 것이다.

학교 체육시설의 신설과 보강, 체육 교육에서, 모든 주민을 위한 학교 밖 체육과 협회 및 여가 체육의 이해를 지금보다 더 고려해야 한다.

사민당은 개인적인 인격발전을 위한 기여로서 "인간적 전문 체육"을 지지하고 장려한다.

또한 전문적 및 직업적 체육에서도 적극적으로 체육인과 감독자의 공동책임과 공동결정이 실현되어야 한다.

3. 보건정책은 부담할 수 있는 비용으로 의미 있는 성과를 낼 수 있도록 관심을 가져야 한다

사민당의 보건정책은 건강한 생활과 노동의 전제를 만들어내기 위한 노력을 강화한다.

여기서 중요한 것은 산업사회에서 사람들이 처한 건강을 위협하는 다양한 조건들을 없애는 것이다. 우리는 노동세계에서의 건강보호를 개선하는 데 상당한 노력을 해왔다.

간호와 예방, 재활 등의 영역에서 상당히 강화된 노력과 함께 질적으로 높은 수준의, 저렴한 비용의 의료보장이 필요하다.

모든 피보험자를 위하여 보건제도 상의 비용이 더욱 내려가야 한다. 피보험자들이 여러 건강보험을 위해 조성한 수십억 마르크는 책임의식을 가지고 관리하여야 한다. 이는 의료서비스 공급 개선을 위한 근본적인 전제다. 사민당은 질병, 무엇보다 암과 심장병, 전염병을 조기에 발견하여 치료할 수 있도록 노력할 것이다.

우리는 정신병 치료의 개혁을 지지한다. 이를 위해 더 많은 외래와 보완적인 지자체 의료시설이 필요하다. 정신병의 치료는 인간적이어야 하고, 특히 주거지 근처의 병원에서 이루어져야 한다.

더 많은 장비의 도입이 아니라 의사가 환자에게 더 집중할 수 있도록 의료비체계 개혁이 필요하다.

진료 시 피보험자의 자기부담 추가에 사민당은 항상 반대해 왔다.

4. 장애인을 위한 더 많은 일자리와 개선된 재활, 전쟁희생자 원호 개선

성공적인 우리의 장애인 통합 정책은 계속 되어야 한다. 우리는 모든 장애인에게, 장애의 원인에 상관없이, 통일적인 지원정책을 마련할 것이다. 우리는 장애인이 각각의 장애의 상태에 관계없이 종합적인 자문을 받을 수 있고 행정서비스를 전체 받을 수 있도록 가까운 장소에 시설이 설치되기를 원한다.

우리는 새로운 시설의 건립이나 개량 시, 장애인 용 주거나 공공 교통시설과 교통수단에 최소한의 법적 요건 설정에 의해 장애인의 생활조건이 개선되기를 원한다.

중증장애인의 실업 증가는 우리에게 큰 부담이 된다. 사민당은 중증장애인 고용 공공기관이 사용자가 중증장애인의 고용 분담금 납부에 의해 고용을 면하는 것을 더 이상 허용하지 않을 것이다. 고용 분담금은 체감할 수 있도록 높여야 한다.

사민당은 앞으로 전쟁희생자 원호를 구조적으로 개선할 것이다.

5. 연금보험은 미래지향적으로 발전될 것이다

연금보험의 재정은 건전하다. 1980년에는 기여금수입이 지출을 처음으로 넘어설 것이다. 이를 위해 우리는 세계적인 경기침체에도 불구하고 노력해왔다. 1982년부터는 다시 총임금과 연계된 역동적인 연금이 도입될 것이다. 이미 21세기 연금조정법이 마련되었고, 이를 위해 1981년에 납부자는 18%에서 18.5%로 높아진 보험요율을 적용해 받게 될 것이다.

이제 사민당은 헌법조항에 따라 유족연금에서 남녀평등을 실현할 것이며,, 당대회에서 결의된 강령에 기초하여 미래지향적 노령연금의 확대발전을 위해 사회보장제도를 개선할 것이다.

사민당은 유족연금에서 남녀평등을 실현할 것이며, 남녀의 보험료 납부가 없는 연금보장시기(견적평가표)의 차별을 없앨 것이다. 1985년부터 연금을 신청하게 되는 남녀 독거노인은 부부 노인의 70% 상당의 충분한 연금을 받게 될 것이다. 1985년부터 최초 10년에 대해서는 구 연금법과 신 연금법 사이의 선택권이 허용된다.

이미 연금을 받거나 1984년까지 연금을 받게 되는 연금자의 권리는 변함없이 유지되며, 혹은 양육기간 가산으로 여성에게는 높아질 수 있다.

최소소득에 따른 연금 보장 규정에 따라 평생 충분히 노동한 노동자를 보장하지만, 그러나 열악한 직업에서 대부분을 보낸 저소득 노동자에게는 최소한 모든 피보험자 평균소득의 3/4 이상의 연금을 받도록 할 것이다. 이를 위한 전제는 1972년까지는 최소한 25년의 보험료 납부였다. 사민당은 1972년 이후에도 동일하게 지불하도록 노력할 것이다.

수요자 중심의 최소연금 도입과 함께, 우리는 고데스베르크 강령의 조항을 충족하기 위한 전진적 조치인, 즉 노령의 모든 시민이 경제활동을 그만두거나 부부 중 한 명이 사망했을 때 연대적 최소보장을 마련해주는 조치를 취하였다. 이러한 수요자 중심의 최소연금 도입은, 이러한 조치를 통해 사회부조에서 자유롭게 된 재원을 연금보험으로 이전할 수 있는 주와 지자체의 준비에 달려 있다. 여기에는 연방상원의 동의와 함께 법적 규정이 필요하다.

견적평가표의 평등화를 포함한 최소소득에 따른 연금의 개선과 유족연금의 개혁은 18.5%의 보험요율의 경우 보험료에서 재정 지원된다.

모든 어머니는 노령보험에서 모든 아이에 대한 양육기간이 가산된다. 이것은 현재 연금을 받는 노령의 여성, 아이를 낳고 후에 연금에 가입한 어머니, 그리고 1984년 이후에 아이를 낳게 될 어머니(선택에 따라 아버지)에게도 해당된다.

사민당은 양육기간을 적극 반영한다. 왜냐하면 그럴 때만이 어머니에게 유리한 개혁이 되기 때문이다. 양육기간의 인정은 가족정책적 조치로서 조세에 의해 재정 지원될 수 있다.[6]

6. 노령자는 우리 사회의 한가운데 있다

우리는 노령자들이 가능하면 편안하고 익숙한 환경에서 독립적인 생활을 영위할 수 있도록 지원하려고 한다. 더 많은 가정적인 돌봄과 보호를 통해 요양시설이나 병원에 머무는 것을 피할 수 있도록 한다. 우리는 돌봄이 필요한 사람들의 경우, 요양보호보다는 외래보호를 통해 그리고 이웃과 가족의 도움을 특별히 장려하는 방향으로 사회보장을 개선하려고 한다. 이를 위해 외래의 사회서비스가 구축되어야 할 것이다.

7. 앞으로 우리가 개방성과 연대를 요구할 과제는, 국가와 사회에 외국인노동자를 통합하는 것이다

사민당은 연방공화국에 장기간 살고자 하는 외국인노동자과 그들의 가족의 완전한 통합을 지지한다.

외국인노동자가 주거와 자식들의 학교 및 직업교육의 기회를 가질 수 있도록 사회적 지원이 개선되어야 한다.

---

6) 자세한 내용은 사민당의 연금정책을 정리한 소책자 "미래지향적 노령보험의 발전을 위하여" 참조.

8. 사회보장은 실질적 자유를 창조한다

우리는 경쟁사회에 반대하고 사회적 국가를 지지한다. 더 많은 국가가 아니라 시민 가까이에 있는 국가가 올바른 요구이다. 기민련/기사연이 요구하는 국가 서비스의 민영화는 잘못된 길로 귀결될 것이다.

기민련/기사연은 정치적 현실을 비연대적인 사회의 길로 바꾸려고 한다. 예를 들어 그들은 부자들에게 유리한 아동면세액을 다시 도입하려고 한다. 이것은 사회적으로 불공정한 길이다.

그래서 우리는 사회적 국가를 원하고, 관료적 국가를 원치 않는다. 당연히 시민들은 관료의 비대화를 우려한다. 그러나 이에 대한 비판은 공공 서비스가 현대 사회에서는 **빼놓고** 생각할 수 없는 과제를 충족한다는 사실을 가리지는 못한다. 이러한 과제는 독일에서도 정당하다. 사민당은 따라서 비대해진 관료제나 기계적인 관료주의적 일처리에 의해 공공 서비스의 가치와 의미가 축소되지 않도록 노력할 것이다.

사회적 행위는 국가의 과제일 뿐만이 아니다. 사회적 행위는 또한 수많은 사회집단과 노조, 사회조직, 복지조직과 비조직된 개인들을 책임져야 한다. 사민당은 우리 사회의 더 많은 연대에 기여하는 모든 참여를 북돋을 것이다.

V. 우리는 미래의 확신을 필요로 한다: 개인과 가족, 사회를 위해

우리나라에 살고 있는 사람들은 그들의 개인적 환경 속에서 더 많은 안전과 따뜻함을 제공해주는 사회를 원하고 더 많은 공동생활을 원한다. 사람들은 우리의 모든 행동이 의미 있는 기억으로 남고, 정책은 가치의 척도로 증명될 수 있기를 바란다.

그리고 우리나라에 살고 있는 사람들은 개인적 행동에 대해 책임지는 자신의 노력을 인정받기를 원한다. 모든 사람들은 자신의 개인적 삶의 성과를 제공한다. 이것을 돈 가치로만 보는 사회는 사람들의 고유하고 내적인 결합을 파괴하는 것이다.

내일의 안전을 희구하는 사람은 오늘, 미래를 구상해야 한다. 국가와 사회의 개혁을 위한 의지는 우리 행동이 감당하는 힘을 변화시킬 수 없다. 입증된 많은 것이 유지되어야 한다. 많은 개혁은 사람의 의식 속에서 비로소 뿌리를 내려야 한다.

1. 여성의 평등이 실현되어야 한다

사민당이 집권한 여러 해 동안, 백 년 이상 유지되었던 여성의 불이익이 부분적으로 개혁되었다. 사민당의 정책 목표는 여성의 동등한 지위를 실현하는 것이다. 이것은 우리 생활의 모든 영역에서의 사고를 바꾸어야 한다 - 정치에서, 경제에서, 교육에서, 문화에서, 매체에서, 광고에서. 여성의 동등한 지위는 남성과 여성이 함께 극복해야 하는 사회적 문제이다. 따라서 여기서 중요한 것은 여성과 남성이 공동으로 사회적 강제와 구습으로부터 해방되는 것이다.

사회민주주의 정책은 다음과 같다:

산업과 기술직에서의 직업교육의 개선을 위한 지원과 시범 정책이 계속되고 확대되어야 한다. 공기업이 선도적 역할을 맡아야 한다. 공공 서비스와 공공자금의 지원을 받는 기업에서의 일자리는 젊은 남녀에게 균등하게 제공되어야 한다.

직업세계에서 남녀를 동등하게 취급하는 원칙에 관한 유럽연합의 방침은 독일연방공화국에 대해서도 타당하게 적용되어야 한다. 따라서 직업에 대한 접근에서, 보수와 노동조건에서, 승진과 재교육에서 모든 직 간접적 불평등한 취급은 여성들에게 합당한 물질적 보상을 주어야 하는 근거가 되어야 한다. 이제까지와 같이 불평등한 취급을 당했다고 여성 스스로가 법원에 입증하는 것이 아니라, 오히려 기업주가 범죄행위를 하지 않았다고 소명해야 한다.

노동생활에서 여성의 평등 대우 관철에서 결정적인 임무는 교섭의 당사자, 무엇보다 노조의 몫이다.

여성을 위해 높은 자격의 일자리를 지원하는 조직 정책에 이미 있는 내용은 더욱 강화되어야 한다. 수준 높은 일자리에 여성을 차별 없이 고용하는 것은 또 다른 알맞은 경우에서도 공적 지원의 차원이 되어야 한다.

예를 들어 양육으로 인해 직업 활동이 중단되는 여성에 대해서는 직업생활로의 복귀가 용이하도록 지원프로그램을 제공해야 한다. 여기에는 특히 수준 높은 직업을 위한 지속적 교육과 전환교육이 필요하다.

일자리보호법률은 모든 노동자에 대한 바람직한 보호로서 확대되는 목표와 함께 검증되어야 하지만, 그러나 여성에게만 불리한 규정은 폐지되어야 한다.

여성차별적인 광고는 금지되어야 한다.

갈등을 겪고 있는 여성의 보호와 자문을 위한 모델프로그램(견본기획안)은 확대되어야 한다.

사민당은 형법 제218조에 규정된 임신중절에 대해 차별과 억압 없이 어디서나 실행될 수 있도록 노력한다. 그리고 이를 위하여 연정으로 집권한 연방 주에서도 연방법률에 상응하는 기회를 가질 수 있어야 한다.

노동생활에서의 여성의 동등한 권리와 정치적, 사회적 조직에서의 여성의 동등한 참여를 촉진하기 위한 공공 정보가 강화되어야 한다. 공영 라디오 및 텔레비전 방송은 이에 특별한 책임이 있다.

여성의 동등한 권리를 관철하기 위해 포괄적인 영역을 관할하는 직책이, 아직 없다면, 주와 지자체에도 설치되어야 한다.

2. 우리나라의 발전은 가족의 자유로운 발전과 이를 위한 공정한 기회의 개방에 결정적으로 달려 있다

사민당은 인간의 사회적, 문화적 중심인 가족을 강화하고 지원하는 가족정책을 지지한다. 가족정책은 사회정책의 통합된 일부다. 가족정책은 사람의 자유롭고 자기책임적인 공동생활을 가족 안에서 가능하도록 경제적, 사회적, 문화적 조건을 창출한다. 국가는 가족에 대해 어떤 이상적인 이념을 강제할 수 없다.

부모와 자식의 관계는 상호 존중과 인내 그리고 부조에 의해 규정되어야 한다. 이러한 정신에서 우리가 입안한 새로운 법률은 부모의 부양을 고려하고 실천의 요구를 따른 것이다. 기민련/기사연은 여기서도 불평과 불안에 한정되어 있다.

사민당은 모두를 대상으로 동일한 아동수당을 도입하였다. 이것은 과거의 상황에 비하면 거대한 진보이다. 이러한 진보로 인해 결과적으로 아동 역시 사회부조권리에 참여하게 되었다. 미래의 아동수당 크기는 무엇보다 소득이 적지만 많은 아이를 가진 가족에게 유리하게 될 것이다. 우리는 야당이 요구하는 누진적 자녀공제제도 재도입을 결단코 거부한다.

아동과 가족의 행복은 그 환경이 아동친화적인지, 주거가 아동에게 적합한지, 그리고 예를 들어 부모가 아이들을 더 많이 돌볼 수 있도록 노동시간이 그렇게 구성되고 일자리가 그렇게 안정적인지에 달려 있다.

더욱 중요한 것은 예를 들어 전일제유치원과 종일제학교와 같은 가족을 보충하는 시설과 서비스이다. 우리는 여전히 새로운 청소년지원법의 빠른 의결과 그 법률 속에 예정된 제도와, 청소년노동과 교육지원 그리고 가족지원정책 서비스를 위해 노력한다. 주거와 교육제도는 우리의 세계가 가족친화적이고 아동친화적이 되도록 구성되어야 한다. 교통정책과 미디어정책과 같이 멀리 떨어져 있는 것처럼 보이는 분야조차도 아이들과 가족의 상황에 결정적 영향을 미친다.

혼자 아이를 키우는 어머니와 아버지의 불이익은 없어져야 한다.

가족의 생활에 관계되는 조부모-세대의 기존의 희망에 대해서는 적절한 주거형태와 여가의 기회가 더욱 크게 고려되어야 한다.

부모가 직장과 가정을 양립할 수 있도록 하여야 한다. 사민당은 이미 도입된 유급 임신 및 출산휴가를 넘어, 어머니와 아버지에게 유리한 일자리가 보장되는 부모휴가에 대한 수요를 지원하고자 한다. 이를 위해 부모는 아이가 처음

세 살이 될 때까지는 일상의 노동시간을 단축할 수 있도록 해야 한다. 아픈 아이를 돌보기 위해서는 12살까지(지금까지는 8살까지) 부모가 매년 10일의 유급휴가(지금까지는 5일의 유급휴가)를 사용할 수 있도록 해야 한다.

새로운 혼인법은 부부에게 더 많은 동등한 권리를 부여했다. 연방헌법재판소는 이혼성립 기본항목과 이혼 후 재산분할과 부양보상의 합헌성을 확인하였다. 새로운 법률 자체에 대해서는 다수가 동의했던 기민련/기사연의 불만과 여론조작도 이것을 바꾸지는 못했다.

여성의 불안정한 생활은 오늘날 우리가 도입한 갈등을 겪고 있는 여성을 위한 자문과 지원을 통해 그리고 형법상의 처벌의 위협을 통해 이전보다 더 효과적으로 보호받고 있다.

시민들은 가족계획에 관해 더 많은 정보를 제공받아야 한다.

3. 젊은 세대는 사회의 연대를 필요로 한다

우리 사회는 젊은 세대의 협력과 참여 위에서 보장된다. 노년세대는 젊은 세대를 신뢰하여야 한다. 전 세대로부터 물려받은 욕구와 생활형태에 대한 젊은이의 불만은, 자신의 생각에 따라 인생을 추구하려는 이어지는 세대의 자연스런 노력으로서 이해되어야 한다.

노령 세대는 과거의 부자유에 대해 오늘날의 자유를, 전쟁기와 전후의 어려움에 대해 우리의 오늘날의 복지를 긍정적으로 생각하는 반면, 젊은이들은 부자유와 걱정과 궁핍의 이러한 경험을 생각하지 못한다. 게다가 젊은이들 중 일부는 표면적으로 복지를 지향하는 우리 사회에 대해 불편함을 느낀다. 우리는 매우 오랫동안 준비해왔던 생활수준에 대한 이러한 비판을, 새로운 생활관념과 인간관계의 새로운 질에 대한 기회로 보아야 한다. 젊은이들이 이 사회에 실망해서 배타적으로 사적 영역으로 회귀하는 곳에서, 우리는 그들의 이해와 욕구를 위한 자리와 이해가 이 사회 안에 존재한다는 것을 확신시켜야 한다.

젊은 세대는 자신의 직업적 사회적 발전을 위한 기회가 제공되는 생활조건을 요구하고 있다. 개인적으로나 집단적으로 이러한 기회를 자신의 힘으로 이용할 수 없을 때, 이들은 사회의 연대를 요구한다.

학교에서, 대학에서, 직업교육과 사회조직에서 젊은이들은 그들의 일상적 환경을 실제로 함께 설계할 수 있는 기회를 제공하는 참여의 기회를 가져야 한다.

젊은 세대는 우리로 하여금 그들의 문제를 해결하도록 요구할 뿐만 아니라, 책임에 대한 그들의 부분도 떠맡도록 한다.

4. 앞으로 우리는 젊은 세대를 위해 개선된 교육을 제공함으로써 더 많은 기회평등을 이루어야 한다

사민당은 인간적인 학교를 원한다; 배움이 즐거움이 되고, 성과를 요구하고 장려하는 학교. 우리는 더 작은 학급과 개별 학생을 위한 더 많은 교사를 원한다. 우리는 스트레스와 강제 없이 성과가 가능한 수업분위기를 원한다. 이를 위한 전제는 이미 주어졌다. 이제 학생수는 줄어들었지만, 시설과 교사수가 우리의 현대적인 학교제도에 걸맞게 유지되고 개선되어야 한다. 우리는 배움에 어려움을 겪는 어린이를 더 잘 보호하고, 장애를 가진 어린이를 가능한 한 다른 모든 학생들과 함께 교육하기를 원한다. 선별이 아니라 보호가 우리 교육정책의 원칙이다.

통합학교는 민주주의 사회에서 시대에 맞는 학교형태로서 그 가치를 증명하였다. 통합학교는 균등한 지원으로서 부모들이 원하는 모든 곳에 설치되어야 한다. 그 졸업은 모든 연방주에서 인정되어야 한다. 우리는 기회평등의 개선을 위해 더 많은 종일제학교를 필요로 하고, 그와 함께 무엇보다 직장생활을 하는 부모의 아이들이나 외국인 아이들이 더 잘 보호되어야 한다.

우리는 10학년제와 우리 교육제도의 중요한 이음새와 연결고리에 대한 더 많은 통일성, 비교가능성, 융통성을 원한다.

우리의 우선적인 목표는 일반교육과 직업교육의 등가성을 세우는 일이다. 직업교육장은 최근 4년간 출생율이 높은 세대에게 거의 1/3이 늘어난 677,000개 이상으로 많이 제공되었다. 80년대에 우리는 직업교육장 공급을, 무엇보다 기업과 학교에서의 직업교육의 질을 더욱 높여야 한다.

외국인 아이들도 독일인 아이들과 동일한 교육 및 직업교육의 기회를 가져야 한다. 소녀들도 직업교육에서 소년들과 동일한 기회를 가져야 한다. 배움에서 뒤처지는 아이들과 청소년은 특별한 기회의 연대가 필요하다.

헬무트 슈미트 총리는 대학에 대한 입학정원제를 성공적으로 도입하였다. 이러한 대학정책은 계속되어야 한다. 우리는 대학개혁의 지속을 위해 더욱 노력할 것이다. 대학의 개방은 무엇보다 노동자 자녀들이 쉽게 대학에 들어갈 수 있도록 결단코 유지될 것이다. 특히 그들을 위한 직업교육 지원정책은 더욱 개선되어야 한다.

우리 대학에서의 과학적 연구는 사회발전의 중요한 전제로서 더욱 강화되고 장려될 것이다.

효력을 가진 학생자격은 모든 연방주에서 법적으로 보호된다.

5. 독일사회민주당은 80년대에는 주거환경을 인간적으로 만들 것이다

우리의 도시는 지난 10년 동안 살만한 가치가 있게 되었다. 우리는 도시와 마을이 살만하고 쾌적한 곳이 되도록 힘쓸 것이다. 모두를 위한 좋은 주거는 정책적 과제이다. 우리는 도시, 특히 도심에도 거주할 수 있도록 힘써야 한다. 우리는 이를 위해 더 많은 여가공간과 더 많은 자전거도로, 도로교통에서의 아이들을 위한 안전, 그리고 예를 들어 도시와 마을에서 서로 더 많이 쾌적하게 오갈 수 있는 주택가를 필요로 한다.

주택현대화와 주거환경의 개선은 서로 동의해야 하고 더욱 강력하게 촉진되어야 한다. 공적 지원은 무엇보다 불충분한 기반시설과 높은 밀집도, 적은 녹지와 공원 및 여가공간을 가진 거대하고 열악한 주거지역을 위해 제공되어야 한다.

주거정책의 주요 과제는 주택공급에서의 불평등과 지원부족을 없애는 것이어야 한다. 시대에 맞는 주택은 비싸지만, 그러나 부당하게 요구하지 않는 공동부담으로 공적 주택건설을 통해 비용을 경감할 수 있을 것이다. 따라서 우리는,

특히 도시지역에서, 사회적 주택건설을 확대할 것이며, 아이를 가진 가족에게 중점을 두고서 주택수당을 개선할 것이다. 자가주택의 임대자나 소유주에 대해 공적 보조를 받는 사회적 임대나 보조금을 통해 제공되는 지원정책은, 소득상한선이 나중에 상당히 올라갈 정도로 경감에 도움이 될 것이다.

사회적 임대차법은 유지된다. 계약해지와 부담스런 임대료상승에 대한 보호는 계속 유지되어야 한다. 임차인의 보호는 임대주택과 자가주택의 전환 시에 개선되어야 한다. 넓은 계층을 위한 사회적 공동주택에 대한 임대차는 모든 인구를 포괄해야 한다.

주택 현대화와 개량이 임차인을 원래 살던 거주지역으로부터 몰아내도록 해서는 안 된다.

주택소유 지원은 분배정책적, 지역정책적으로 더 확실하게 요구에 부응해야 할 것이다. 조세정의의 이유에서 소득이 높은 가구가 가진 압도적인 유리함이 줄어들어야 한다. 아이를 가진 가족은 이전보다 더 많은 지원을 필요로 한다.

에너지절약적인 투자가 더욱 장려될 것이다. 따라서 문제가 되는 주택과 낮은 소득을 가진 가구가 우선적으로 보호된다.

도시와 마을의 확대의 경우 우리는 토지를 절약해서 사용하여야 한다. 최소한 이렇게 근거 없는 토지가격 상승분을 공공투자 자금 재원으로 활용하기 위하여 토지가격 관련 세금이 검토되어야 한다. 이의 흡수가 사민당의 토지정책의 목표다. 토지축적의 해체를 위한 강력한 조치가 필요하다. 지자체는 도시개발 및 지역계획의 목표에 상응하는 수요 지향적 건축용지를 공급하여 토지가격 상승을 막아야 한다.

6. 80년대에는 교통정책에서 몇몇 지역에 새로운 중점을 둘 것이다

도로건설에서 미래에는 양보다는 질이 더 강조되어야 한다. 더 적은 소음과 다 많은 안전이 새로운 건설에서 우선시되어야 한다.

도로의 건설에서 우리 시민들은 가능한 한 초기에 계획에 참여할 것이다.

에너지절약과 환경 및 자연보호가 교통계획에서 중요한 역할을 할 것이다. 그로부터 독일 국철 노선의 현대화와 유지 및 보강이 이루어질 것이다; 철도(궤도)교통은 환경친화적이고 에너지절약적이다. 공공 여객운송이 그 다음 우선순위에 있을 것이다.

7. 새로운 미디어는 기술적으로 가능한 모든 미디어가 의미가 있는지의 질문을 우리에게 제기한다

가족과 사회에서 미래의 공동생활을 근본적으로 새롭게 만들어가는 현상이 나타나고 있다. 새로운 미디어와 함께 또한 사람을 조작할 수 있는 생각하지 못했던 새로운 가능성도 나타나고 있다.

우리의 표준은 사회에서의 더 많은 협력이다 – 이에 관해 우리는 새로운 미디어를 평가한다. 진보는 사람에게 봉사하는 것일 뿐이다. 서너 개의 텔레비전 프로그램에서 10개 혹은 30개의 프로그램으로 늘리기 위한 엄청난 투자가 현실적으로 의미가 있는지 논의되어야 한다. 이러한 투자가 재정경제적으로 일반적으로 책임질 수 있는 것인지 아직 한 번도 의문시되지 않았다.

시민들은 증가되는 텔레비전 소비와 새로운 미디어가 무엇을 의미하는지 알아야 하며, 그래서 스스로 결정할 수 있어야 한다. 사민당은 성숙한 결정을 위한 시간을 요구한다. 우리는 광범위한 시민들의 대화를 요구한다.

사민당은 우리의 독립적인 공영 라디오방송을 보장한다. 우리의 텔레비전시스템은 이성적이고 많은 한계에도 불구하고 보장된다. 우리는 라디오와 텔레비전을 당의 정책과 자기이해에 봉사하도록 만들려고 하는 기민련/기사연의 저항 시도에 반대한다.

민간기업인 신문과 공영 라디오 및 텔레비전 조직의 원칙은 잘 보장되어야 하고, 우리는 그에 관해 흔들려서는 안 된다.

8. 약자를 강화하는 권리평등과 기회평등은 사민당 법치정책의 우선 순위에 있다.

소송지원과 자문지원에 관한 법을 통해 우리는 약자로 하여금 법에 쉽게 접근할 수 있도록 하였다. 우리는 여전히 놓여 있는 장벽을 더욱 철거하고 우리의 법을 더 간단하고 분명하게 구성하기를 원한다. 이러한 목적을 위해 행정법원, 사회법원, 재정법원의 경우에 다양하게 나누어져 있는 소송과정이 단일한 절차로 통합되어야 한다.

우리는 소비자보호를 더욱 강화하고, 새로운 형태의 범죄, 무엇보다 경제범죄에 대한 형법상 보호를 확대하고, "징벌 대신에 재사회화"라는 기본입장에 따라 형집행 개혁을 실천할 것이다. 여기에는 금고형의 경우에 집행유예 확대도 속한다.

테러리즘에 대한, 또한 신나찌 활동에 대한 투쟁을 우리는 계속 확실하게 수행한다.

따라서 테러에 대한 정치적-정신적 대응을 분명히 하고 그 원인을 전면에 부각시켜야 한다. 그 온상의 발생과 유입을 차단해야 한다. 우리는 냉정하고 분명하게 그리고 신중하게 대응해야 하지만, 과잉행동이나 정신적인 전쟁상태로 대응할 필요는 없다.

해당하는 조치가 경우에 따라 성공적으로 진행되었고 그 필연성이 통제되었다. 따라서 예를 들어 형법 제88조 a항에 근거해 처단되었다. 변호사접촉금지법의 지속적인 필요와 금지 해당 수감자의 법적 지위는 더 검토되어야 한다. 한편 신나찌활동의 배제와 관련하여 아직 남아 있는 법적 공백은 메워져야 한다.

공직 취임 시 헌법준수의무를 위한 1978년의 쾰른 당대회의 결정을 재확인한다. 우리는 이러한 결정이 사민당이 집권한 모든 지역에 적용되기를 바란다.

마약류거래는 법치국가의 모든 수단을 통해 막아야 한다. 경찰과 검찰에서 이러한 분야의 범죄퇴치가 특별히 이행되어야 한다. 개인적인 약물중독 위험의 보호와 약물 중독 퇴치와 관련해서 우리는 형법적 수단 이전에 예방적이고 치료적인 조치를 우선으로 한다.

효과적인 개인정보 보호에 의해 시민들은, 컴퓨터에 의해 언제나 디지털 자료화하고 통제되고 조작되는 우려로부터 보호되어야 한다. 정보기관의 책임은 명확하게 해야 하며, 기관 간 상호협력 가능성은 논의되어야 할 사항이다.

우리는 정치적 박해자를 위한 망명 기본권을 지지한다. 신속한 법치국가적 망명절차를 통해 외국인이라고 해서 배제되거나 정치적 박해를 받지 않도록 안전한 지위를 보장해야 한다.

내부적 안전은 기회 및 권리의 평등과 사회보장을 전제로 한다. 범죄와 테러리즘만이 아니라 사회정의의 거부와 환경오염을 통한 생활의 질의 제한, 그리고 법의 외피 하에서 경제권력의 남용 역시 내적 안전을 위협한다.

VI. 사회민주당에 대한 투표는 중요한 의미를 가진다

당신은 우리나라를 위해 무엇인가를 할 수 있다. 당신은 1980년 10월 5일에 위험한 정권교체에 반대하여 - 연방총리 헬무트 슈미트와 함께 사민당이 결정한 믿음직한 길에 투표하시라.

당신은 과격한 소수분파집단에 투표하면 안 된다. 이것은 그 무엇보다 중요한 일이다. 이것은 평화에 중요하고, 독일의 안전에 중요하다.

선거에 참여하는 것,

사민당을 위한 한 표는 아주 중요하다.

3 독일사회민주당 선거강령(1983년)

I. 앞으로 출발

1. 시민들은 1980년 10월 5일 연방선거에서 자신의 의지를 분명히 밝혔다:

    - 시민들은 4년간 더 사민당-자민당 연정을 원했다,
    - 시민들은 사민당의 헬무트 슈미트를 연방총리로 원했다,
    - 시민들은 어떤 경우에도 프란츠-요제프 슈트라우스Franz-Josef Strauß를 원치 않았다,
    - 시민들은 기민련/기사연 총리를 원하지 않았다.

    2년 후에 기민련/기사연, 자민당 연방의회 의원단은 유권자의 뜻을 거역하고 헬무트 슈미트를 총리 정부를 무너뜨렸다. 기민련/기사연은 약속을 지키지 않은 자민당의 도움으로 권력을 장악했다. 슈트라우스는 콜이 무엇을 할 수 있는지를 결정했다.

    권력교체는 유권자 다수의 지지를 받은 것이 아니며, 정치적-도덕적으로 의심스런 방식으로 일어났다. 콜과 찜머만(Zimmermann), 겐셔(Genscher)의 정부는

---

7) 사민당 임시 당대회(1983. 1. 21, 도르트문트) 결의

민주적 정당성이 결여되었다. 이러한 명백한 한계로 인해 1983년 3월 6일 새로운 총선으로 정부의 과도기성을 극복하려고 하였다.

2. 우리 사민당은 자부심을 가지고 유권자 앞에 나섰다. 16년 간의 정부 참여, 13년 간의 사민당 총리 배출 기간은 우리나라를 위해 훌륭한 시대였다. 우리는 우리의 성과에 대해 자부심을 갖고 있으며, 우리의 결정을 지지한다.

모든 저항과 어려움에도 불구하고 빌리 브란트와 헬무트 슈미트 총리 하의 연방정부는 다음 성과를 거두었다:

◇ 더 많은 사회정의를 이루었으며, 사회적 국가를 건설하고, 사람들에게 물질적 조건의 근본적 개선을 가져다주었다.;

◇ 많은 사람들의 더 구체적인 자유를 가져다주었고, 사람들의 공동생활을 더 자유롭게 만들었고, 민주적 참여 기회를 확대하였다;

◇ 가족과 사회에서 여성의 권리를 강화시켰다;

◇ 세계경제의 어려움에도 불구하고 우리나라는 과거의 경제위기를 통해 비교할 수 있는 다른 모든 선진국보다 더 잘 발전하였으며, 우리의 노동자와 연금생활자는 유럽에서도 실질소득 면에서 최상의 위치를 차지하고 있다;

◇ 환경과 자연조건에서 그 누구보다 더 많은 일을 했으며, 환경보호가 공장 문 앞에서 멈추어서는 안 된다는 사실을 잊지 않았다.

◇ 평화를 보장하고, 우리나라를 군비통제와 군축 노력에서 적극적인 위치에서 임했고, 베를린을 보호하고 두 개의 독일 국가 사이의 관계에 새로운 성격을 부여했다.

사민당 정부의 작업이 없었다면 우리는 여전히 오늘도 50년대의 정신적 협량, 순종적 태도와 후견이 지배하는 상태에 머물러 있을 것이다. 우리 사민당이 없었다면 수백만의 여성이 사회에서의 실질적인 평등에 대한 전망을 결코 갖지 못했을 것이다. 우리 사민당이 없었다면 많은 젊은이들이 훨씬 더 적은 교육기회와 미래기회를 가졌을 것이다. 우리의 경제정책, 사회정책, 재정정책이 없었다면 오늘날 수십만의 사람들이 더욱 실업상태에 처해 있을 것이다.

3. 우리는 16년 간의 사민당 정부작업의 연속선상에 서 있다. 이 시대에서의 우리의 결정은 기본조건에 맞춘 것으로 따라서 되돌아봐도 올바르다.

우리는 그러나 개혁과정에서 필요한 용기와 결단성을 언제나 확보하지는 못했음을 자기비판적으로 인정한다. 올바른 길을 둘러싼 고민과 논쟁에서 우리는 서로를 힘들게 했다. 많은 시민들이 이것을 이해하지 못하고 더 많은 조화와 합의를 우리에게 기대했다.

여기에 더해 세계 도처에서 경제위기의 원인과 범위를 오랫동안 올바르게 평가하지 못했다.

우리는 다음을 깊이 생각해야 한다:

- 새로운 많은 문제는 너무나 어렵기 때문에 단순한 대답으로는 자주 오류에 빠진다. 민주적 논쟁은 고통스럽다. 그러나 이것은 불행한 오류에 대한 최고의 안전판이고, 지속적인 자기검증을 보장하고 필요한 수정에 도움을 준다.
- 연방의회에서 과반수를 차지한 기민련/기사연은 연방정부의 중요한 정책을 봉쇄하여, 비용이 많이 들게 만들었다. 기민련과 기사연은 연방상원에서도 수백만 마르크의 초과지출을 강제하였다. 그들 자신이 비판하고 있는 오늘날 국가재정 상황에 대하여 그들 자신에게도 상당한 공동의 책임이 있다.
- 우리의 연정 파트너였던 자민당은 무엇보다 최근에 목적연합으로서 이기적 집단이해를 더욱 관철하기 위해 활동하였다. 항상 그들은 이런 자신의 개별 이해를 고려하였고, 그래서 전체를 위한 책임을 방기했다.

이러한 조건에도 불구하고 사민당은 나라를 훌륭하고 믿음직하게 이끌었다. 우리나라의 사람들은 직접적 궁핍으로부터 벗어나 자유와 안전 속에 살고 있다. 우리는 우리의 노선을 지지한다.

4. 우리나라의 상황은 비교할 수 있는 대부분의 선진국 사회보다 이제까지는 나은 상태에 있다. 그러나 미래와 관련해서 대부분의 주민들에게는 걱정과 두려움이 커지고 있다. 때로 과장될 수도 있지만, 객관적 문제가 어렵게 될 것이라는 사실을 주민들에게 올바로 인식하게 해야 할 것이다.

- 많은 사람들은 묻는다: "앞으로 무엇을 가지고 우리의 아이들은 살아야 하는가?" 새로운 세계경제위기의 위험이 우리의 경제상태를 심히 후퇴시킬 것이라는 사실을 국민들도 느끼고 있다. 동시에 그들은 이러한 위험이 어제와 그제의 처방으로 피할 수 없고 오히려 심화될 수도 있음을 느끼고 있다.

- 많은 사람들은 묻는다: "우리는 내일 건강하게 살 수 있는가?" 우리의 자연적 생활조건이 위협적으로 파괴되고 있다는 의식은 과거의 순조로웠던 경제 발전에 대한 믿음을 의심스럽게 만들고 있다. 이른바 "시장의 자기치유력"이 경제적, 생태적 문제를 해결할 수 없고 오히려 심화시키고 있음을 더 많은 사람들이 인식하고 있다.

- 아주 많은 사람들이 묻는다: "우리는 내일도 평화롭게 살게 될 것인가?" 역사에서 처음으로 인류는 자기 자신을 파멸시킬 수 있게 되었다. 이렇게 우리를 전반적으로 위협하는 위험은 다른 모든 문제를 뒤덮는다. 긴장완화 정책과 적극적 평화 보장 이외에 이성적인 대안이 없다는 사실을 더 많은 사람들이 인식하고 있다.

- 많은 사람들이 묻는다: "사회생활에 여성의 동등한 참여가 더 이상 발전하지 못하고 막히는 게 아닌가?" 우리의 미래는 현재의 문제를 해결하는 데 적극적으로 참여할 기회를 유지하고 활용할 때만 살만한 가치가 있음을 더 많은 여성들이 인식하고 있다.

책임 있는 미래지향적 정책은 이러한 걱정과 두려움을 인식하고 의식해야 한다 - 히스테리에 빠지지 않고 냉정한 근거를 가지고 우리는 생각할 수 있는 재앙을 관찰하는 데 머물지 말고 오히려 냉정하게 원인에 관해 물어야 한다.

5. 책임 있는 정책은 위험과 걱정, 두려움의 원인을 해명하는 데 맞추어져야 한다. 이때 그렇지만 최고의 정책도 인간의 모든 문제를 해결할 수 없다는 사실을 잊지 말아야 한다. 오류와 책임, 고통과 회의, 질병과 불행은 자유롭고 정의로운 인간적인 사회에서도 인간생활에 속하는 것이다. 또한 미래에도 부족함과 부담, 책임이 존재할 것이다.

우리 사민당은 따라서 지구상의 파라다이스를, 모든 인간문제의 해결을 약속하지 않는다. 민주사회주의는 우리에게 새로운 사회질서의 확고한 설계가 아니라, 더 많은 자유와 더 많은 정의, 더 많은 연대를 위한 끊임없는 노력이다.

우리는 아주 새롭고, 아주 다른 도전 앞에 우리 모두 함께 서 있다는 사실을 알고 있다. 우리는 그러나 우리 국민이 과거에 이미 아주 어려운 시대를 잘 극복했고, 바로 그때마다 사민당이 시대의 어려움을 견디면서 건재해 왔다는 사실을 알고 있다.

이러한 인식으로부터 우리 사민당은 앞을 보고 출발하는 우리 정책의 위험과 걱정을 근거 있는 희망과 대비시키려고 한다. 위험은 있다 - 하지만 미래를 극복할 위험과 기회도 있다.

6. 주문과 불분명한 호소로는 새로운 출발에 영향을 줄 수 없다. 필요한 것은 정치력이 사람들에게 용기를 주고 개혁의 의지를 되살림으로써 정치력을 동원하는 계획된 행동이다.

이런 노선만이, 신뢰할 만한 사람이 누구인지를 알려줄 수 있다. 정치적인 말과 행동은 일치할 때 신뢰할 수 있으며, 이를 통하여 거듭 신뢰성을 확보하여야 한다. 집권하였을 때나 야당일 때나 같은 말을 했고 같은 목표를 추구했던 사민당에 의한 정권교체 후 정책의 연속성은 우리 믿음과 신뢰의 중요한 시금석이다. 더 필요한 것은 궁핍과 후견으로부터의 자유, 정의와 부담의 분배, 강자나 약자 모두 서로 책임을 공유하는 연대를 지지하는 말과 행동을 유지하는 것이다.

개인이 자신의 이익만을 추구하는 냉정한 이기주의는 우리 사회의 능력과 성과를 공통의 목표로 이끌어갈 수 없다. 모든 사람은 삶의 부침에 대해서 보호받기 위해 서로를 필요로 한다. 이는 모든 분야에서 큰 단위로의 통합과 대규모 기구에 의한 돌봄을 의미해서는 안 되며 그렇게 될 수도 없다. 이는 관리 가능한 기능적인 단위에서 할 수 있다. 우리 역사와 밀접히 관련되어 있는 협동조합구상은 새롭게 되살려야 한다. 관리 가능한 단위는 효과적으로 개인의 책임감에 호소할 수 있고, 이의 의지를 지원할 수 있다.

바로 이와 관련하여 우리의 도시와 지자체는 새롭고 추가적인 의미를 얻게 된다. 여기에 연방과 주가 더 지지하게 주의를 기울여야 할 지원과 활동공간에 대한 권리의 근거가 있다.

7. 우파 연립정부는 잘못된 길을 가고 있다: 그들은 현행 문제를 해결하는 것이 아니라 문제를 심화시키고 있다. 그들의 정책에는 사람들을 격려하고, 사람들의 힘을 동원할 수 있는 설득력이 없다.

불공정하고 일방적으로 부담을 분배하면서, 그들은 처음부터 도덕적 신뢰성의 기회를 잃었다.

과도적인 정부는 그래서 이미 현재에도 상당한 위험부담을 안고 있다. 동시에 선거일까지 계속 될 위험한 의도를 고의적으로 숨기려고 하는 징후가 쌓이고 있다. 이러한 목표는 연정협약으로부터 국내정책의 중요한 영역을 외면하게 만든다. 또한 외교정책과 독일정책에서 외견상의 일관성과는 달리 의혹이 커지고 있다. 선거가 끝나면 바로 정권교체와 함께 의도적인 변화의 전모가 명백히 드러날 것이고, 그 이후 바로 이들의 성과는 가차 없이 폐기될 것이다.

8. 우파 연립정부는 잘못된 길을 가고 있다:
   - 그들의 정책으로 실업은 증가하고 있다.
   - 경제성장과 환경보호를 서로 연계시켜야 한다는 것을 이해하지 못하고,

그들은 환경보호에 대해 경제성장을 대립시키고 있다.
- 사회적 국가만이 다수의 자유를 사회적으로 보장할 수 있음에도 불구하고, 그들은 시민자유와 사회적 국가를 대립시키고 있다.
- 경제의 현대화가 공동결정 확대와 함께 손잡고 나아가야 한다는 사실, 실업을 줄이고 노동을 인간화하는 것이 서로 연결되어 있다는 사실을 그들은 무시하고 있다.

우리 사민당은 알고 있다. 경제위기는 모두가 희생하지 않고는 극복될 수 없다. 그러나 약자에게만 겸손을 설교하고, 노동자와 그 가족, 세입자와 연금생활자, 사회부조수급자, 학생들의 희생의지만 요구한다면, 이 나라는 다시 냉혹한 경쟁사회가 될 것이다. 정의 없이 이성은 없다. 정의 없이 우리나라는 붕괴될 수밖에 없다.

우리 사민당은 알고 있다. 연대적 사회는 정책으로만 실현될 수 없다. 연대사회는 성숙한 시민의식을 필요로 하며, 시민의 덕성과 함께 유지된다. 우리는 그러나 시민의식만으로 걱정과 궁핍으로부터 보호될 수 없음을 알고 있다. 따라서 사회적 국가는 시민의식과 함께 나아가고 양자는 분리될 수 없다.

우리 사민당은 특히 출산율이 높았던 앞으로의 세대를 위하여 환경보호와 에너지절약, 도시 및 마을 재개발, 근거리 교통, 사회서비스와 교육 등의 분야에서의 질적인 경제성장이 필요할 것임을 알고 있다. 여기서 공공 고용정책이 추가되어야 한다. 물론 성장만으로 실업을 극복할 수 없다. 우리는 그러나 또한 알고 있다. 성장은 그 자체가 목적이 될 수 없다. 우리는 우리 경제체제의 노예가 되어서는 안 된다. 우리는 노동세계를 인간화하고 노동시간을 단축하지 않으면서, 기술적 진보를 추구해서는 안 된다. 노동자는 인간적인 노동조건, 즉 자신의 건강과 안전한 일자리, 개선된 노동환경, 만족스런 노동내용, 사회적 노동조직과 공동결정 등을 요구할 권리를 가지고 있다.

우리 사민당은 우리나라의 미래가 우리 모두의 성과와 활동능력과 노력에 의해 어떻게 결정될지를 알고 있다. 그러나 우리는 사람이 경제에서의 자신의 역할로만 환원되어서는 안 된다는 것 또한 알고 있다. 바로 이러한 어려운 시대에 우리의 민주주의가 수호되어야 한다. 따라서 우리는 무조건 정의의 원칙을 확고히 하고, 강자의 갑질 앞에서 약자를 보호해야 한다.

우리는 경쟁사회에 반대한다. 연대적 사회가 우리의 지향점이다.

9. 우파 연립정부는 잘못된 길을 가고 있다:

그들은 동방에 대해서는 위협과 우유부단 사이에서, 강성 발언과 내키지 않는 진장완화정책 지지 사이에서 흔들리고 있다. 서방에 대해서는 이 연합은 충성을 맹서하지만, 우호관계를 가질 수 있는 권한이 있는 우호를 거부하고, 이해 분쟁에서는 반론을 거부하고 있다.

우리는 서방의 동맹을 지지한다. 우리는 그러나 동시에 우리의 독일의 이해가 어디에 있는지 분명히 말한다. 우리는 우리의 동방 외교에 끼어들게 하지도 않을 것이고, 누군가가 우리 머리 위에서 군사적 결정을 내리는 것도 허용하지 않는다. 독일은 확실하게 자신의 이익을 대표해야 한다. 우리는 자유로운 선거에 의해 결정된 동맹에서 자기의식적인 참여국이 되고자 한다. 우리의 기본원칙은 바로 이것이다. 독일사회민주당 – 이것이야말로 독일의 이해와 관계되기 때문이다.

II. 일자리는 유지되고 새롭게 창출된다

10. 사민당은 실업이 노동자와 그 가족에게 의미하는 바가 무엇인지 알고 있다: 실업은 사람의 품위를 빼앗는다. 실업은 이미 경제활동 시작부터 그들을 필요로 하지 않는다는 위협을 받고 있는 젊은 세대의 자존감에 커다란 부담이다 – 그러나 또한 연방공화국의 경제적, 사회적 기초를 함께 건설하였지만 이제는 "고철"이 되어버린 듯한 감정을 가진 나이 든 노동자들의 자존감에도 커다란 부담이다.

노동운동의 역사적 경험은, 인간적 실존의 박탈감이 국가적, 사회적 질서에 대한 인간의 태도에도 영향을 미친다는 사실을 말해주고 있다. 그런 의미에서 사민당에게 실업은 단순한 도덕적 문제만이 아니다. 실업은 또한 우리의 사회적 민주적 사회질서에 커다란 도전이고, 우리 미래의 정치적 사회적 안정에 무거운 짐이다.

따라서 증가하는 실업과의 싸움에서 성공은 사회적, 경제적, 도덕적 이유에서 우리 시대의 가장 중요한 과제이다. 우리 사민당은 빠르고 효과적인 처방이 없지만 그러나 책임 있는 정책이 유지되어야 하는 구체적인 행동영역이 있음을 알고 있다.

사민당은 1982년 뮌헨 당대회에서 어떻게 일자리를 더 잘 보호하고 새롭게 창출할 수 있는지의 길을 제시했다.

경제적으로 외국과 밀접하게 연결되어 있는 상황으로 인하여 우리는 우리만으로는 통제할 수 없는 영향에 노출되어 있다. 석유가격, 다른 나라의 인플레이션, 상대적으로 높은 미국의 금리 등이 거기에 속한다. 우리나라는 국민소득 중 상당한 부분을 세계시장에 대한 우리의 수출을 통해 벌어들인다. 우리 산업은 1982년에 약 6백억 마르크의 무역수지 흑자로 국제경쟁력을 인상적으로 보여주었다. 그러나 세계적인 위기가 또한 우리에게 닥치고 있다. 외국으로부터의 주문이 줄어들고 있다. 이는 우리 국내시장에 계속되는 경제적 어려움을 더욱 심화시키고 있다.

우리 사민당은 공동의 노력으로 80년대에 실업을 극복하기 위해 우리의 모든 힘을 쏟으려고 한다. 보수당의 해결책은 여기서 더 이상 도움이 안 된다. 공급조건이 개선되는 동시에 수요가 감소하는 주에서, 노동자와 세입자, 전쟁 희생자, 청년, 아이를 가진 가족과 사회부조 수급자가 일방적으로 부담되는 모든 주에서, 이는 위기를 악화시킬 뿐이다.

우리 사민당은 기계파괴자가 결코 아니다. 그러나 기술적 진보는 활용 시에 사회적으로 통제되고 환경친화적으로 되어야 하고, 노동자들에게 대량실업의 위협이 되지 않아야 한다.

우파 연립정부는 경제정책과 재정정책에서, 다른 나라에서 이미 보수 정부를 난파시킨 동일한 오류에 빠졌다. 그들의 비사회적인 긴축정책은 수십만 명의 일자리를 추가적으로 앗아갔다. 임금동결은 우리 시대의 문제에 대한 대답이 아니다. 이는 책임의식을 가지고 있는 우리 노조의 단체협상정책에 대한 터무니없는 언동이다.

11. 무엇을 해야 할 것인가?

◇ 우리는 국제적 고용협약을 촉구하며, 이를 근거로 선진대국이 공동으로 다시 확장적인 경제정책을 추구할 것을 촉구한다. 이들 국가가 참여하여 고용협약을 완성하기 위한 회의가 지체 없이 열려야 한다. 국제적인 추가 금리 인하 합의도 중요한 내용에 속할 것이다.

◇ 우리는 세계무역을 제한하는 국제조직에 반대한다. 이는 정치적으로나 경제적으로 상당한 의미가 있는 동방무역에 대해서도 마찬가지이다. 물론 우리는 우리의 경쟁력 있는 산업이 외국기업에 의해 조작된 낮은 가격으로 피해를 보는 것을 허용하지 않을 것이다.

◇ 우리는 우리의 개발정책을 계속 유지할 것이다. 우리의 개발정책은 국제적 연대의 원칙에 기초한다. 개발정책은 양 파트너에게 도움이 된다. 개발정책이 우리에게는 많은 일자리를 보장해준다.

◇ 우리는 우리나라에서 경제생활에 참여하는 사회집단, 개인, 기관 등 모두가 실업을 극복하기 위한 연대협약 안에서 협력할 것을 요구한다. 이러한 협약을 위해 기업인과 노조, 모든 국가적 수준과 시민들이 기여해야 한다. 여기서 연방은행에 대해서는 추가금리 인하 기회를 지체 없이 활용하고, 통화정책을 통해 성장기회를 창출할 것을 요구한다.

◇ 연방정부의 전문위원회조차 우리가 지난 몇 년간 우리의 정부책임 하에서 상당히 안정된 성과를 보여주었다는 사실을 인정하고 있다. 그러나 우리는 우리의 경기를 침체시켜서는 안 된다. 실업자 보호를 위한 재원 조달 차입보다 국가가 실업자에게 일자리를 창출해주기 위한 차입이 경제적으로 더 이성적이

고 사회적으로 더 공정한 것이다.

◇ 우리는 방금 우리가 발표한 "고용예산 1983-1985"의 실현을 위해 투쟁한다. 이는 안정적으로 재정 지원되어야 하고, 근본적인 재원은 다음과 같다;
- 우파 연립정부의 어쩔 수 없는 차입 대신에, 고소득자에 대한 소득세 추가 인상,
- 소득자에게 유리하고 불공정한 아동세액공제 제도 재도입 계획 철회,
- 이혼 시 재산 분할에서 고소득 남편의 혜택 제한,

따라서 우리는 무엇보다 청년실업을 없애고, 노동자 - 특히 여성노동자 - 의 직업상 자격을 향상시키고, 환경보호와 에너지공급에 공공 및 민간 투자를 추가하고 나아가 주택건설 확대에 자금을 공급할 것이다.

◇ 우리는 성장 목표 달성에 노력한다. 새로운 고용 기회와 성장분야는 무엇보다 환경분야와 서비스분야에서 열릴 수 있다. 또한 제3세계에 대한 우리의 협력강화로부터 성장의 자극이 나올 것이다.

◇ 우리의 산업은 경쟁력을 가져야 한다. 따라서 우리는 우리 국민경제에 대한 민간투자의 중요성을 인식하고 있다. 우리는 일자리를 창출하는 투자에 대해서는 강력한 세제혜택으로 부담을 덜어주려고 한다. 구체적인 세법안을 통하여 우리는 다음 회기 중에 이에 필요한 새로운 규정을 도입할 것이다.

◇ 특히 수공업자와 기타 중소 자영업자의 기업가적 업적을 인정하고, 이들의 능력을 - 또 실업과의 싸움에서 이들의 기여를 인정하면서 - 지원할 것이다.

◇ 여기서 중요한 것은 중소기업의 자본적 기반을 강화하고, 자문과 정보 제공 및 투자와 창업을 위한 저리 신용 제공을 계속할 것이다. 그들은 시장경제의 경쟁에서 유지될 수 있어야 한다.

◇ 우리는 살포식 보조금 지원을 원치 않는다. 미래지향적이고 환경 친화적인 제품과 생산방식에 대한 보조금은 경제적으로는 물론 생태적으로도 필요하다. 우리는 무엇보다 일자리를 없애는 것이 아니라 일자리 창출을 촉진하는 것에 주목한다. 이것은 일자리 지향적 투자와 성과 관리를 의미한다.

◇ 심각한 경제의 구조변동은 일부 부문의 취약함과 지역 간 불균형을 낳는다. 두 가지 영향이 겹치는 경우, 국가의 구조조정정책은 국민경제상 현대화가 필요한 기업을 특별히 지원해야 한다. 우리는 예를 들어 조선업과 어업, 해운업의 위기로부터 전체 지역이 위협을 받고 있는 바다와 접한 주에 대한, 그리고 동독과의 접경 지역에 대한 국가적 책임을 인정한다.

◇ 철강노동자들은 자체 행동으로 철강산업의 파괴된 경쟁력을 강화시켰다. 지금까지 민간 기업의 해결시도는 실패하였다.

유럽과 연방 차원의 믿을 만한 철강정책은 이제까지 없었다. 이를 우리는 받아들일 수 없다. 유럽의 철강정책은 낙후되고 높은 보조금을 받는 시설에 유리한, 그리 현대적이지 못한 제철소가 폐쇄되도록 하는 것이다.

그래서 우리는 국가적 철강 정책 개발을 요구한다. 여기서 목표는 철강분야에서의 지역적 사회적 구조의 유지와 철강가공산업의 장기적 보호이다. 국가적 철강 정책은 투자에 의해 제품 경쟁력을 강화하고 이중투자와 이로 인한 과잉 생산능력을 피함으로써 철강생산 입지를 유지하는 것이다.

그러한 정책이 민간 기업의 이기주의에 부딪힌다면 공동경제적 해결책은 없다.

우리는 모든 기업이 기업위원회 및 노동이사 그리고 노조와 함께 제안 개발에 참여하기를 요구한다.

◇ 우리 경제의 구조조정문제를 해결하기 위한 노력에서, 모든 공공 부문 및 민간 부문 관련 정책에 관한 사안별, 시간별로 의미 있는 조정이 필요하다. 이를 위한 기초로서 우리는 담고 있는 세계적 변수가 공공기관에게는 구속력 있는 지침으로, 민간 영역에게는 참 지침 역할을 할 수 있는 연방개발계획의 입안을 요구한다.

◇ 우리의 연구 및 기술정책에 의해 우리는 우리나라의 경제적 발언권에 중요한 기여를 하였다. 국민경제의 필요한 현대화는 상당한 국가적 참여 없이 성과를 낼 수 없다. 이를 위해 도입된 세제혜택은, 이를 통해 일자리가 유지되거나 창출될 때만 정당화될 수 있다. 현대화과정의 사회적 결정을 위해서는 더

많은 노동자와 노조의 참여와 공동결정권이 필수적이다.

◇ 우리는 직업교육의 분명한 개선과 교육휴가를 위해 노력하며, 재교육 정책과 통합지원, 필요하다면 전환교육을 위한 노동시장정책 수단의 강력한 도입과 강화를 위해 노력한다. 지식과 능력에 대한 투자는 중요한 미래투자이다.

◇ 우리는 노동시간단축을 위한 노조의 다양한 노력을 지지한다. 노동시간단축은 우리 경제의 생산성 증가로 가능하며, 또한 필요하다. 고용효과 외에도 노동시간단축은 노동생활의 인간화에 기여한다. 특히 일상 노동시간의 단축은 직업과 가정의 양립 가능성 향상에 기여하고, 사회적 참여를 가능하게 만든다. 사민당 연방의회 의원단이 제출한 노동시간법안과 생애노동시간의 단축 제안에 의해, 노동시간의 기본조건이 확정될 수 있게 되었다. 임금발전을 포함한 단체협상 정책의 세부 내용은 협상 당사자들 간에 합의되어야 한다. 주당 35시간을 목표로 하는 주간노동시간과 생애노동시간의 단축의 단체협상 정책적 접근 요구는 여기서 우리에게 중요한 문제다. 축소된 임금인상을 넘는 주당노동시간의 단축에는 재정의 지원이 있을 것임을 우리는 알고 있다. 여기서 낮은 소득집단의 부담은 특별한 규정을 통해 완화될 수 있다.

◇ 적극적 노동시장정책 없이는 궁극적으로 우리나라의 고용에 대한 세계경제적 구조변동의 영향이 통제될 수 없다. 적지 않은, 오히려 더 많은 그리고 목표를 정한 노동시장정책적 조치가 필요하다. 이러한 자금은 충분히 마련될 수 있다. 이 자금은 사람들을 노동하게 만들고 실업보험의 부담을 완화해줄 것이기 때문이다.

특별히 여성들이 직업 능력 향상에 더 많은 지원과 노동과정으로의 재진입에 더 많은 도움을 요구하는 것은 정당하다. 사회적 서비스와 사회적 기반시설의 개선을 위한 일자리 창출 계획은, 새로운 형태의 자영업과 지자체의 대안적 일자리 모델도 지원될 수 있도록 해야 한다.

◇ 젊은 세대의 주요 문제는 사회에서의 상승이 아니라 직업생활로의 진입이다. 이제 막 학교를 졸업하고 직업교육시설을 나온 많은 젊은이를 위해 우리는 "고용의 다리"가 필요하다. 따라서 우리는 노동창출 계획을 확대하고, 이것

이 새로운 성장분야에 집중되기를 원한다. 이것은 무엇보다 청년들에게 노동세계로의 진입을 보장해주어야 한다.

◇ 질 높은 직업교육은 여전히 개인의 취업 기회와 독일 국민경제의 경쟁력을 위한 최고의 안전망이다. 우리의 직업교육체계에서는, 모든 젊은이들에게 직업교육장을 마련해 주는 것은 공공 및 민간 기업경영자의 책임이다. 따라서 사민당은 주와 지자체와의 협력으로, 모든 젊은이들이 기업과 학교 그리고 대학에서의 직업교육장 혹은 기업 외부의 직업교육시설을 이용할 수 있도록 노력할 것이다. 사민당 주정부의 이제까지 보호받지 못한 젊은이들을 위한 직업교육장 구축 발의에 기초하여, 우리는 – 예를 들어 일자리 지원법을 보완하여 – 특히 긴급한 경우에 노동청이 직업교육 관계 기관과 협의하여 최초 직업교육의 비용을 부담할 수 있는 가능성을 열어 놓았다.

◇ 특별히 구조적으로 취약한 지역의 직업교육장 지원은 개선되어야 한다. 따라서 수용 능력이 충분히 활용되지 않고 있는 기업의 직업교육장은 이용되어야 한다. 노조 및 지방의회와 협력하여 기업 외부 및 여러 기업을 아우르는 직업교육시설은 마련되어야 한다. 일반학교 및 직업학교의 직업교육 수용능력은 확대되어야 한다.

12. 실업과의 싸움에서 우리는 노조와 당연하게 연대하지만, 이를 넘어서 모든 사회집단에게 우리의 협력을 제공한다.

◇ 공동결정은 위기의 결과가 일방적으로 그들에게 전가되는 것으로부터 노동자를 보호한다. 공동책임은 공동결정을 요구한다. 따라서 우리는 광산공동결정의 모델에 따라 완전히 평등한 공동결정을 실현하기 위해 노력한다. 장기적으로 이미 광산업에 존재하는 공동결정을 우리는 보호할 것이다.

이를 넘어서 우리는 또한 기업과 공공기관에서의 공동결정, 무엇보다 작업설계, 기술적 및 사회적 기업조직의 문제에서 공동결정을 강화할 것이다.

기업 수준을 넘어 포괄적인 사회정책적, 경제정책적 문제의 극복을 위해 공동결정이 발전되어야 한다.

우리는 직장폐쇄를 거부한다.

◇ 사민당이 시작한 노동생활의 인간화를 위한 정책은 계속되어야 한다. 여기에는 노동세계에서 질병을 유발하는 요소와 사고위험을 없애기 위한 종합적이고 효과적인 법적 기반의 마련도 필요하다. 이것은 독일노동조합연맹(DGB)과 협력하여 노동자보호법에 의해 실현되어야 한다.

◇ 우리는 근로자의 생산자본에 대한 진정한 참여로 나아가고, 국가재정에 큰 부담을 주지 않으며, 근로자의 연대를 위협하지 않는 근로자의 재산형성 조직을 보호한다. 독일노조에 의해 개발된 해결방안에 우리는 동의한다.

◇ 우리는 긴축정책이 노동자와 사회보험 가입자에게 상당한 부담을 준다는 것을 재확인한다. 따라서 우리는 고소득자의 환불되지 않는 연대기여금으로 세법상 추가 과세를 주장하고 있다. 이러한 기여금은 고용확대에 사용되어야 한다.

◇ 우리는 지원가치가 없는 사업으로 세금 손실을 야기하는 공제협회에 의한 조세특혜 남용을 막을 것이다. 조세정의 제고를 위한 노르트라인-베스트팔렌 주의 제안에 우리는 동의한다.

◇ 우리는 자본소득 - 특히 높은 이자소득 - 의 경우 탈세로 인해 국가로 하여금 긴급히 필요한 자금 수십억 마르크를 잃어버리게 만드는 것에 대해 필요한 대책을 강구할 것이다.

우리는 같은 이유에서 파견노동을 전반적으로 금지할 것이다. 파견노동에 의해 세금과 사회적 분담금 수십억 마르크가 착복된다.

◇ 우리는 장기대출과 장기대출이자의 가산금 축소와 같이 영업세에 대한 개입을 거부한다. 왜냐하면 영업세를 낮추거나 아예 폐지하는 것은 지방재정의 자율성을 없애고 지자체로 하여금 적극적인 고용정책을 펼 수 없도록 만들기 때문이다.

13. 주택과 건축은 통상적 소득자에게는 너무 비싸졌다. 따라서 우리는 마찬가지로 주택용지에 대한 정당한 과세와 토지투기의 금지를 위한 우리의 법률안을 견지한

다. 일방적인 자산증가를 의미하는 건축업에 대한 정당성이 없는 재정에 의한 국가보조금은 폐지되어야 한다. 국가재정수입에 부담을 주는 예를 들어 상류층의 재산형성은 장려할 만한 것이 아니다.

반면에 자가 주택을 위해 저축이나 소비를 거의 하지 못하는 사람에게는 국가의 도움이 필요하다. 자녀를 가진 가족과 많은 세대가 함께 사는 가족에 대한 지원은 강화되어야 한다. 이러한 목적을 위한 지원은 단순화되고 확대되어야 한다.

사회적 임차권은 건축 활동이 어려운 시대에 건드리지 않고 유지되어야 한다. 사회적이지 못한 계약해지와 적정하지 못한 임대료 상승으로부터 임차인의 보호는 무조건 필요하다. 자기주택의 임대 전환과 고급화 재건축에 의한 퇴출로부터 임차인의 보호는 강화되어야 한다. 우파 연립정부에 의해 추진되는 계약해지에 따른 임차인 이주와 관련된 주택정책은, 주택건설의 증가 없이 시행된다면 사회적 평화를 위협한다. 따라서 우리는 우파 연립정부에 의해 추진되는 변화를 원상회복시킬 것이다.

14. 우리는 농민의 가족경영을 지지하고 지원한다. 우리는 농업에 고용되어 있는 사람들의 사회보장을 지원한다.

우리의 농업정책은 두 가지 과제를 우선시한다:

- 유럽연합의 농업시장 개혁은 의미가 없고 비용이 많이 드는 과잉생산을 중단시키기 위해 시급하다. 우리는 비록 유럽연합이 확대되더라도 이른바 1%의 부가가치세 상한선을 견지한다. 이것만이 필요한 개혁압력을 유지할 수 있기 때문이다.

- 국내 농업정책에서 우리는 제한된 재정능력의 틀 내에서 사회정책과 조세정책을 알맞게 적용하여, 소농과 대농 사이의 더 많은 분배정의를 실현할 것이다. 농업에서의 구조조정정책은 노동집약적 투자의 촉진과 기반시설의 개선을 목표로 강화할 것이다.

Ⅲ. 사회적 평화를 보장한다

15. 이 어려운 시기에는 올바로 결정해야 한다: 우리는 사회적 평화를 보장한다. 사회적 평화는 사회발전의 전제조건이다. 우리의 사회적 평화는 동시에 지난 시기의 우리나라의 경제적 성공의 근본적 기반이었다.

새로운 요구를 실현하려는 사람은 더 많은 정의, 남녀 간의 더 많은 실질적인 평등, 세대 간 더 나은 공동생활, 우리 외국 동료들의 사회적 통합을 위해 노력해야 한다.

사민당은 16년간의 정부참여를 통해 사회적 평화를 확보했고, 사회적 국가를 건설했으며 모두를 위한 더 많은 실질적 자유를 창조했다.

우파 연립정부는 경솔하게 사회적 평화를 위험에 처하게 하고 있다. 국가의 재정문제는 사회적 해체를 위한, 아래로부터 위로의 재분배를 위한 그럴듯한 구실 역할을 하고 있다.

사회보장제도의 논박할 수 없는 재정문제는 우리 사민당에게 부분적으로 고통스런 정책을 강요하고 있다. 우리는 계층변화가 일어나게 되면 개별적 사회보장 급부가 더욱 증가할 것임을 알고 있다. 더욱 중요한 것은 사회정의의 명령을 견지하는 것이다. 우리는 사회보장의 영역에서 세대 간 새롭고 지속적인 완화(격차해소)를 추구할 것이다.

사회보장은 좋은 시절을 위해 만든 것이 아니다. 사회보장은 이 어려운 시기에 시민들에게 사회보장의 보호를 경험하고 증명될 수 있도록 하고, 유지되어야 한다. 사회적 국가가 비싼 것이 아니라, 실업이 비싼 것이다. 우리는 경제적 위기가 사회진보, 참여권, 여성의 기회평등, 사회정의를 없애는 데 이용되는 것을 허용해서는 안 된다.

노조 없이, 노조에 반대하여 사회적 국가를 개조하려는 사람은 성공적인 경제를 위한 전제를 파괴하고 사회분위기를 해치는 것이다. 사회적 국가 원칙과 개인적 자유에 반대하려는 사람은, 사회적 타협의 토대를 해치려는 사람은, 우리의 단호한 반대에 부딪힐 것이다.

16. 우리 사회의 커다란 과제 중 하나는 여성과 남성의 실질적 평등을 실현하는 것이다.

여성의 상황과 의식은 지난 시기에 근본적으로 변했다. 우리 사민당은 이러한 발전을 촉진하였지만, 그러나 종종 충분히 일관되지 못했다. 여성들은 사민당이 평등의 결정적인 옹호자인 권리를 기대했기 때문이다.

많은 여성들은 자신들이 우파 연립정부의 진정한 희생자가 되었다고 느낀다. 부부 및 가족권리에 대한 침해를 넘어 연방장학법의 폐기, 형법 218조(낙태조항) 개혁의 후퇴와 열악한 노동기회에서부터 여성 연금생활자의 수령액 인하에 이르기까지 – 많은 영역에서 극적인 악화가 이미 느껴지고 있다.

우리는 원한다:
- 더 많은 여학생이 교육이나 영리적-기술적 직업에서의 교육이 가능하도록,
- 여성의 노동생활로의 재편입이 쉽도록,
- 여성 혹은 남성을 위해 일자리가 보장되는 무급 부모휴가가 가능하도록,
- 노동생활에서 여성과 남성의 동등한 지위를 달성하기 위해 법률에 근거한 정책이 도입되도록.

따라서 우리에게는 직업과 가족의 양립 가능성이 동등한 지위의 가장 중요한 전제조건에 속한다. 우리는 모든 여성이 가족과 혹은 직업에서의 자기 업무를 넘어서 사회정치적으로도 참여하기를 격려한다.

17. 노령보험은 불리한 경제발전의 결과 노인들의 미래부담과 관련하여 그리고 고령화와 관련하여 장기적으로 재정 안정이 필요하다. 이것은 노동자와 사무직근로자

의 연금보험 뿐만 아니라 노령보험에도 모두 해당된다. 따라서 노령보험체계의 조정 없이는 세대 간 연대는 유지될 수 없다. 이에 따른 개념으로서 세대 간 연대의 균형과 신뢰에 특별히 주목해야 한다. 바로 법적 연금보험에서는 지속가능한 재정에 대한 신뢰가 특별한 의미를 가진다.

우리는 자녀양육 기간을 가산한 종합보장연금(Gesamtvorsorgnugsrente)[8]의 원칙에 따른 유족보험의 개혁과 최저소득에 따른 연금의 개선을 제안했다. 이러한 구상은 사회적으로 공정하다. 하지만 경제적 상황과 연금보험의 장래전망 그리고 그와 함께 노령보험의 재정 기반이 변화하면서 단기간에 실현되지 않을 것이다. 그러나 우리는 종합보장연금을 창출하고, 무엇보다 여성에게 유리하도록 최소소득에 따른 연금을 목표로서 계속 추구할 것이다.

우리는 연금계산에서 양육이 고려되도록 더욱 노력할 것이다. 물론 모든 여성세대를 위해 양육기간 가산을 완전히 실현하는 것은, 그에 상응하는 재정상 추가 재원이 확보될 때만 가능하다; 언제 어떤 규모로 이루어질지는 예측할 수 없다. 우리 사민당은 재정능력에 따라, 양육으로 인해 생기는 보험 가입 기간 경과의 중단을 우선적으로 완화시키기 위해 노력할 것이다.

우리는 노령자들이 가능하면 편안하고 익숙한 환경에서 독립적인 생활을 영위할 수 있도록 지원하려고 한다. 더 많은 가정적인 돌봄과 보호를 통해 요양시설이나 병원에 머무는 것을 피할 수 있도록 한다. 외래보호나 가족 및 이웃의 돌봄이 시설보다 우선시되어야 한다. 우리는 새로운 형태의 사회적 도움(가령 자력도움이나 이웃도움과 같은)과 공동의 정신치료 및 정신의학을 위해 노력한다.

장애를 가진 우리의 이웃들이 우리 사회의 "주변집단"으로 머물러서는 안 된다. 우리 사민당은 따라서 장애인이 사회생활로 포괄적으로 복귀할 수 있도록 노력한다. 사민당 연방정부는 이를 위해 "80년대의 사회복귀훈련"이라는 행동프로그램을 완료했고 장애인을 위하여 연방전권위원을 임명하였다. 그러나 우리는 장애인은 물론 비장애인도 서로를 위해 더 많은 이해를 발전시켰으면

---

[8] 근로자가 노령연금과 기타 직장 연금 등을 포함하여 가장 최근 소득의 일정 비율의 연금을 보장 받는다는 취지의 개념

한다. "장애인의 해' 1981년은 그 목표와 관심사 속에서 기억되어야 할 것이다.

우리의 보건제도는 재정적으로 효율적이지만, 그러나 항구적인 비용 증가는 건강제도를 지불할 수 없는 위험으로 이끌 수 있다.

중요한 것은 근로자의 보험료 수십억 마르크를 가능한 한 가장 효과적으로 사용하는 것이다. 근로자는 자신에게 유리하고 재정적으로 감당할 수 있는 합리적이고 사회적인 보건정책을 원한다. 이제까지의 노력과 지출상한선은 올바른 방향에서의 진전이었다. 그러나 이것이 장기적인 성공을 가져오지는 못한다. 우리는 보건제도의 개혁을 필요로 한다. 이는 효과적인 정책수단에 의해 보건 서비스 제공자, 무엇보다도 의사와 제약산업의 우월적 지위를 없애고 이와 함께 소득 및 수익 증가의 한도 설정에 기여하였다. 의약품 오남용은 근절되어야 한다. 기술적인 의료를 너무 강조해서는 안 된다; 우리는 인간과 주변환경을 더 중시하는 진료의 방향을 설정하여야 한다. 우리는 또한 의료보험에서 더 많은 사회정의를 필요로 한다. 불공정한 보험료와 보험료에 따른 서비스 차별은 없어져야 한다.

지원금 감소 시에는 생활체육 및 여가체육과 청소년 체육 우선권이 부여되어야 한다. 우리의 "체육에서의 사회적 개방성"을 더욱 발전시키기 위해 복권사업자로부터 상당한 자금을 재분배 받는 데 성공하였다. 학교 및 대학 체육지원 시행계획은 계속되어야 한다. 또한 인간적인 전문적 체육 지원도 유지되어야 한다.

18. 우리나라의 고유한 부는 인간의 지식과 능력, 창조적 상상력이다. 우파 연립정부처럼 젊은이들의 교육기회를 침해하려는 사람은 이중으로 손해를 주고 있다: 개개인의 생활기회와 모두의 미래기회를 파괴하는 것이다.

우파 연립정부의 의도는 학생직업교육의 장려에 반대하는 황폐화와 충분한 융자를 받을 수 있는 학생 지원정책 후퇴에서 분명히 드러났다. 우리 사민당은 교육제도를 개방하고 더 많은 어린이들에게 더 나은 출발기회를 창조하였다. 이에 반해 우파 연립정부는 이제 다시 낡고 불공정한 상태로 회귀하려고 한다.

저소득 가족 출신의 아이들은 의무교육 이수 후 바로 제발 일자리를 찾아야 한다는 것이다. 돈이 있는 학생들은 김나지움이나 대학에 가고 학술 관련 직업을 찾아야 마땅하다는 것이다. 그래서 과거와 같아지는 것이다. 예산상의 이유는 핑계가 될 뿐이다. 실제로 이러한 새로운 학생장학금정책의 경우 기회평등에 반하는 이데올로기적 성전(반대캠페인)과 관련되어 있다.

또한 여기서 무엇보다 여학생들이 불행한 결과의 책임을 떠맡게 된다. 많은 여학생에게 질적으로 더 나은 직업교육이 더 이상 제공되지 않으며, 기회평등은 처음부터 파괴된다. 우리 사민당은 따라서 학생 직업교육 지원 후퇴를 원위치시킬 것이며, 충분한 융자를 받을 수 있는 학생지원정책을 시행할 것이다.

19. 사민당은 사람의 사회적, 문화적 중심인 가족을 강화하고 지원한다. 국가는 인간의 가족과의 자유롭고 자기책임적인 공동생활을 가능하게 해주는 기본조건을 만들어내야 한다. 여기에는 가족의 경제력과 교육력을 강화해야 하는 과제도 포함된다.

우리는 모두를 위한 아동수당을 도입하였다. 이러한 아동수당의 도입은 과거의 상태에 비하면 거대한 진보였다. 오늘날 공공 기관의 재정상황에 의해 부족한 재원을 목적에 맞추어 사용해야 한다면, 저소득 가족을 우선적으로 지원하여야 할 것이다. 우리는 가족 부담의 형평을 위한 개혁을 추진할 것이다.

20. 우리는 우리나라에서 최근의 외국인 차별 증가를 걱정한다. 우리는 모든 민주적 세력과 공동으로 이를 극복해야 한다. 우리는 모든 측면에서 서로 함께 갈 준비가 되어 있을 때 사회적 평화를 유지할 수 있다. 다시 말해:

- 독일인은 여기서 오래 살고 일한 외국인노동자와 그 가족에게, 기본적으로 더 이상 배제할 수 없는 안전한 법적 지위를 부여할 준비가 되어 있어야 한다.
- 외국인은 우리의 법질서를 존중하고 따르며, 우리의 생활양식을 존중하고 우리의 사회적 경제적 질서에 편입할 준비가 되어 있어야 한다.

우리는 장기간 독일에 거주하려고 하는 모든 외국인노동자와 그 가족을 통합하기 위해 노력한다. 외국인노동자로 하여금 주택과 아이들의 학교 및 직업의 기회가 보장될 수 있도록 개선되어야 한다.

통합은 인내가 필요한 장기적인 과정이다. 통합은 외국인이 독일 인구에서 차지하는 비율이 더 이상 증가하지 않을 때만 가능하다. 따라서 미숙련 외국인노동자 취업 중단 정책은 유지되어야 한다. 전문 분야나 계절별 유연성도 금지되고, 법을 우회하는 것도 제한되어야 한다. 연방공화국에서 외국인의 불법고용은 일관되게 단속되어야 한다.

유럽연합-제휴로 인해 자유왕래를 목적으로 한 터키와의 협약은 신속하게 종료되어야 한다. 계속적인 유럽연합-가입을 통해 자유왕래의 도입은 장기적인 과도기규정으로 단순화될 것이다. 가족구성원의 추가이민은 기본법 제6조에 보장된 부부와 가족 보호의 틀 내에서, 그리고 유효한 국제적 협약의 틀 내에서 가능할 것이다. 외국인노동자의 아이들은, 통합을 원한다면, 가능한 한 이른 나이에, 가능한 한 입학연도까지 독일로 들어와야 한다.

사민당원 역시 우리의 과거 역사에서, 정치적 박해로 인해 외국으로 가서 보호를 구했고 보호를 받았다. 우리는 얼마 전에 규정된 신속한 망명절차를, 망명자를 빨리 효과적으로 돕기 위해 그리고 위험으로부터 보호하기 위해 활용할 것이다.

Ⅳ. 자연과의 평화를 추구하고 환경을 보존한다

21. 인간의 자연에 대한 기술력은 상당히 증가하여, 자연의 폭력 앞에서 인간을 보호하는 게 더 이상 문제가 아니라, 오히려 인간의 폭력 앞에서 자연을 보호하는 것이 인간의 기술적 폭력 앞에서 필요해졌다. 우리 사민당은 경제적 이익과 환경보호 이익의 균형을 유지해야 한다는 필요와 그 가능성을 확신한다. 그래서 인간노동력의 착취 이외에 자연의 착취도 끝내야 할 것이다. 우리는 자연과의 평화를 추구하며 환경을 보전하려고 한다. 환경보호는 질적 성장을 위한 기회를 제공하고 새로운 일자리를 제공한다.

이익집단의 지연시키려는 저항과 의회 내 이들의 지원 세력에 맞서 우리는 최근 올바른 방향으로의 진보를 이루어냈다: 공기 오염 통제를 위한 휘발유-납-법(Benzinbleigesetz, 1972)과 연방환경오염법(Bundesimmissions schutzgesetz, 1974); 하천오염 방지를 위한 하수관리법(Abwasserabgabengesetz, 1976)과 수자원법 개정(Wasserhaushaltsgesetz, 1979); 쓰레기처리법으로 무질서한 쓰레기매립을 줄이고, 매립지 수를 축소하고, 새로운 폐기물 재활용 기회를 연 폐기물처리법(Abfallbeseitigungsgesetz, 1972); 환경에 해로운 화학소재의 생산과 사용을 종합적으로 관리하기 위한 화학물질법(Chemikaliengesetz, 1980). 사민당-자민당 연립정부는 1982년 9월 1일에 핵심 환경정책의 목표를 결정하였다; 우리는 이 결정을 지지한다.

몇 년 안에 중요한 것은 환경정책을 다른 분야 정책의 기준으로 강화하는 것이다. 이에 반해 우파연합은 환경정책의 분야에서도 방향을 전환하려고 한다. 일요일담화와 또 우리 환경정책의 몇몇 요소 수용으로, 그들에게 환경보호가 부차적인 사안이라는 사실을 감출 수는 없다. 환경은 성장과 "시장의 자기치유력"에 대한 맹목적 믿음을 희생시킬 것이다.

22. 우리에게 환경 보전은 모든 정책분야를 위한 최우선 목표다. 자연의 다양성은 보호되어야 하고, 자연이 훼손된 바로 그 곳에서 가능한 한 복원되어야 한다. 이것을 위해 구체적인 관찰 및 감독체계가 필수적이다. 노동과 주거의 인간적 설계 없이, 인간존엄의 미래는 없다. 기술-과학적 그리고 경제적 발전은 환경 친화적이고 사회 친화적이어야 한다. 기존의 환경법은 철저하게 적용되어야 하고 더욱 발전되어야 한다.

시민들은 결정이 끝나기 이전에 환경을 변화시키는 계획 결정에 참여해야 한다. 여기에는 논쟁적인 입장을 가진 과학자의 관여도 필요하다.

일관된 환경정책은 주의 경계 안에 한정될 수 없다. 따라서 우리에게 환경정책은 사민당 유럽정책의 중요한 중점과제이다. 공적 및 사적 목표의 환경 친화적 과제는 투자 시 생태적 기준 관철에 중요한 기여를 하게 될 것이다.

생태와 환경보호의 문제를 올바로 인식하고 그 원인을 지적하는 것으로 충분치 않다. 우리는 변화시킬 것이고, 실질적인 책임을 맡아서 이를 설계하여야 할 것이다. 원하는 것을 실제로 변화시키려는 의지와 역량 없이는, 아무도 미래에 대한 집권을 정당화시킬 수 없다. 여기에는 대립되는 이해 사이의 구성적인 타협 의지가 필요하다. 우리 사민당은 이를 위해 준비가 되어 있다.

◇ 단호한 하천보호

우리는 금세기 말까지 독일의 강과 바다를 깨끗하게 하고 먹는 물을 안전하게 만들려고 한다. 이를 위해 우리는 모든 하천에 대하여 성공적인 라인강-보덴호수-정책 방식의 새로운 하천 정책을 제시한다. 라인강과 엘베강, 베저강과 베라강 정화를 위해 필요한 정책을 추진할 것이다. 지하수보호를, 특히 질산염과 농약 사용을 억제하여, 개선할 것이다. 북해와 동해의 오염은 멈추어야 한다. 갯벌은 보호되어야 한다. 북해에 희석된 산성수 유입은 늦어도 80년대 중반까지 금지되어야 한다.

◇ 강력한 소음대책

소음은 오늘날 건강위협에 점점 더 큰 부담이 되고 있다. 소음은 실질적으로 소음원과의 싸움이 되어야 한다.

◇ 공기질 유지를 위한 강력한 규정

공기오염에 의한 자연, 건강, 문화, 유형 자산의 위협은 결정적이고 빠른 효과적인 정책을 요구하고 있다.

이를 위해 일단 국제적 협약이 필수적이다. 우리는 1982년 9월 1일의 사민당-자민당 연립정부의 결정을 기초로 예를 들어 대형화력발전시설배출기준(Großfeuerungsanlagenverordnung)을 전국적으로 지체 없이 공표할 것이다. 이는 유황배출법(Schwefelabgabengesetzes)의 빠른 의결로 그 효과가 강화되어야 한다. 자동차배출가스의 위험한 구성성분을 축소하는 것도 관철되어야 한다.

◇ 화학물질로부터의 더 많은 보호

수많은 화학물질의 환경에 대한 영향은 위험으로서 충분히 인식되지 못하였다. 우리는 무엇보다 "새로운" 소재의 시험과 관련된 화학물질법을 엄격하게 적용할 것이다. 사실상 위험의 근거를 가지고 있는 모든 폐기물도 반드시 점검되어야 한다.

특별히 건강을 생각해야 하는 소재로 이루어진 생필품의 환경으로 인한 부담과 관련하여, 우리는 생필품과 관련된 법률을 보완하고 강화할 것이다.

우리는 새로운 생태적 인식을 고려하고 그래서 환경의 보호를 더 잘 보장하려는 목적에서 농약법을 개정할 것이다. 우리는 또한 위험한 식물성장촉진제와 살충제 수출에 의한, 제3세계의 생태적 위험 가능성 방지하기 위한 보호대책도 수립할 것이다.

우리는 자연적 생활조건의 보전과 개선에 적극적으로 참여하고 책임지는 농업을 원한다. 경관지역의 농경지화와 하천의 운하화는 금지되어야 하고, 수면과 지하수에 비료와 농약 유입은 줄여야 한다. 생태적 농경과 종에 알맞은 축산은 지원을 받을 것이다.

◇ 자연보호를 위한 더 많은 기회

자연보호의 과제는 이제까지보다 더욱 철저하게 인식되어야 한다. 따라서 우리는 이해관계를 더 잘 평가하기 위해 해당 업무의 관할을 새롭게 조정할 것이다.

우리는 자연보호의 분야에서 인정된 자연보호단체를 위해 특별한 경우의 소송권을 도입하려고 한다(단체소송).

우리는 자연과 환경에서 진행되고 있는 극적인 발전을 분명히 하기 위해 지자체와 주, 연방의 정기적인 환경보고서를 요구한다.

24. 원자재와 에너지에 대한 미래지향적 접근은 지금보다 강도 높은 절약이 우선시 된다.

다음과 같이 원자재의 특별한 취급
- 포장에서 폐기물의 축소,
- 폐기물 재활용제도 도입.

사민당 정부 에너지정책의 개괄은 다음과 같다:

◇ 기본방향은 "탈석유화";

◇ 에너지 사용 개선과 절약을 위한 결연한 노력(독일연방의회의 앙케트위원회 추천에 따라 그리고 이미 이제까지의 에너지절약의 성과를 기초로),

◇ 새로운 에너지원의 개발;

◇ 난방열 공급과 전기 생산에서 핵에너지보다는 지역 생산 석탄의 우선;

◇ 정확히 요약된 안전조건에 따른 핵에너지의 제한된 사용과, 동시에 장기적으로 핵에너지를 폐지할 수 있는 전제조건을 조성하기 위한 노력에서 석탄을 우선시한다.

◇ 플루토늄경제로 발전될 고속원자로증식에 더 이상의 공공 자금을 사용하지 않겠다는 사민당-의원단의 결정은 상당한 호응을 받았다.

우리는 난방에너지절약정책을 계속 추진하지 않고, 독일의 석탄을 무시하고, 고민 없이 더 많은 핵발전소를 도입하려는 우파연합에 대해 결연히 반대한다.

우리 사민당은 이에 반해 우리가 유지해온 석탄정책을 계속 추진할 것이다. 전체 경제, 에너지정책, 지역 및 사회정책 이유에서 우리의 석탄탄광은 높은 수준의 안전을 유지할 것이다. 탄광의 노동자와 사무직노동자는 그들 직업의 미래가 분명하고 확실할 것에 대한 권리를 가지고 있다. 현재의 생산량은 어떤 경우에도 축소되지 않을 것이다. 지금까지 성공을 거둔 새로운 석탄기술 지원 정책은 폐지되지 않을 것이다. 석탄을 태울 때 발생하는 이산화유황의 배출을 제거할 수 있는 새로운 방식이 권장되어야 한다. 이미 오늘날 석탄을 이용한 지역의 열-병합 전력발전소가 중장기적으로 에너지 수요에 훨씬 더 커다란 기여를 할 것으로 예상되고 있다.

언제나 실제로 가능한 곳에서 우리는 원격난방 공급을 권장하고 이를 실행할 것이다. 이것은 동시에 공기정화에 근본적인 기여를 할 것이다.

핵에너지의 미래는 사실상의 폐기물문제의 우선 해결에 달려 있다. 80년대 말까지 국내에서는 폐기물이 전혀 나오지 않는 처리를 하거나 해외에서는 새롭고 안전한 폐기물처리가 가능하다는 것이 증명되지 않는다면, 핵발전소의 전력

공급 비율은 훨씬 축소되어야 할 것이다.

25. 교통정책에서는 새로운 건설이나 연계망 구축에 앞서 질과 양, 안전과 환경친화적 계획이 - 예를 들어 자전거도로 - 고려되어야 한다. 특히 모든 교통영역에서 현재의 시설을 연결하여 더 잘 활용하는 것이 중요하다. 장거리노선의 화물은 철도로 운송되어야 할 것이다.

우리는 근거리 공공 여객운송시설을 더 확대하고, 그 철도와 도로(버스)의 분담능력을 개선해야 한다. 국철 현대화는 교통의 경제적 미래를 위한 전제이다.

도로와 철도, 운하와 철도의 병행투자는 원칙적으로 피해야 한다. 우리는 라인-마인-도나우-운하의 완성을 합목적적이라 생각하지 않는다.

V. 자유로운 법치국가는 시민에게 보호와 자신의 인생을 설계할 기회를 제공한다.

26. 사민당 연방정부는 법률 및 내정 개혁으로 공정성을 높였고 우리 국가질서의 자유로움을 확대하였다. 이러한 질서와 개별 시민의 보호를 위한 국가의 능력은 강화되었다. 시민들은 확실한 정의감과 민주적 자기의식을 발전시켰다. 시민들에게 개혁정책의 결과는 오늘날 당연한 자산이 되었다. 이는 그러나 우파연합을 통해 위협을 받고 있다. 기민련/기사연은 개혁정책에 대해 오랫동안 반대하고 분별없이 저항해왔다. 지금 이들의 의도는 투표일까지 불투명할 것이다. 그 이후에 무엇이 논쟁되어야 하고 논쟁되지 말아야 하는지 선거에서 결정될 것이다. 이미 오늘도 그들의 의도와 개별적 계획은 분명하다: 개혁에 깊은 상처를 주고 이를 약화시키겠다고 위협하는 것이다.

27. 우리 사민당은 새로운 혼인법과 가족법을 확정했다. 이혼과정은 품위를 손상하지 않고 성실하게 이루어지고, 이혼결과는 공정해야 한다. 과거에 보통 여성에게

일방적으로 불리했던 결과는 없어졌다. 또한 특별한 개별적 경우 형평조항이 공정한 결정을 보장하고 있다. 부당한 이혼이라는 구실 하에 법원의 이혼 책임 조사로, 과거의 법적 상태가 가졌던 심각한 결함이 개선되었다. 이러한 여성 평등권한 침해를 우리는 더욱 강력하게 막을 것이다.

사민당-자민당 연립정부에 의한 형법 제218조 개정으로 태어나지 않은 생명에 대한 보호가 그 이전의 법적 상태에 비해 근본적으로 개선되었다. 새로운 규정은 수많은 개별적 경우의 불행과 위급한 상황을 고려하였다. 개혁에 의해 여성은 처음으로 자신의 갈등상황을 처벌의 두려움 없이 드러내고 도움을 요청할 수 있는 가능성을 열었다. 개혁으로 우리는 우리의 확신을 확인하였다: 자문이 처벌보다 낫다. 이것은 모든 법적 침해를 어렵게 만들었고, 여성들은 새롭게 자문과 도움을 생각할 수 있게 되었으며, 불법을 떨치게 되었다. 그 당시 연방정부 내에서 시도된 우파의 노력은 우리의 결정적 저항에 부딪혔다. 즉 그들은 명목상 개선한다고는 하지만 태어나지 않은 생명의 보호를 더 어렵게 만들었고, 여성의 위급한 상황을 공정하게 다루지 않았다.

28. 대중시위 참여권리는 헌법적인 권리이다. 또한 이러한 사회의 여론형성 참여 형태는 시민들에게 가능하면 더 많이 보장되어야 한다. 방해와 폭력으로부터 시위를 보호하기 위한 처벌규정이 평화적 참여자를 낙담하거나 위축시켜서는 안 된다. 따라서 우리는 오래 전부터 끊임없이 요구한 집회와 시위 관련법을 더욱 강화하도록 노력할 것이다. 현행법을 더욱 잘 적용하면, 모든 면에서 충분하다. 강화하는 것만으로는 이를 효과적으로 만들지 못한다. 강화하는 것은 적용 시에 쉽게 비평화적인 대립의 계기가 된다. 우리는 경찰투입 비용을 시위자들에게 전가하는 것에 반대한다.

의견이 다른 사람들의 공개시위에 대한 폭력행사에 우리는 무조건 반대한다. 우리는 그러한 폭력행사를 실질적으로 없앨 것이고, 우리 국가의 보호능력을 유지할 것이다. 경찰의 체포와 행사처벌을 넘어서 사람들을 다루는 데 폭력을 사용하는 것은 서로를 오직 사악하게 만들 뿐이라는 인식 강화에 노력할 것이다. 이것은 여론 대립에만 해당하는 게 아니다. 사적 영역에서도 아직까지 그러한 통찰이 많이 부족하다. 그러한 문제에 대해 여성운동이 정당하게 주위를 환기시키고 있는 학대받는 여성을 위한 피난처에 대한 요구 증가는 억압 사례는 물론 엄청나게 많은 수의 아동학대를 보여주는 것이다.

정치적 동기의 테러리즘의 특히 위험한 폭력행위는 사민당 하의 우리나라로 하여금 자유로움과 법칙국가를 포기하도록 만든다. 자신의 시민과 질서를 보호하기 위한 국가의 공평무사한 능력을 반목시키는 기민련/기사연에 의해 반복적으로 진행된 의도를 우리는 성공적으로 막아냈다. 테러리즘에 반대하는 단호한 행동은 그 범죄행위의 성공을 좌절하게 만들고 그 범죄자 대부분을 체포하여 처벌함으로써, 우리가 강조하여 추구한 테러리즘과의 정신적 대립을 지지할 것이다. 우리는 이러한 기본노선에 확고히 서서, 과도한 법률 강화에 반대하고, 비판적 동료시민들에 대한 일반적 혐의와 비방에도 반대한다.

우리의 결연한 거부는 마찬가지로 우익극단주의 활동가의 폭력행위와 테러행위에도 해당한다. 그들의 위험성을 우리는 보수정치가와 달리 결코 과소평가하지 않는다. 그들과 반대로 우리는, 신나치 선동범죄활동이 불충분한 것으로 평가되거나 전혀 무시된다면, 이를 일반적 법의식의 큰 병폐로서 간주한다. 유대인에 대한 인종학살을 공개적으로 부정하고 그래서 무시하는 사람은 처벌받아야 한다. 50년 전의 부정의한 나치스 국가의 형성에 대한 기억은 우리에게 여전히 큰 책임을 부과한다. 즉 이러한 형법의 공백을 메우기 위해 연방의회에서 사민당은 우리가 발의한 법률안 통과를 더욱 정력적으로 추구해야 한다.

29. 경제범죄를 통해 몇 십 억 마르크의 손해를 대부분 가난한 시민들에게 전가하는 곳에서, 일반적 법의식은 민감하게 반응한다. 따라서 우리는 사민당 정부 하에서 성공적으로 추진된 경제범죄 처벌 강화를 더욱 강력하게 추진할 것이다.

우리는 파산법을 개정하여, 일자리의 보호와 사회보장상의 보험 그리고 소액 채권자를 보호할 것이다. 그리고 우리는 다국적 대기업의 독일 내에서의 경영 중단을 쉽게 하지 못하도록 모든 규정을 변경할 것이다.

사민당 법정책의 중점은 오래 전부터 그리고 지금도 시민권적 소비자보호의 확립이다. 그 속에서 우리는 단순한 형식적 권리평등이 아니라 내용적인 기회평등과 비교할 수 있는 정의를 실현할 것이다.

30. 현재 우파연합이 급하게 추진하고 있는 전투참여 거부자에 대한 인정절차의 변경계획을 우리는 받아들일 수 없다. 왜냐하면 공익근무의 부당한 연장과 나아가 신념 검증의 고수로 인해 대기하고 있는 젊은이들에 대한 지원이 오히려 열악한 결과를 낳기 때문이다. 공익근무의 적절한 연장과 부적절한 신념 검증 절차의 폐지와 연계된 새로운 규정만이 전투참여 거부자에게 기본법에 따른 정당성을 부여할 수 있다.

31. 사회정의의 실현과 국가의 보호 의무 개념은 효율적인 공공행정을 요구한다. 이런 의무 개념에서 공공서비스는 고유한 기능을 가진다. 여기서 일하는 사람들은 일반적인 소득 창출에 참여할 권리를 가지고 있다. 경제적으로 어려운 시기에는 이들에게도 소득 수준에 따라 필요한 부담을 분담할 것을 요구하고 있다.

사민당이 집권하는 지역에서 우리는 공공서비스와의 접촉을 통하여 많은 젊은이들로 하여금 기존의 불안과 걱정을 불식하도록 하고 있다. 이미 헬무트 슈미트의 정부가 제출한 징계절차에서 재량권 행사에 관한 법률안에 더하여 공무원법의 근본적인 검토가 필요하다.

개인정보 수집 기술의 향상으로 인하여 시민의 사생활 보호를 위한 엄격한 개인정보 수집제한과 이용제한이 필요하다. 정보 보호에 의해 국내 치안에 대한 관심이 약화되어서는 안 된다. 그러나 정보보호에 무제한적 우선권이 주어져서도 안 된다. 따라서 우리는 법적인 자료보호의 약화를 거부한다. 우리는 이제까지의 경험에 근거하여 자료보호법을 전면적으로 수정할 것이다.

32. 기술적 과학적 진보가 결국 항상 혜택을 가져다 줄 것이라는 인류의 초기의 기대가 오래 전에 무너졌다. 오늘날 사람들은 점점 위협적이고 또한 사회적으로 바람

직하지 못한 기술의 가능성이 커지는 것이 아닌가 하고 걱정스레 묻는다. 예를 들어 유전공학이 더욱 발전하면 혹시 인간 개인의 조작의 길을 열게 될지 모른다는 걱정이 정당화되고 있다. 우리는 따라서 유전자 연구 관리를 위한 법률을 발의할 것이다. 혜택과 불이익의 관계에 대한 그리고 인간사회와 자연을 위해 결과를 받아들일 수 있는지에 대한 질문이 연구과정에서 처음부터 동반되어야 한다. 따라서 책임 있는 연구는 모두 공개적인 비판의 대상이 되어야 한다.

33. 새로운 미디어와 정보 및 통신기술의 발전수준은 모두 오늘날 우리에게, 기술적 진보로부터 또한 어떻게 사회적 진보가 가능한지에 관한 질문을 제기하고 있다. 우파연합의 체신장관이 추진하고 있는, 전적으로 텔레비전의 보급 목적을 위해 기술적으로 낙후된 구리선으로 연방공화국을 추가적으로 연결하는 사업은 신중함과 책임감, 혁신능력을 결여하였다. 불과 몇 년 안에 사용할 수 있고 다양하게 활용할 수 있는 광케이블기술을 기다리는 대신, 체신장관은 지금 상업적인 텔레비전 프로그램을 위하여 우체국고객의 요금과 빚으로 엄청난 자금을 지출하려고 하고 있다.

그에 반해 우리는 민간 신문과 공영 라디오방송 사이의 권력균형을 유지하려고 한다. 우리는 두 분야 사이의 기존의 문제를 극복하기 위해 노력할 것이다.

우리는 라디오와 텔레비전을 당의 정책과 상업적 이해에 봉사하도록 하는 기민련/기사연의 모든 시도를 거부한다. 기민련/기사연의 상업화계획으로는 더 많이는 고사하고 개선된 프로그램을 전혀 볼 수 없을 것이다. 우리는 텔레비전 화면에서 미국식 환경을 만나게 될 것이다.

우리는 의사표현의 자유와 여론의 다양성을 유지할 것이다. 대중 여론형성에 이미 커다란 영향력을 가진 사람은 라디오나 텔레비전까지 장악하려고 해서는 안 된다. 우리는 슈프링거(Springer)사와 부르다(Burda)사의 위험한 "코끼리-결혼"(거대 매체의 합병)을 거부한다. 우리는 지역적으로, 지방에서 언론의 다양성이 다시 조성되기를 원한다.

우리는 정보 및 통신기술의 계속적인 발전이 야생처럼 마구 자라도록 내버

려두지 않을 것이다. 우리는 이런 새로운 기술의 의미 있는 사용을, 이를 통해 모든 참여자와 함께 모든 참여자를 위한 새로운 종류의 활용방식을 개발할 것이다. 예를 들어 기업 통신에서, 화상대화나 그와 비슷한 경우에서. 우리는 상업적 텔레비전 프로그램을 통해 단지 수동적으로 마구 뿌려지는 케이블통신을 거부한다.

그러나 우리는 새로운 정보 및 통신기술의 위험, 예를 들어 노동생활의 인간화에 대한 위험 역시 본다. 노동조합과 함께 우리는 일터의 건강보호와 개인정보보호를 보장하고 노동시간단축을 위한 새로운 기회로 활용할 수 있는 조건을 위하여, 더 많은 공동결정을 할 수 있는 도입전략을 개발할 것이다. 우리는 새로운 기술을 이와 관련되는 사람들의 이익과 함께 심사숙고하고 사회적으로 책임질 수 있게 조정할 것이다.

VI. 우리는 평화를 원한다

34. 인류는 평화를 원한다. 우리의 전체 정책의 최상위 목표는 평화 유지이다. 평화가 없이는 모든 의미 있는 인간적 발전은 끝나기 때문이다.

사민당은 독일을 전쟁으로 끌고 간 적이 없다. 사민당은 믿을 수 있는 정치세력이며, 따라서 다시는 독일에서부터 전쟁이 일어나지 않을 것이다. 우리는 16년 동안 평화를 유지하고 안전을 지켰다; 이에 대해 우리는 자랑스러워한다. 사민당을 강력하게 만들어주는 사람은 평화정책을 강화해주는 사람이다!

사민당은 평화를 위한 교육에 매진하고 – 현재의 우파연합과 달리 – 평화연구와 분쟁 연구를 계속 후원한다.

우파연합의 이제까지의 대외정책, 안보정책, 독일정책은 미래적인 진로에 관해 어떠한 확실성도 창조하지 못했다. 정책의 연속성과 긴장완화 적대자로의 복귀에 관한 발언을 동시에 하고 있다. 기민련/기사연이 빌리 브란트와 헬무트 슈미트에 의해 이제까지 지지되어온 평화정책을 승계한다면, 우리는 환영할 것이다. 그러나 그들이 현실적으로 이 정책에 생명을 불어넣고 더욱 발전시킬 수 있는지 의심할 수밖에 없다.

35. 대외 안보가 우리나라에게는 대서양동맹 속에서만, 미국과 프랑스, 영국의 측에 서만 실현될 수 있다. 그러나 동맹 내의 개별 회원국의 이해가 항상 일치하지는 않는다. 연방공화국이 자기의 이익을 동맹 내에서 효과적으로 대표하는 것은 오늘날 더욱 필요하다.

연방국화국은 동맹 내에서 그리고 동맹의 확고한 영역 속에서 자신의 책임을 충분히 이행할 것이다. 무엇보다 이는 사민당 국방장관 아래서 우리 민주주의의 실행능력과 신뢰할 만한 전투력이 된 독일군의 공로이다.

적극적 평화정책은 안보와 긴장완화를 의미한다. 이는 안보 동반자관계 설정을 위한 협상을 요구하고 있다. 혼자서만 평화를 유지할 수 없기 때문이다. 현대적 무기는 세계 자체를 절멸할 수 있을 정도이다. 서유럽과 동유럽, 독일연방공화국과 독일민주공화국은 선택의 기로에 서 있다. 같이 살 것인가 - 아니면 같이 갈등 속에서 멸망할 것인가. 따라서 우리는 안전을 더 이상 적 앞에서가 아니라 오직 적과 함께 이룰 수 있다. 이러한 선택과 관련하여 효과적인 군축은 조약상 협력관계를 통해서만 달성된다. 사민당은 성공적인 새로운 전략에 관한 토론을 추진할 것이다. 사민당만이 안보 협력관계의 전망을 현실적으로 실현할 수 있다.

36. 사민당은 믿을 수 있다:

◇ 중성자무기에 대한 우리의 거부는 분명하다. 우리는 중성자무기의 세계적인 추방을 요구한다.

◇ 우리는 모든 핵무기추구의 포기와 그에 상응한 핵실험금지협약을 요구한다.

◇ 연방공화국에서 세균무기와 화학무기의 생산과 저장은 금지된다. 우리는 독일연방공화국에서 독가스가 제거되고 앞으로 이런 무기의 저장은 거부될 것임을 지적해둔다. 우리는 이러한 무기의 세계적인 폐지를 요구한다.

◇ 독일의 핵확산금지조약 서명과 우리 독일에 긴요한 이익에 의해, 최종적으로 핵무기 감축을 시작할 수 있는 양 강대국에 대한 우리의 절박한 요구가 정당화된다.

◇ 동서 사이의 균형을 말하려면 모든 핵무기와 또 프랑스와 영국의 핵무기도 고려되어야 한다.

◇ 우리는 무기수출에 대한 제한적 태도를 유지한다.

우리 사민당은 우리의 입장을 위해 투쟁한다:

◇ 유럽-전략미사일에 관한 제네바협정은 헬무트 슈미트의 연방정부의 영향이 없이는 실현될 수 없었다. 이 협정에 의해 소련이 미사일을 감축함으로써 미국의 중거리 미사일 추가 배치를 불필요하게 만들었다. 양 강대국에게 영향을 주어 이러한 목표를 달성하는 것이 모든 연방정부의 과제이다. 자동 배치는 허용될 수 없다.

우리 사민당은 이제까지 달성된 협정수준으로부터 어떤 결과를 이끌어낼 수 있는지 1983년 가을에 결정하였다. 소련과 미국은 타협 당시의 입장에서 움직여야 한다. 제네바협정이 한 당사국의 이해 부족으로 어떤 결과도 이끌어 낼 수 없다면, 이것은 우리의 결정에 본질적으로 영향을 미칠 것이다. 우파연합은 연방공화국의 동의로 미국정부가 1981년 가을 당시의 입장을 고집할 수 있다는 인상을 불러일으킨다면, 독일의 이익에도 미국의 이익에도 기여하지 못할 것이다.

소련과 바르샤바조약은 안드로포프(Andropow)와 프라하 선언을 통해 일말의 올바른 방향으로 움직였다. 미국과 나토는 지금도 조약 파트너로 움직여야 한다.

나토와 바르샤바조약 사이의 미사일감축과 전쟁금지 협약의 최초 기회를 활용해야 한다.

사민당 연방정부만이 제네바에서 적극적인 영향을 줄 수 있는 독일의 모든 기회를 이용할 것이다.

◇ 우리는 합의된 신규 단거리 미사일 배치 금지를 요구한다.

유럽에 배치되고 유럽을 겨냥한 모든 핵무기는 군축 협상에서 논의되어야 한다. 우리의 목표는 이미 고데스베르크 강령에서 결의하였듯이 핵무기 없는 유럽이다.

핵무기 감축은 재래식 무기에 관한 협정에 의해, 특히 중부유럽의 병력 감축을 통해 보완되어야 한다. 따라서 우리는 유럽 군축회의(KAE)를 요구한다. 비인 협상에서는 이제 자료토론과 관계없이 감축안이 결정되어야 한다.

다시는 독일 땅에서 전쟁이 없어야 한다! 다시는 유럽이 전쟁으로 폐허가 되어서는 안 된다!

평화를 유지하는 것은 모든 유럽인의 소망이고 의지이다. 평화를 확보하는 것은 우리 독일인의 특별한 바람이다. 더 나은 유럽 평화 속에서만이 우리는 우리의 민족문제를 극복할 수 있기 때문이다.

민족통일을 위한 우리의 책임은 독일민주공화국과의 조약정책의 길을 우리에게 제시한다. 다시 말해 동독의 독립과 자주성의 존중을 의미한다. 그럴 때만이 우리는 사람들 사이의 결합을 생생하게 유지할 수 있다. 우리는 역사·문화·언어·정서-공동체이며 그렇게 유지될 것이다.

결합과 유대 창출은 공통성을 표현하고 그것을 확고히 한다. 독일 전후역사의 더 나은 부분을 부여받은 연방공화국과 베를린(서)의 사람들은 동독과 동베를린의 독일 사람들과 도덕적 정치적으로 연대해야 한다. 이를 위해 연방정부의 정책은 독일인들에게 하나의 사례를 제시한다: 인내와 끈기, 안목의 사례이다. 중요한 것은 행동이다.

또한 베를린을 위해서는 조약정책이 유지된다. 긴장완화정책과 분쟁극복은 바로 여기에 긍정적인 영향을 발휘한다. 1971년 9월 3일 베를린에 관한 4강국조약의 엄격한 유지와 충분한 적용으로 안정된 추진력이 미래에도 지속될 것임을 확실히 보증한다. 우리는 베를린의 경제력 강화에 우리의 모든 힘을 다해야 할 것이다.

37. 유럽공동체는 또한 대외 평화와 국가 간의 무력을 사용하지 않는 조정에 중요한

역할을 할 수 있고 해야 한다. 이의 한 사례는 군수물자수출의 통제와 포괄적인 제한을 위한 일치된 행동에 대한 요구이다.

개발정책과 무역정책에서 유럽공동체는, 부유한 나라와 가난한 나라 사이의 세계적인 규모의 갈등이 점점 커지고 있는 가운데 남북대화의 주목할 만한 파트너이다. 우리 사민당은 긴밀한 유럽정책의 협력을 위해 노력하고, 유럽공동체의 통합과정을 다시 활성화하기를 요구한다. 독일-프랑스의 협력은 유럽통합을 안정화하고 있다. 동시에 이것은 두 강대국에 대한 유럽의 역할을 강화한다. 또한 유럽공동체의 평화안정화 역할을 위해 스페인과 포르투갈을 포함한 남부 유럽으로의 확대도 필수적이다.

빌리 브란트가 이끄는 위원회는 정당하게 다음과 같이 말했다. 남과 북 사이의, 부유한 나라와 가난한 나라 사이의 공정한 균형은 금세기의 사회적 문제이다. 동시에 이는 우리 시대의 두 번째 큰 평화정책의 과제다.

따라서 최근 세계경제의 심각한 위기를 통해 많은 개발도상국의 상황은 다시 한 번 극적으로 악화되었다. 개발도상국은 1982년에만 6억 5천만 달러 증가한 세계적 규모의 군비지출 증가로 선진국보다 더 크게 고통 받고 있다. 또한 그래서 우리는 군비경쟁을 한 번에 끝장내기 위해 역점을 갖고 노력할 것이다. 동시에 우리는 양측의 이해를 공정하게 만들고 장기적으로 개발도상국이 자신의 생활수준을 개선할 수 있는 더 좋은 기회를 가질 수 있는 세계경제 관계의 새로운 질서를 위해 노력할 것이다. 이를 위해 우리는 남북위원회가 제안했듯이 즉각적인 정책 실현을 지지한다. 우리는 동서갈등을 제3세계에 전가하는 우파연합의 시도에 경고한다. 그들은 사민당이 오랜 동안 우리나라를 위해 얻어온 신뢰를 파괴하고 있다.

정치제도, 이데올로기, 지역과 문화 등의 차이는 우리에게 결코, 같은 인류를 위험과 빈곤에 처하게 만드는 구실이 될 수 없다. 차이를 차별하는 모든 것은 기독교에도 어긋나는 것이다.

연방공화국은 빌리 브란트와 헬무트 슈미트 총리의 집권 아래서 세계에서 특별한 위상을 가지게 된 중간 규모의 나라이다. 우리는 중부유럽의 분단된 나라로서 특수한 문제를 가지고 있다. 독일은 서방의 파트너로서 단호하게 자신의 이익을 지켜야 한다.

Ⅶ. 함께 우리는 이것을 창조할 수 있다

38. 우리 사민당은 냉혹한 이기주의의 경쟁사회에 대한 근원적인 대안을 위해 서 있다. 우리의 길은 다음과 같다:

우리는 연대의 힘과 성숙한 시민의 선견지명을 신뢰한다.

우리는 대다수의 시민이, 새로운 미래기회를 열고 부담을 공정하게 나누는 한에서, 공동의 노력을 이미 하고 있다고 확신한다.

우리는 이번 선거투쟁에서 여성들에게 분명히 말한다. 여성들은 기민련/기사연 국가에서 실질적인 패배자가 될 것임을 느낄 것이다. 많은 여성들이 최근 여성의 생활기회로서 획득한 것을 다시 잃어버리게 될 것이다. 보수적 세계상은 실제의 남녀평등 목표를 계속 파괴하고 있다.

우리는 여성들이 자신의 권리의 파괴에 반대해 스스로를 방어하고 자신의 새로운 자기의식이 보수적 이데올로기의 공격보다 더 강하다고 확신한다.

노동자와 그 가족은 사민당의 기반이었고 앞으로도 그럴 것이다. 비록 다양한 사회집단이 우리와 함께 그들의 자리를 차지하고 있지만, 노동자와 노동조합에 대한 우리의 유대는 미래에도 우리 세력의 가장 강력한 원천이 될 것이다.

우리는 청년들에게 고한다: 살 만한 가치가 있는 미래 설계를 위해 함께 힘을 합쳐 나아간다면, 우리는 앞을 향해 출발할 수 있을 것이다! 우리가 오늘 단지 몇 년을 위해 잘못된 길을 걷는다면, 우리의 내일은 결국 위험을 다시 제거하기 위해 많은 힘이 들어야 할 것이다.

우리는 노인들에게 약속한다: 우리가 세대 간 계약을 유지하고 더욱 발전시킬 것임을 노인들은 믿을 수 있다. 바로 노인들은 더 많은 유대관계, 더 많은 공동생활, 더 많은 이웃 간의 정이 얼마나 중요한지를 매일 새롭게 느낄 것이다.

39. 우리 사민당은 우리나라의 미래를 내외의 평화 속에서 설계할 것이고, 그래서 모든 시민을 위한 좋은 미래가 되도록 할 것이다. 따라서 우리는 빌리 브란트와 헬무트 슈미트 총리가 이끌었던 사민당-자민당 연방정부가 이룩했던 모든 것을 확보하고 더욱 발전시킬 것이다. 이것을 위해 우리는 우리나라의 정치적 지도권을 위하여 새롭게 투쟁할 것이다.

우리는 남녀 유권자들에게 호소한다: 선거에 참여하시라. 비현실적인 소수분파나 나머지 기타 정당에 투표하지 마시라. 자기 자신의 이해에 반해서 투표하지 마시라.

우리나라는 다시, 자신의 이해를 결정적으로 대표하고 인간의 믿음을 가지고 있는, 능력 있는 정부를 필요로 한다. 연방총리로서 한스-요헨 포겔(Hans-Jochen Vogel)과 함께 정부를 선출할 수 있는 기회를 우리는 활용해야 한다! 그와 함께 우리는 그것을 창조할 수 있다.

1983년 총선 사민당 선거 포스터: 독일을 위하여 전력을 다해 강대국이 군축협상을 하도록 하는 총리가 되겠다는 한스-요헨 포겔 총리후보:
출처: www.bild.bundesarchiv.de

찾아보기

(ㄱ)

가난의 세습 160
가능한 만큼의 경쟁, 필요한 만큼의 계획 64
가사노동 114
가사노동을 직업노동으로 인정 70
가족경영 67
가족공동체 102
가족수당 70
가족의 경제력과 교육력 강화 285
가족정책 256
가족친화적 노동시간 211
가족친화적 노동세계 211
강령정당 176
강자의 갑질 272
개량주의 44
개발도상국 75, 97, 128
개인정보 자기결정권 145, 183
개인의 발전기회 88
개인의 창조력 60
개인정보 보호 264, 294
개인주의 104
개혁의 정당 150
거대 매체의 합병 295
젠셔 265
결정과 소유에 대한 참여 190
경영참여-노동자대표협의회 220
경쟁경제 126
경쟁과 계획(국가규제) 64, 190
경쟁사회에 반대 234

경쟁의 세계화 127, 159
경제권력 36, 89, 137, 158
경제노예 113
경제력 집중 139
경제민주주의 76, 95, 136, 140, 190
경제범죄 293
경제성장과 환경보호 연계 270, 286
경제시민 113
경제안정 및 성장촉진법 219
경제적 투쟁 24
경제적 힘은 정치적 힘 65
경찰국가 37
경험의 교환과 연대 102
계급 자체의 폐지 25, 29
계급사법부 31
계급사회의 극복 106
계급지배 없는 자유 55
계급투쟁 23, 35
계급특권 없는 자유와 평등의 사회 106
고데스베르크 강령 57, 81
고용분담금 251
고용보험 200
고용정책 244
고용형태의 다양성 증가 159
고전철학 59
고타강령 20
공개성의 원칙 145
공공 고용정책 271
공공 주택건설 70
공공수용법 38

공공재정(투자) 142
공기업 65
공기업 개혁 140
공기 질 유지 규정 288
공동 안전보장 원칙 92
공동결정 62, 140, 148, 190, 278
공동결정권 68, 76, 199
공동결정제도 126, 230
공동경제 28, 126
공동선 187
공무원법의 근본적 검토 294
공산당 독재 60, 80
공산주의 세계체제의 종말 82
공산주의 붕괴 157
공산주의자 60, 76
공영 라디오와 텔레비전 120
공영방송 185
공유(재산) 66
공익근무 294
공적 개발원조 97
공정거래법 개정 219
공정한 세계무역 128
공정한 소득분배 110
공존의 문화 속에 적응된 경제 99
과소비 30
과학과 기술 157
과학의 자유와 책임 118
관료적 경직성 123
관료제국가 52
관용과 존경 148
괴를리츠강령 27
교육 205
교육개혁 226
교육은 상품이 아니라 국가의무의 인권 179
교육의 기회균등 116

교육의 특권 51
교육정책은 선별보다는 격려와 보호 117, 259
교육휴가 113, 227
교통계획 262
교통정책 221, 291
교통체계와 에너지체계의 전환 110
교회와 종교공동체 148
구사회운동과 신사회운동의 개혁연대 151
구조(조정)정책 246, 276
국가연금 69
국가예산 64
국가와 교회의 분리 32
국가재정의 건전성 247
국가질서의 개혁 224
국민국가 158
국민보험 30
국민연금보험 223
국민정당 76, 81
국제 군비확장통제위원회 창설 98
국제노동기구(ILO) 강화 172
국제노동자협회 18
국제사법재판소 강화 98, 171
국제연맹 32, 42
국제연합 74, 98, 169, 171
국제연합 인권선언 74, 84
국제연합 헌장 169
국제적 군비축소 33, 232
국제적 노동보호 30
국제적 자유운동 162
국제주의 84
국철 합리화 정책 222, 291
군국주의 37
군인은 군복을 착용하고 있는 시민 63, 93

권위적 지배   179
근거리 교통   111, 271
근로자의 생산자본 참여   279
근로자의 재산형성   199
금융자본   35
기계파괴자   273
기대수명   160
기독교 윤리   59
기민련/기사연   219, 267
기본가치   164
기본권(보장)   61, 144
기본법   150
기술의 결과 평가   136
기술의 사회적 적용   107
기술적 혁신이 진보는 아니다   134
기업 내 민주주의   190
기업가적 혁신   245
기회균등을 구현하는 학교   117
기회의 평등   205
기후변화   89, 155, 157
긴장완화   74, 232, 236

(ㄴ)

나토-동맹   217
낙태문제   103, 292
난민정책   184
남녀평등   100, 101, 155, 160, 187, 301
남북문제   95, 235, 239, 240
남북위원회   300
남녀관계 변화   187
내정에 연방군 투입 반대   183
노년세대의 생활경험과 노동경험   105
노동   20, 107
노동보호와 해고보호   201
노동생활의 인간화   279
노동세계의 인간화   112, 200

노동시간 단축   39, 69, 100, 111, 277
노동운동   28, 75
노동운동은 문화운동   119
노동운동의 경험   84, 273
노동운동의 국제적 성격   21
노동을 새롭게 평가하고 다르게 분배   100
노동의 고통   107
노동의 구조변동   109
노동의 역사   107
노동의 의미   107
노동일상의 더 많은 유연성   249
노동자계급   20
노동자계급의 공동결정(경영참가)   41, 177
노동자계급의 국제적 연합   32
노동자계급의 이해   24
노동자계급의 저항   35
노동자계급의 정당   76
노동자계급의 해방투쟁   17
노동자대표협의회 경영참가   220
노동자보호입법   26
노동자의 생산자본 참여   141
노동자의 재산형성   126
노동조합   68, 147, 232
노령기의 기회균등   105
노령보험   123, 282
노령연금   233, 252
노령자   105
노령자의 빈곤   204
노사공동결정   68, 220
농민의 가족경영   280
농약법 개정   289
농업   196
농촌지역의 구조변동   197
누진세제   26

(ㄷ)

다국적 기업　89, 127
다극주의　169
다수결　146
다수 권력은 자기제한을 필요　146
단결권과 파업권　39
단체임금협약　39
단체협상과 단체협약(국경을 넘어서는)
　　177
단체협상 자율　141, 148
당원정당　176
대량살상무기　89, 158
대량실업　76, 109
대은행의 사회화　49
대중시위 참여권리　292
대체 에너지　243
대학　209
대학 개혁과 민주화　227
대학의 개방　118, 260
대학의 자기개발가능성 확대　118
대학의 자유와 독립　73
더 많은 유연성　200
더 작은 학급과 더 많은 교사　259
더 적은 임금노동 더 많은 자기노동　152
도로건설　261
도이치마르크　230
독립적인 법관　62
독일 노동운동이 범한 치명적인 역사적
　　실수　47
독일 민족주의의 위험　53
독일 사회민주주의　155
독일 양 부분의 교류와 관계　218, 266
독일군 파견　174
독일노동조합연맹(DGB)　279
독일민주공화국(DDR)　82, 218
독일사회주의통일당(SED)　82, 218

독일은 이민국가　184
독일의 분단　61
독일정책　232
독일통일　159
독재 타도 투쟁　47
돈 가치　255
돌봄시간　114
동독과의 기본조약　237
동독의 독립과 자주성 존중　299
동등한 기회　88
동물 보호　196
동반자적인 공동노동　113
동방외교　272
동방조약　237
동서대립　82
동서의 군사적 균형　236
동일노동 동일임금　188, 199
두 계급 의료　204
땅 투기와의 싸움　222

(ㄹ)

러시아　171

(ㅁ)

마르크스주의　163
마르크스주의 역사 및 사회이론　84
망명 기본권　264
명예 판사의 참여　149
모델학교(새로운 교육형태의)　116
모두를 위한 인간다운 노동의 사회　152
목적의식적 소득정책　66
무료 복지단체　203
무보수 명예직　179
무상재판　21
무상교육　18, 72, 206
문화　98

문화가치 72
문화공동체 33
문화국가 61, 186
문화는 공공재 186
문화는 상품 이상의 것 179
문화생활(다면적인) 119
문화적 갈등 161
문화적 다양성 106, 115, 161
문화적 정체성 96
문화정책 120
미디어 185
미디어산업 120
미래 구상 150
미래지향적 직업훈련 104
민영화 180
민족문제 95, 299
민족 생존권 33
민족사회주의(나치스) 독재 44
민족자결권 41
민족통일 299
민주공화국 28, 37
민주국가 86, 144
민주사회주의 59, 84, 150, 166, 269
민주사회주의의 기본가치 87
민주사회주의자 80
민주적 논쟁 267
민주적 복지국가 81
민주적 사회보장국가 150
민주적 참여기회 확대 175, 266
민주적으로 통제되는 국제통화질서 129
민주정당 166, 181
민주주의 59, 79, 143, 164
민주주의 권리 28
민주주의의 신뢰위기 161
민주주의는 자유의 생활형태 143
밀레니엄발전목표 169

(ㅂ)

반동 세력 96
반파시스트 계급전선 54
발전에서 진보로 189
법의 변화 145
법인세 최저율 182
법정 연금보험 204
법치국가 95, 144, 183
베르사이유 평화조약 33
베를린강령 153
베를린에 관한 4강국 조약 237
베를린의 경제력 강화 299
베를린의 생존능력과 통행의 자유 218
병역의무의 현대화 174
보건정책 203, 250
보건제도의 개혁 284
보육료 폐지 207
보육시설을 부모-어린이-센터로 발전 207
보충성의 원칙 182
보통교육 21
복지 증진 63
부르주아 사회 23
부르주아 혁명 80
북대서양동맹 217
분단된 나라로서 특수한 문제 301
분배정의 280
분배투쟁 154, 157
불법고용 반대 201
비례선거제도 25
비영리기업 191
비인협약 238
비정부기구 179
비판적 대화 152
비판적 의식 119
빌리 브란트 170, 266, 300

(ㅅ)

사민당-자민당 연립정부(연정) 229, 265
사민당의 국제정책 169
사민당의 조세정책 190
사법개혁 225
사상, 신앙 및 양심의 자유 71, 148
사형제도 169
사회문제의 해결 21
사회민주노동자당 17
사회민주당 59
사회민주당의 과제 24
사회민주주의 74
사회민주주의 노동운동 80
사회민주주의 정권 76
사회민주주의는 문화운동 185
사회민주주의의 미래 153
사회민주주의자 78, 80
사회민주화 168
사회보장국가 95, 201
사회보장은 상품이 아니라 인간존엄의
 국가과제 180
사회보장제도 69
사회보험 123
사회보험 급부청구권 122
사회부조 69
사회서비스 203
사회안전망 230
사회연대 72
사회의 국가화 반대 144
사회의 자치행정 52
사회입법 123
사회적 공동주택 261
사회적 국가 61, 254, 266, 271
사회적 국가가 비싼 것이 아니라, 실업이
 비싼 것 281
사회적 급부 69

사회적 기본권 85
사회적 도시정책 181
사회적 소유 24, 36
사회적 시장경제 189
사회적 유럽 155, 158
사회적 임대차법 122, 261, 280
사회적 주택건설 261
사회적 평화 281
사회적 경제적 불평등의 제거 83
사회적 민주적 법치국가 156
사회정의 212
사회주의 60
사회주의 경제 28, 49
사회주의 계획경제 49
사회주의 사회 20
사회주의 운동 75
사회주의 인터내셔널 41, 83, 98, 172
사회주의는 영원한 과제 59
사회주의의 기본가치 77
사회주의의 신조 51
사회주의적 상식 28
사회주의적 생산 24
사회주의적 전통 60
사회화 140
산림의 국유화 48
산업입지 192
삶의 질 137, 168
삶의 질의 위협 160
상상력 152
상속세율 인상 221
상품생산 24
새로운 임대차법 222
새로운 혼인법과 가족법 291
생계노동 108
생계노동과 가족노동의 통합 전제 101
생물 및 유전공학 194

생산력 증가(발전) 29, 57, 107
생산성 35
생산수단의 독점화 35
생산수단의 사적 소유 23, 65
생산수단의 사회화 36
생산양식(임금체제) 17
생산협동조합 21
생애노동시간의 단축 249, 277
생애주기 188
생태적 순환과정의 유지 137
생태적 요구 191
생태적 이성 89, 155
생태적 재생(혁신) 110, 130
생활공동체로서 가족 보호 102
생활수준의 양극화 109
생활영역의 상업화 99
생활위험의 개인화 반대 121
생활체육 및 여가체육과 청소년체육 우선권 250, 284
서비스분야에서의 고용역동성 199
서비스에 대한 수요 191
석유를 둘러싼 투쟁 243
석탄정책 290
선거강령(정부강령) 215
선거권 18
성인교육기관 73
성취 166
세계경제 28, 242
세계경제위기 268
세계내부정책 169
세계무역 157
세계사회 79, 89
세계인권선언 164, 169
세계적 (노동)분업 157
세계전쟁 27
세계평화 32, 58

세계화 154, 157, 161
세계화 비판운동 163
세계화된 금융시장과 자본시장 190
세계화된 자본주의 157, 160
세대 간 공존과 협력 101, 155
세법 개혁 143
세법은 생태적 회복의 정책수단 143
소득세 누진제 192
소득의 공정한 분배 63
소득의 완전한 평등화 69
소련과 바르샤바조약 298
소비자로서의 인간 65
소비자 권리보호 142, 245, 263, 294
소비자 책임의식 197
소송지원과 자문지원에 관한 법 263
소수민족의 권리 85
소유권에는 책임이 166
소음대책 288
슈미트, 헬무트 229, 265, 266
스포츠 179, 224
스포츠는 문화의 본질적 부분 121
시간과 공간의 의미 혁명화 157
시간주권 111, 188
시대의 모순 57
시민고충처리위원 149
시민군 25
시민대화 87
시민사회 178
시민의 유럽 175
시민참여 149
시민친화적 행정 149, 180
시장 139, 167
시장경제 66
시장급진주의자 179
시장의 국제화 127
시장의 자기치유력 268

시장의 자유　165
시장지배력의 관리　66
식민주의의 전통　96
신뢰의 위기　159
신사회운동　127
신앙과 양심의 자유　61
실업(자)　46, 109, 270
실업보험을 노동보험으로 전환　209
실현된 자본이득 분배에 참여　141

(ㅇ)

아동수당　70, 143, 257, 285
아동은 고유한 법적 인격　103
아동정책과 가족정책　210
아동친화적인 사회　103, 205
아이디어와 혁신　194
아이제나하강령　17
안보 및 긴장완화정책　235
안보 협력관계　74, 297
안전보장　92
안정된 민주주의　58
안정성과 유연성 조화　200
약물중독　263
양 독일 관계　218
양심적 병역거부　63
양심적 병역거부자 인정절차　294
양육기간 가산　253
어린이는 모든 사회의 기초　210
어린이는 미래의 기쁨　210
언론의 자유　46
언론제도　225
에너지　195
에너지 정책 전환　195
에너지는 비싸야　133
에어푸르트강령　23
여가　114

여가생활　109
여가시간(자기 설계)　104, 119, 249
8시간 노동제　18
여론　185
여론의 다양성　295
여성과 남성　99
여성의 권리　266
여성의 평등권　70, 282
여성해방　84
연구와 교수　209
연금 수령개시 유연화 제도　230
연금계산에서 양육 고려　283
연금보험　251
연금생활자　109
연금청구권　69
연대　79, 88, 121, 166
연대공동체　125
연대의 시민사회　80, 156, 181, 185, 271
연대의 힘　301
연대적 과반수 획득　212
연대적 도시　181
연대적 사회　272
연대적 사회의 정치문화　151
연대적 시민보험의 원칙　204
연대적 자조　140
연대적 최소보장　252
연대적 생활구성　119
연대협약　274
연방개발계획　220
연방은행　247
연방주의　146
연정협약　270
영화　121
예방의학　124
예방적 건강보호　224
예방적 사회보장국가　155, 168, 202

예방적 환경보호　247
온실가스 감축　195
완전고용　64, 110, 137, 198, 219, 232
외국인노동자　285
외국인 불법고용　286
요양보험　204
요양보호보다 외래보호　253
우리 행성의 거주가능성　157
우익극단주의　293
우파 연립정부　270
원자력시대　57
원자재 수출규제　97
원자재와 에너지에 대한 미래지향적 접근　289
위험자본(벤처캐피탈)　193
유급 연차휴가　30
유럽 군축회의　238, 299
유럽 사회민주주의 기본강령　176
유럽 인권헌장　169
유럽-전략미사일에 관한 제네바협정　298
유럽경제통합기구　42
유럽공동체　67, 94, 129, 217
유럽공동체 통합과정　300
유럽안보협력회의(KSZE) 후속회의　237
유럽연합　175
유럽연합-농업정책　241
유럽의 사회연합　177
유럽의회　95, 241
유럽합중국　42, 94, 146, 175
유연 노동시간　111
유전기술　89
유전자 연구 관리　295
육체노동과 정신노동　40
윤리적 경계　194
은퇴 후 일자리로의 복귀　112

은퇴로의 이행을 더 유연하게 설계　204
의무교육　25
의회민주주의　146
이기주의의 경쟁사회　301
이민　184
이스라엘의 생존권　170
21세기 진보개념　167
이윤추구　27, 65, 90
이주노동자 문제　241
2중국적　184
인간노동력의 착취　286
인간다운 생활　70
인간배아에 대한 유전자 조작 금지　194
인간의 가치　59, 60
인간의 동등한 생활권　69
인간의 양심　61
인간의 존엄성(권)　51, 84, 163
인간의 창의력　71
인간의 폭력 앞에서 자연 보호　286
인간적 노동조건　110
인간적 사회　77
인간적 학교　259
인간존엄의 노동관계　113
인권　85, 169
인민공동체　29
인민법관　31
인민의 군대　18
인민의 생존권　28
인민의 자유로운 자기결정　25, 52
인본주의　54
인정의 문화　156, 186
일과 가족의 양립　188
1973년 이후 경제위기　29
1989년 평화혁명　159
1989년 혁명운동　82
일반, 직업, 정치 및 문화의 재교육　117

일반교육과 정치교육, 직업교육을 통합 116
일반교육과 직업교육의 등가성 259
일자리 지원법 278
일자리 지향적 투자 275
일자리가 보장되는 부모휴가 257
일자리 창출 143, 199
임금정책 66
입지경쟁 127

(ㅈ)

자기결정 52, 80
자녀양육기간 가산 종합보장연금 283
자력구제 111
자민당 267
자본가계급 20
자본과 금융 시장 국제화 127
자본 도피 30
자본 축적 158
자본 경제권력에 대한 민주적 통제 126
자본의 재산착취 50
자본 집중 27
자본이 사람에게 봉사해야 126
자본주의 경제 27
자본주의 체제 28
자본주의적 생산양식의 무정부성 35
자본주의적 소유 29
자본주의적 착취 24, 29
자연과학과 사회과학 그리고 정신과학의 통합 118
자연보호 286, 289
자연 지배력 58
자연의 일부로서 인간 84
자연의 착취 286
자연의 파괴 158
자연자원 보호 196

자연적 생활조건 97
자연적 생활토대 128, 155
자연치유법 124
자영업 문화 191
자영업자 233
자유 59, 87, 165
자유, 정의(평등), 연대 59, 87
자유, 평등, 박애(우애) 80, 164
자유경쟁 64
자유권 85
자유로운 국가 20
자유로운 노동공동체 32
자유로운 사람들의 책임 52
자유로운 생산조합 18
자유로운 소비선택 64
자유로운 인민국가 17, 28
자유로운 직업선택 64
자유와 질서 225
자유의 왕국 52
자조운동 125
장기실업자 109
장애인 185, 283
장애인 통합 정책 251
재교육과 평생교육 113
재산권은 의무 수반 136
재산정책 66
재생가능 에너지원 132
재생가능 원자재 195
재정개혁 221
재정적자 247
재판은 정의의 요구에 기여해야 149
재판절차 단축 225
저렴한 비용의 의료보장 250
적극적 평화정책 232
전권위임법 162
전략무기제한협정 239

전략적 산업정책　192
전면적 군비축소　74
전체 인류의 해방　24
젊은 세대　258
정년유연성　248
정당　147
정당 내 민주주의　147
정보 보호　145
정보접근권　145
정보청구권　138
정부강령(선거강령)　215
정신병 치료의 개혁　251
정의　59, 87, 165, 271
정치교육　60
정치권력　36
정치문화　99, 147, 150
정치적 기술평가　135
정치적 참정권　85
정치적 투쟁　24
제3세계　88, 217
제국주의　28, 35
조세개혁　221
조세정의　261
조절된 시장경제　168
종교적 연대　231
종교적이고 정치적인 근본주의　158
종의 다양성　196
종일보육시설의 충분한 공급　103, 207
종일학교　208
종합적인 고속도로 건설계획　222
좋은 일자리　198
좌파 국민정당　163
주30시간에 하루6시간의 노동　111
주거에 대한 청구권　122
주거정책　260
주당 35시간 노동　249

주민발안　147
주민청원　38
중동문제　235
중소 자영업자　275
중소기업　65, 139, 275
중소기업을 위한 소형은행과 저축은행　193
중증장애인의 실업 증가　251
지구온난화　195
지방자치　145, 181
지방자치단체　38
지배계급의 특권 폐지　75
지속가능성　167
지속가능한 진보　97, 189, 212
지식　206
지적소유권　194
직업교육　117, 208, 226, 278
직업교육 지원정책　260
직장과 가정 양립　257
직장폐쇄　230
직접 입법권(제안권과 거부권)　18, 25
진보　79
진보와 사회정의　155
질병의 조기진단　224
집 가까이에 생계노동의 장소를　114
집권정당으로서 사민당　81
집단소송　149
집회 및 결사의 자유　46
찜머만　265

(ㅊ)
차별과 배제가 없는 사회　79
차용노동　112
착취가 없는 자유로운 생활　63
채무상환 제한　97
책임 있는 미래지향적 정책　268

책임공동체　95
책임공유 연대　269
철도 및 궤도 교통(환경친화적인)　196, 262
청년실업　103, 275
청년의 가치지향과 생활요구 변화　104
청소년　70
최소연금　252
최저생계비　143
최저소득에 따른 연금의 개선　283
최저임금　193

(ㅋ)

콜, 헬무트　265

(ㅌ)

탈석유화　290
탈세　30
탈원전　195
태양에너지시대　195
테러에 대한 정치적-정신적 대응　263
테러와의 싸움　174
텔레비전 소비 증가　262
토지　141
토지 소유의 사회적 책임　132
토지 투기　70
통일　237
통일공화국　37
통일적 제국사법경찰　37
통제되지 않는 경제권력　126
통합　184
통합교육　116, 206
통합학교　32, 259
통화투기　127
투기이득은 세금으로 환수　222
투쟁공동체　27

특권 폐지　18, 106

(ㅍ)

파견노동 금지　249, 279
파산법 개정　293
파시스트국가　44, 52
파시즘　41
파업권　68
판사의 독립성　225
편집의 독립성　226
평균수명 증가　158
평생교육　105, 209, 226
평화　78, 229, 296
평화롭고 공정한 세계질서　155
평화시민　32
평화와 안전　91
평화정책　91, 217, 237, 297
평화질서　95
포겔, 한스-요헨　302
포괄적 안보 개념 및 정책　170, 172
폭력독점으로서 법치국가　180
폭력 없는 국민공동체　93
폭력적 금융시장　158
폭력행사　292
폴란드　170
표현의 자유　71
프라하선언　43
프란츠-요제프 슈트라우스　265
프랑스　170
프랑스 혁명　54
프롤레타리아　23
프롤레타리아의 국제적 결사　28
프롤레타리아의 국제적 연대　36
플루토늄경제　132, 290
필연의 왕국　52

(ㅎ)

하나의 세계　78
하이델베르크강령　34
하천 정책　288
학생장학금 정책　285
할부판매법 개정　219
함부르크강령　153, 154
해방세력　96
핵-생물-화학(ABC)무기 폐기　92
핵무기 없는 세계　173
핵무기 없는 유럽　299
핵무기추구 포기　297
핵에너지　243, 290
핵확산금지조약　217, 239
헬싱키 협약　237
혁명적 사회주의 노동운동　54
혁명적 엘리트　45
혁명정부　47
혁신의 속도　159
현대 국가　64
현대적 노동시간정책　199, 200
현대적 순환경제　195
협동조합　29, 191, 270
협동조합적 노동　17
협동조합적 사고　140
협동조합제도　18, 67
협력　169
협정가격제도 폐지　219
화학물질법　288
화학정책　132
확장적인 경제정책　274
확장적인 수출지향 반대　127
환경보호　95, 266
환경보호정책　246, 287
환경의 위기　130
획일주의적 경향　72

후견정책　240
휴머니즘　59
희망　151

독일 사회민주당의 역사와 독일 사회의 변화 2
독일 사회민주당 강령집

초판 제1쇄 펴낸날 : 2018. 6. 30

편역자 : 전종덕·김정로

펴낸이 : 김 철 미

펴낸곳 : 백산서당

등록 : 제10-42(1979.12.29)

주소 : 서울 은평구 통일로 885(갈현동, 준빌딩 3층)

전화 : 02)2268-0012(代)

팩스 : 02)2268-0048

이메일 : bshj@chol.com

※ 저작권자와의 협의 아래 인지는 생략합니다.

값 20,000원

ⓒ 전종덕·김정로

ISBN 978-89-7327-527-4 93340